本书受到北京市"双一流"共建项目资助

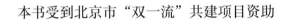

大流动中的小生活

THE TINY LIFE IN BIG MIGRATION

流动人口的生存与发展

宋月萍——著

INTERNAL MIGRANTS' SURVIVAL AND
DEVELOPMENT
IN CHINA

社会科学文献出版社
SOCIAL SCIENCES ACADEMIC PRESS (CHINA)

前　言

伴随着中国经济快速发展和城镇化的一个最主要的社会现象是人口流动。而在这举世瞩目的人口流动现象背后，是数以亿计的流动人口背井离乡，他们或扎根城市，或漂泊不定。社会经济发展中这个特殊而普遍的群体，其生活轨迹、生活事件、生活质量发生了怎样的改变？本书从家庭发展、福利、健康、性别四个方面描绘了在宏观大流动变迁中的流动人口个体微观生活的变化及面临的问题。不同于宏大但欠缺温度的描述，本书利用包括全国流动人口动态监测调查、流动人口卫生计生服务流出地监测调查、中国流动青少年健康风险意识调查在内的具有全国代表性的大型数据，在总结以往研究成果的基础上，通过对个体生命历程与流动经历重叠中的典型事实的分析，以期对社会历史进程和个体生活变迁之间的联结给出更为形象且具体的理解。

本书分为五篇十章，分别从家庭视角、福利视角、健康视野、性别视角和社会调查这五个方面论述在大规模人口流动背后流动人口的发展状况。具体章节安排情况如下。

第一篇"家庭视角中的流动人口发展"包含一章，即第一章"从生存到发展：流动人口的家庭发展"。该章从流动人口家庭发展的定义、特殊性、四阶段说以及农地流转背景下的家庭化流动等方面，对流动人口家庭发展的基本状况、新的特征以及背后的驱动因素进行分析和探讨。

第二篇"福利视角下的流动人口发展"包含三章，即第二章至第四章。第二章"流动人口的收入状况"分别从就业角度、流动人口流向角度对流动人口的收入进行分析与探讨，得到无技能就业、返乡农民工的收入状况。第三章"流动人口的医疗保险"从流动人口医疗保险状况及影响因素入手进行分析，详细梳理了流动人口医疗保险的制度演变，关注到一个被遗忘的自我雇佣流动人口群体的医疗保险问题，探讨医疗保险对流动人口产生了怎样的影响。第四章"流动人口的返乡就医状况"则在基本公共卫生服务均等化的背景下，探讨了流动人口返乡就医现状、医疗保险参保状况及医保对卫生服务利用的促进作用。

第三篇"健康视野中的流动人口发展"包含三章，即第五章至第七章。第五章讲述了青年流动人口的健康风险，包括健康损害行为与健康风险、健康与收入的两难抉择，以及社会支持对降低青年流动人口健康风险的作用等内容。第六章分析了流动人口的职业卫生状况，包括职业卫生的定义、流动人口职业卫生的状况及影响因素。第七章则围绕流动人口的传染病及防治状况进行研究，包括流动人口的传染病状况及影响因素、防治行为、影响治疗的因素等多个方面的内容。

第四篇"性别视角下的流动人口发展"包含两章，即第八章、第九章。第八章从流动女性生育的代价、如何看待这种代价、这种代价的城乡和代际差异对流动女性的生育影响等方面进行了详细探讨。第九章分析了流动人口工资的性别差异状况、趋势以及影响因素。

第五篇"社会调查中的流动人口"包含一章，即第十章"如何更好地了解流动人口"。该章主要围绕流动人口相关社会调查进行综述，对流动人口进行更贴近现实、贴近生活的研究，从而更全面、更准确地了解流动人口的发展状况。

目 录
CONTENTS

第五篇　社会调查中的流动人口

第一篇

家庭视角中的流动人口发展

第一章 从生存到发展：流动人口的家庭发展

第一节 流动人口家庭发展的定义及度量

一 流动人口的家庭化和发展

家庭是个人重要的福利资源，稳定和谐的家庭不仅能满足个人的物质与情感需求，也是社会稳定和发展的珍贵资源。流动人口的家庭化早在 20 世纪 90 年代就引起了学者的关注。在 20 世纪 90 年代后期之前，流动人口家庭式流动的比例较低（蔡昉，1997）。1990 年和 2000 年全国人口普查数据的分析结果表明，夫妻共同迁移的比例从 7.4% 上升到 46.1%（于学军，2005）。2008～2010 年，每年新增的举家迁移农民工增长速度超过 3%，2011 年新增的举家迁移农民工比 2010 年增加了 6.8%。随着流动人口在流入地生活和工作各方面的稳定性逐渐增加，基于家庭利益最大化的原则，流动人口家庭化逐渐成为流动人口的一个理性选择。2015 年的调查表明，近九成的已婚新生代流动人口是夫妻双方一起流动，流动人口中与配偶、子女共同流动的约占全部流动人口的 60%。越来越多的流动家庭开始携带老人流动。2014 年，15～59 岁劳动年龄人口约占流动人口总量的 78%，较 2010 年下降 2 个百分点。流动人口的平均年龄不断上升，45 岁以上的流动人口占全部流动人口的比重由 2010 年的 9.7% 上升到 2014 年的

12.9%（国家卫生计生委，2015）。由此可见，流动人口家庭化现象越来越普遍。

杨菊华、陈传波（2013）将流动模式分为非家庭式流动、家庭式流动、完整式流动（举家流动），而流动人口家庭化是一种半家庭式流动或完整式流动，这是一个持续的过程。在此过程中，大量的流动人口与其全部或部分家庭成员一次性或者逐渐远离家乡故土，进入城市重新安家、生产、生活，谋求更好的发展，这是一种流动人口从流动就业向融入当地生活的转变。

当前，流动人口的核心家庭流动模式是多种多样的，未育夫妻、夫妻和未婚未成年子女、未婚成年子女和父母这三类家庭的成员逐渐团聚在一起。数据分析显示，若不考虑非家庭式流动，近2/3的流动人口核心家庭发生着完整式流动，更多的核心家庭选择一次性流动（杨菊华、陈传波，2013），这表明流动人口的核心家庭化现象渐趋普遍，家庭式流动已经并将继续成为人口流动的主流模式。

近年来，流动人口家庭化逐渐引起学术界和政府部门的重视，在流动人口家庭化的过程中，家庭成员面临着融入流入地生活的困境，家庭基本功能也重新开始体现，即为家庭成员生理、心理、社会化等的健康发展提供一定支持。为了促进流动人口家庭更好地在城市生存以及促进城市的发展，我们提出流动人口家庭发展的概念。

有学者给出了家庭发展能力的定义，即家庭对家庭成员在不同生命周期阶段基于从家庭内部产生的各种需求予以满足的能力（吴帆，2011）。我们认为，流动人口家庭发展是指流动人口家庭实现、维护和拓展家庭基本功能的过程，即满足家庭成员教育、健康、情感等基本需求的过程。在此过程中，我们需要充分保证流动人口家庭成员的利益，使得家庭成员在流入地健康顺利地生活，从而促进流动人口家庭的和谐。流动人口家庭发展的目标，是实现家庭迁移之后，享受基本住房条件、获得有效社会保障和教育机会、均等享受基本公共服务、实现家庭稳定发展。

二　流动人口家庭发展的特殊性

流动人口家庭发展，既不同于传统的家庭发展，也与城镇人口的家庭发展有所区别，具有特殊性。

第一，流动人口家庭发展较传统家庭发展有其特殊性。传统的家庭生命周期理论认为一个完整的家庭生命周期要依次经历形成、扩展、稳定、收缩、空巢和解体六个阶段。传统的家庭发展按照传统的家庭生命周期各个阶段不断变化着，而由于一些人口变化和特殊事件等的影响，很多家庭生命周期并不完整或是出现阶段性具体内容的改变。一定程度上，流动人口的外出是对家庭生命周期理论的一种革新。

从内涵上来看，传统的家庭生命周期中"空巢"的情况是指子女成年后逐渐离家导致父母形成中年空巢或老年空巢，而流动人口的外出不仅导致父母老年空巢同时也使得儿童留守在家，成为留守儿童。农村年轻人口离开家庭的时间提前，导致其家庭从"稳定"到"空巢"经历的时间大幅度缩短。而近年来的流动人口家庭化使得其家庭生命周期发生相应变化，家庭成员重新相聚，流动人口的家庭从"解体"状态回到"稳定"状态甚至到"扩展"状态，"空巢"状态结束。

从家庭生命周期理论来看，流动人口家庭发展是在人口流动发生和演进过程中，其家庭成员从居住分离、部分留守的流动模式到整户迁出、相互团聚的流动模式，而后从两地之间频繁往返转变到在城镇之中稳定居住的生存发展方式，最后从城乡区隔、内外分割的社会排斥格局到在城市中立足、被社区接纳的社会融合格局。

从流动人口的角色来看，流动人口家庭化使得流动人口家庭成员的角色不断增多，如对于在婚人口，丈夫作为家庭流动先行者的比例比较高（杨菊华、陈传波，2013），在流动人口家庭化之前，成年男性的角色主要是个体劳动力，存在一部分角色的缺失，较少作为"丈夫、父亲或儿子"的角色出现，一旦在流入地实现家庭化后其角色开始增多，个体的角色冲突更可能发生，也更可能给个体带来更大的心理压力，使其很难回归到传统的家庭角色中，难以建立稳定的家庭关系、畅通的情感沟通机制。而在传统的家庭发展过程中，家庭成员的角色相对固定，没有很大的变化。从这方面来说，流动人口的家庭发展也是不同于传统的家庭发展的。

要实现流动人口的家庭发展，我们既需要关注流动人口家庭生命周期的变化，处于不同家庭生命周期阶段的家庭需求亦不相同，一旦流动人口的家庭回到"稳定"或"扩展"等状态，必将产生相应的适应性问题；同时也需要关注流动人口家庭成员的角色转换问题，如女性在家庭照料和工作角色之间转换产生的适应性问题、流动老人的心理适应问题、流动儿童的教育和心理问题等。

第二，流动人口家庭发展也不同于城镇人口家庭发展。由于城镇家庭、流动家庭拥有不同的家庭条件，面临不同的环境特征，二者家庭能力建设重点和关键亦有所区别（吴帆，2011）。应该增进流动家庭的社区融入，从家庭层面降低流动人口家庭的生存难度。

三 流动人口家庭发展的重点问题

（一）随迁弱势人群的发展问题

流动人口家庭发展的问题首先是随迁家庭成员的发展问题，主要关注的对象包括随迁女性、随迁儿童、随迁老人。一般而言，这三类人群的谋生能力较弱，在一定程度上是脆弱的，一旦进入流入地，可能会有陷入贫困的风险，甚至会使其所在家庭陷入贫困。而一旦家庭陷入贫困，他们又会承担相应的代价，由此可能会陷入一个恶性循环。流动人口家庭化对这三类家庭成员带来的影响引起了诸多研究者的关注。

1. 随迁女性面临的就业压力

就随迁女性而言，国内相关研究认为传统的"夫唱妇随"观念使得在大多数家庭迁移决策中妻子处于附属地位（蔡昉，1997）。2021年我国全部农民工中女性占比达 35.9%，总数超过 1 亿（国家统计局，2022），越来越多的女性进入城市谋生，研究者重点关注她们的就业和婚育问题。随家庭迁移的女性处于原来的传统家庭结构中，在就业上受到更多制约，甚至"迁而不工"，这一点已得到部分研究的探讨（李强，2012）。但随迁对女性其他方面发展的影响，以及女性就业劣势的原因及相关政策设计，并未得到深入的研究。

2. 随迁儿童教育、医疗等问题

学者们对随迁儿童的关注主要体现在其教育、医疗等方面。教育是人们最为关注的问题，流动人口子女义务教育已经基本得到保障，但在学龄前教育、高中教育以及实现异地高考等方面仍面临巨大挑战（段成荣等，2013）。由于制度壁垒，流入城市的儿童无法享有与当地居民同等的教育、医疗、社会福利等资源和机会，处于弱势地位。

健康风险是流动儿童面临的首要风险。若父母不在身边或者父母健康意识薄弱，流动儿童很难形成完善的健康观念，同时由于户籍限制等原因，流动儿童无法第一时间接触到及时的健康资源，如疫苗、安全饮用水等，加之居住条件相对恶劣，这更有可能对流动儿童的健康带来负面影响。

3. 随迁老人养老问题

近年来，流动老人也在不断增多，六普数据显示，目前全国流动老年人口数量已经达到 900 万，他们融入城市存在更多的困难，但目前对流动老人生存发展的相关研究较少。

2000 年中国步入老龄化社会以来，养老问题一直受到社会各界的关注。家庭养老仍是中国养老的主要方式，而社会的养老政策要以老年人为本，积极支持老年人家庭和家庭赡养老年人的能力建设。随迁老人离开户籍所在地与家人相聚在流入地，其养老问题值得人们关注。研究随迁老人的养老问题，重点是了解和掌握流动老年人口的基本健康状况和参保情况，以及利用卫生服务的相关情况。

（二）流动人口家庭的稳定问题

流动人口家庭发展的问题亦是其家庭的稳定问题，家庭成员相互之间的关系该如何促进，家庭的福利如何保障，整个家庭的稳定该如何保障，这些都是我们关心的话题。

流动人口家庭福利问题与家庭的稳定发展息息相关。我国流动人口的家庭发展受到户籍制度的限制，专门针对流动人口家庭福利的社会保障体系尚不健全，从家庭发展的角度关注流动人口社会保障体系的研究成果较少，流动家庭服务体系尚未建立，经济基础不稳定（盛亦男，2013）。相较于城镇居民家庭，流动人口家庭发展的经济基础不稳定，抵抗风险能力弱（吴帆、李建民，2012）。

四 现有流动人口家庭发展政策及建议

毋庸置疑，家庭在生育、未成年子女教育、促进健康、养老等方面仍承担着主要责任。然而根据第二次人口转变理论，由于家庭不稳定性增强，家庭在抚幼、教育、养老、家务劳动等方面的功能均出现弱化（吴帆，2012）。根据联合国对家庭政策所持的基本价值取向，即社会和政府应该对家庭的发展承担一定的责任，我们需要相应的政策支持家庭的发展。

家庭功能的实现取决于家庭结构的完整性，对于流动人口而言，家庭化趋势一定程度上有利于家庭功能的再实现。流动人口的家庭发展对社会政策和公共服务的需求是强烈且持久的，当社会尤其是政府政策对其家庭发展的需求反应滞后或不符合实际时，流动家庭会陷入一系列困境，这需要政府在政策层面对其做出积极回应。

当前中国促进流动人口家庭发展的政策主要覆盖对流动人口家庭的财政支持、就业扶助、儿童支持、计划生育家庭奖励扶助等领域，但是存在以下五个问题：第一，缺乏普遍的专门以家庭为基本单位的家庭政策；第二，家庭政策呈现碎片化特征；第三，缺乏具体的、可操作性强的政策内容安排；第四，各项与家庭福利相关的政策基本是补充型和残补式的；第五，缺乏对家庭在税收政策方面的支持，没有发挥家庭政策对社会福利再分配的作用（吴帆，2012）。

根据以上分析，我们提出以下针对流动人口家庭发展的建议。第一，对家庭整体情况进行评估，加强对家庭照料功能的支持和扶助；第二，促进家庭保障从自我保障转向社会与政府共同支持；第三，家庭政策体系安排从补充型转为发展型，切实让公共服务均等覆盖流动人口，全面加强对流动人口的教育培训，共同关注流动人口子女教育（加大教育投入、降低公办学校入学门槛），积极构建多元社会支持系统（政府完善政策，工会妇联等社会团体监督和提供情感支持，社会各界关心和提供支持）。

第二节　中国流动人口家庭发展的四阶段

前文已述家庭生命周期理论将家庭生命周期分为六个阶段，而流动人口家庭的特殊性在于，大量流动人口家庭成员的随迁使其家庭生命周期的次序发生相应变化，家庭成员重新相聚，流动人口的家庭从"解体"状态回到"稳定"状态甚至"扩展"状态，"空巢"状态结束。流出地"空巢"情况虽在一定程度上有所减少，但在流动人口家庭化的过程中，家庭成员面临着很难融入流入地的困境，其随迁成员在流入地的生存发展问题日益凸显，整个家庭在流入地的发展问题日益显现。在此，我们将流动人口的家庭发展分为四个阶段，分别是家庭团聚与组建、机会获取与保障、能力培养与发展、社会融合与认同。

一　家庭团聚与组建

流动人口的家庭化趋势日益明显，一方面，某些家庭由一个或部分家庭成员流动转变为整个家庭流动，个体流动转变为家庭流动，在流入地工作的流动人口携带一个或一个以上的直系亲属（包括配偶、子女、父母、岳父母或者公婆、祖父母、孙子女以及其他直系亲属）的情况增多；另一方面，未婚流动人口在流动过程中组建新的家庭，并为实现其家庭发展而奋斗。

流动人口原生家庭的流动具有多样性，存在未育夫妻的流动、夫妻和未成年子女的流动、未婚成年子女和父母的流动等形式。杨菊华、陈传波（2013）发现，在流动人口的家庭形式中，夫妻携未成年子女流动的家庭所占比重最大，为43.9%。众多流动人口子女来到流入地后面临着严峻的教育问题。

在流动人口的家庭形式中，单人未婚家庭占11.0%（杨菊华、陈传波，2013）。单身的流动人口从原生家庭脱离出来组建新的家庭，从个体的流动转变到建立稳定的家庭。新一代流动人口与老一代不太一致，他们是"边流动，边成家"或者"先流动，后成家"（王宗萍、段成荣，2015）。

从流出地到流入地，单身流动人口追求的是从流动到稳定的转变。这类人以青壮年为主，作为城市里有效的劳动力，他们在城市实现生存和发展的两大挑战是成家和立业。一方面，在如此高成本、高压力的大城市中，他们如何才能从择偶、婚恋到组建稳定的家庭，完成从单身到组建核心家庭的转变；另一方面，他们在激烈的竞争中，如何顺利成为城市里有效的劳动力，获得满意的工作，从而降低其和家人的生存成本，促进其家庭在城市更好地发展下去。这些都是我们要考虑的问题。

在家庭化过程中，我们首先关注单身流动人口的成家问题，这不仅关乎个体成长与家庭幸福，而且会影响社会良性运行与和谐发展。

在成家的过程中，新一代流动人口打破了传统，出现了诸多明显的转变。相关研究表明，新一代流动人口的择偶自主意识不断增强，包办婚姻越来越得不到认可（宋月萍等，2014）。婚恋对象选择空间不断扩展，择偶网络从亲缘、地缘发展到业缘，跨省婚姻逐渐增多，地域范围已经明显扩大，外出流动使得传统意义上农村青年通婚圈相对狭小的局面有所改观。婚恋途径也日益多元，网恋等新兴途径也广受欢迎。婚恋观念日渐开放，闪婚、试婚、裸婚、隐婚等非传统意义上的婚恋模式被越来越多的青年流动人口所接受（宋月萍等，2014）。

以上新变化不仅为单身流动人口的成家问题带来机遇，也相应带来了挑战。恋爱和婚姻是未婚青年流动人口尤为现实又极其迫切的基本需求，然而在婚恋观念和行为都更为多元的城市社会中，由于缺乏充分的历练和足够的经验，他们面临着诸多择偶挑战和健康风险。

第一，婚恋对象缺乏。首先，未婚流动人口从事的行业多为制造业、建筑业、社会服务业、餐饮业等，这些行业的从业人员容易出现性别比失衡的情况，从而使得流动人口缺乏与异性接触的机会。其次，超过八成的未婚流动人口住在城镇居民的私房或者集体宿舍中，这容易造成性别上的隔离，影响社交，阻碍其婚恋行为（宋月萍等，2014）。最后，他们的社交范围一般局限在同乡或者同事之间，这大大限制了他们的择偶范围，使得其婚恋资源缺乏。

第二，婚恋经费不足。未婚流动人口较低的收入水平对他们获得婚恋机会构成一定限制，其用于婚恋的资金十分有限，相对较低的收入在扣除城市生活成本之后常常所剩无几（陈雯，2018）。

第三，婚恋时间有限。未婚流动人口周均劳动时间超过 55 个小时，相对较长的劳动时间侵占了恋爱时间，这无疑成为青年农民工婚恋的直接障碍（宋月萍等，2014）。

第四，婚恋质量欠佳。一方面，已经进入城市的未婚流动人口大多不愿回农村择偶，但又无法在城市安家，自身工作流动性大，存在着发展问题，更无法顾及成家问题；另一方面，自身发展的不稳定在一定程度上带来婚恋双方交流效率的低下，难以进一步了解对方，这阻碍了婚恋质量的提高。由于生存的不稳定性，其婚恋质量的提高也十分困难。

第五，健康风险极高。由于单身流动人口有关两性交往应有的知识储备较为有限，其更加容易面临婚前性行为、非意愿怀孕以及患性传播疾病等风险，严重影响其身体健康。首先，婚前同居、性行为乃至怀孕已经在青年农民工中成为一个较为突出的婚育问题，健康风险极高。中国流动青少年健康风险意识调查显示，婚前性行为在未婚青年农民工中发生的比例超过四成，而超过一成的未婚青年农民工每天都和固定的性伴侣见面（宋月萍、李龙，2015）。不安全的性行为对女性的伤害极大，相比男性，女性未婚流动人口处于弱势地位，更容易受到伤害。其次，现行政策忽视未婚农民工群体，户籍地缺乏生殖健康教育和培训，难以满足其生殖健康服务需求。未婚青年要求的生殖健康服务供给方式具有隐蔽性和专业性，这对现行的以公开宣传和免费药具发放为主的服务提供模式提出了更高的要求。上述健康风险意识调查显示，53.9%的新生代农民工希望从报纸、书籍、杂志处获得有关生殖健康的知识，41.1%的新生代农民工希望从专业人员处获得这类知识。对于免费但公开的培训和宣传活动，新生代农民工会因为感到不好意思、面子上难堪而不去参加。最后，时间不好安排也是限制新生代农民工获取生殖健康服务的一个重要因素（宋月萍、李龙，2015）。

综上，在流动人口生存发展的第一阶段，我们需要关注家庭的团聚与单身流动人口的家庭组建问题，满足未婚流动人口的婚恋、卫生健康等需求，促进其家庭化的顺利实现。

二　机会获取与保障

流动人口在完成家庭的团聚或组建之后，在流入地继续着"落叶生根"的梦想。然而现实中仍然存在着诸多阻碍其家庭发展的因素，因基本公共服务缺乏，流动人口在流入地进行家庭发展的机会不多，家庭发展难以得到保障。流动人口家庭成员的住房、医保、教育、女性就业、养老等问题是其家庭发展的拦路虎。

第一，住房问题。常言道，安其居，乐其俗，流动人口的住房需求正不断引起人们的重视。《中国流动人口发展报告2015》显示，流动人口融入城市的愿望强烈，半数以上流动人口有今后在现居地长期居留的意愿，打算在现居地居住 5 年以上的占了 56%。拥有固定的、配有基础设施的住房是他们安居的必要前提，同时还需要提高住房的质量。杨菊华（2019）指出，与本地市民相比，无论是在居住面积、住房设施还是房屋拥有方面，流动人口都处于系统性弱势地位。他们缺少获得自己住房的机会，更没有相应的住房保障。

有学者研究指出，中国流动人口的居住方式有三种：一是集中租住在城市边缘区，形成聚居区；二是集中居住在单位宿舍或工棚；三是分散居住在城市家庭中或分散于城市中租房居住（王丽梅、张宗坪，2010）。在这三类居住方式中，居住在城市边缘区和工地宿舍中更易产生社会问题。侯慧丽、李春华（2013）指出，如果流动人口长期居住在"城中村""棚户区"及建筑工地宿舍中，其社会融合只可能是天方夜谭。而当下流动人口家庭化趋势日趋明显，这为流动人口的居住方式选择带来了更大的挑战。刘婷婷等（2014）指出，相对于免费住房和租赁房而言，家庭随迁流动人口更倾向于选择购房或者自建房，这使得流动人口家庭投资住房的可能性增大。

然而，一方面房地产开发商提供的住房对流动人口而言过于昂贵，另一方面政府的住房保障政策又未落实到流动人口手中，导致流动人口在房地产买卖市场难有立足之地。又由于廉租住房制度只针对本市户籍人口，所以流动人口只能租住低价商品房、居民私房等，其在房地产租赁市场中也无法处于主导地位，这严重阻碍流动人口家庭安居之梦的实现。

除了难以获得稳定的住房，流动人口住房质量也存在问题。首先，安全问题，大部分流动人口的住所存在安全隐患，如建筑质量差、消防设备缺乏、电路老化、通风设施不好，缺乏安全保障（陈云凡，2012）。根据国家统计局城市农民工生活质量调查，改善住房条件是当前在外务工经商农民工最迫切的愿望（王丽梅、张宗坪，2010）。流动人口留在城市的时间越长，他们对住房的需求越多，对住房质量的需求也越来越高。流动人口的住房保障问题如果不能得到妥善处理，将可能引发"贫民窟化"等一系列严重的社会问题，我们应当对流动人口住房问题给予高度重视。

第二，医保问题。研究者将流动人口比喻为实现全民医疗的拦路虎，截至 2009 年底，在外出就业的 14533 万（国家统计局，2010）农民工中，参加医疗保险的只有 4335 万人（人力资源和社会保障部，2011），只有 30% 左右。到 2014 年，83% 的流动人口至少参加了一种基本医疗保险（国家卫生计生委，2015），但仍有大量流动人口处于医保体制之外，他们难以获得与城镇人口同等的就医机会。

流动人口医疗保障问题主要体现在没有参保、间断参保和重复参保三方面。首先，由于户籍制度的阻碍和青壮年人口不愿意参与医保等原因，流动人口的医保参保率非常低。其次，虽然流动人口医保体系使得流动人口在任何地方都能"有保可参"，但是存在不同医疗保险之间衔接中断的问题。最后，重复参保指在同一地区不同单位或不同地区有两份或两份以上的基本医疗保险和个人账户（吴少龙、凌莉，2012）。除了以上三大问题，流动人口内部之间医保参保情况存在明显分化。有学者将流动人口分为长期定居的高收入流动人口与个体经营、弹性就业的临时工两类，并指出二者流动程度大小不同、收入水平高低不等，对医疗保险的需求和参保状况也存在一些差异（王培安，2019），但目前此结论缺乏更新的数据支撑。

随着流动人口家庭化趋势更加明显，人们对随迁人口的医疗保障问题也更加重视。现有医保政策是优先保障就业人口的，而随迁来的儿童、老人、妇女很难获得相应的医疗保障。由于迁出了原住地，随迁的家庭成员无法参加流出地的新型农村合作医疗保险，加之在流入地没有工作，又无法参加流入地的城镇医疗保险。而且如今的医疗保险制度设计仍旧是以个人为单位，鲜有惠及流动人口家庭成员的家庭医疗保险，这使流动人口家庭发展存在诸多健康隐患，对家庭发展十分不利。

第三，教育问题。由于制度壁垒，流入城市的儿童和青少年无法享有与当地居民同等的教育资源和机会，处于弱势地位（吴帆，2012）。

流动人口子女在城市中处于弱势地位，存在入学率低、入读学校存在劣势和收费高等问题，虽然其失学率大幅下降，但受教育状况仍低于全国平均水平（马岩等，2012）。他们以在城市公办学校就读为主，但不同地区仍存在差异，仍有一些地区的流动人口子女在农民工子弟学校就读，这类学校的教学质量难以得到保障。

随着流动人口家庭化趋势的不断加深，更多的子女来到父母身边，在流入地上学。就家庭教育而言，当下流动人口子女的家庭环境对他们的教育来说并不理想。流动儿童的父母受教育程度低，且往往从事较低层次的工作，工作时间长、强度大，没有足够的时间陪伴和教育儿童，与孩子的互动时间少、频率低，互动方式贫乏、内容单调、质量差（熊少严，2010）。更由于流动人口工作时间不定或过长，他们陪伴孩子和教育孩子的时间有限。总的来说，流动人口家庭教育资源匮乏，教育方式不够丰富、入学准备意识薄弱，对流动人口子女的教育帮助十分有限。家庭教育的缺失正反映出学校教育的必要性，然而当下流动人口的学龄前教育缺失和异地高考问题十分严峻。

学龄前教育主要针对3周岁后、6~7岁进入小学前这一阶段的儿童，这些儿童正处于身心发育的关键期，其教育问题备受关注。虽然有学者提出他们或在流入地出生或随父母迁入城市，相对来说面临的文化冲突可能较小（李燕芳等，2015），但流动人口学龄前儿童教育仍存在一些问题。

约四成学龄前流动儿童没有进入幼儿园，相对于高入学率的义务教育，学龄前儿童的入园率非常低。由于公办幼儿园萎缩、业办幼儿园锐减、民办幼儿园参差不齐，且公立机构有户籍限制，高质量私立机构的费用门槛又高不可攀，流动人口学龄前儿童入园的难度很高（李燕芳等，2015）。即使获得了入园机会，他们在幼儿园的学习生活中常表现出自信心不强、交往能力弱，有明显的孤独感，心理健康问题十分严峻。

随着大量流动人口子女进入高中阶段，高考户籍限制的问题日益引起更多人的关注（张东辉，2020）。能否有效解决该问题关系到流动人口子女的未来发展。高考户籍的限制使部分流动人口子女提前进入社会，更容易成为"问题少年"，解决此问题更关系到流入地的经济发展和社会稳定。

刘希伟（2014）发现，目前流动人口子女异地高考的政策呈现明显的省级差异，第一类是入学机会丰富、流动人口规模庞大的京津沪粤等地区。根据有关报考政策规定，京津沪粤等省市在高考户籍制方面未出现明显松动。以北京市为例，《北京市 2017 年普通高等学校招生报名工作通知》规定，进城务工人员随迁子女只能参加高等职业学校招生考试，且其必须符合"进城务工人员持有在有效期内的北京市暂住证（或有效居住登记卡、居住证）或工作居住证，进城务工人员在京有合法稳定住所，进城务工人员在京有合法稳定职业已满 6 年，进城务工人员在京连续缴纳社会保险中的基本养老保险或基本医疗保险已满 6 年，随迁子女具有本市学籍且已在京连续就读高中阶段教育 3 年学习年限"五项条件。第二类是教育基础相对薄弱的海南、内蒙古、新疆以及广西等省份，其中新疆正在建立"高考移民"终身追查制度，其他省份规定学生只有满足学籍要求才能获得异地高考资格，否则只能报考高职高专院校，无法和当地考生获得同等的权益。第三类是余下省份，其规定多样，主要是以提供相应年份的社保缴纳证明等政策代替高考户籍制。

总的来说，流动人口子女在流入地参加高考仍存在诸多限制，但多数省份已经由高考户籍制发展到了学籍凭证制。在流动人口家庭化趋势下，将会有越来越多的流动人口子女面临异地高考问题，此问题的解决迫在眉睫。

第四，女性就业问题。就业是民生之本，能否在流入地顺利就业对于流动人口能否在城市立足至关重要。在流动人口家庭化过程中，就业是女性面临的一大难题。一方面，原本留守的妇女迁移到城市，与家庭团聚之后，面临找工作的难题；另一方面，孩子或老人来到流入地与流动女性人口一同居住，女性的就业压力可能随之增加。

除传统的"夫唱妇随"观念使妻子在家庭迁移决策中处于附属地位

（蔡昉，1997），更容易因家庭迁移而失业外，已在流入地工作多年的女性在就业机会上也会因家庭迁移而受限制。在流动人口家庭化趋势下，越来越多的流动人口子女和老人随其迁入流入地，由此家庭中的劳动力人口需要做出牺牲来陪伴和照顾"新的家庭成员"。国内家庭传统分工模式是"男主外，女主内"，对于从农村走出来的大多数流动人口来说，这样的分工在城市同样适用，即使夫妻都外出打工，在家庭需要做出牺牲的时候，一般都是已婚女性承担损失。更由于流动女性往往愿意在赡养父母和抚养子女方面主动承担责任和义务，照顾子女和老人的责任就落在了她们肩上。针对这些现状，我们需要找到解决办法，增加女性的就业机会，缓解女性流动人口的就业压力，给予她们在流入地的生存空间。

第五，随迁老人的养老问题。家庭养老仍是中国当前阶段养老的主要方式，应对养老保障问题需要各界共同努力。一方面，流动人口家庭可以加强家庭建设，充分发挥主观能动性，积极寻找机会，促进家庭发展。另一方面，外部环境应给予大力支持。当社会尤其是政府政策对家庭发展的需求响应滞后时，家庭就会陷入一系列困境。故政府应切实了解流动人口家庭在住房、医疗、教育、就业和养老等方面的需求，加强家庭友好政策建设，增强家庭发展能力、完善家庭功能、提升家庭成员的福利水平（吴帆，2012），完善户籍制度，推进基本服务均等化，为流动人口获得服务创造更好的空间。

三　能力培养与发展

享有与城镇人口同等的待遇是所有流动人口家庭共同的梦想，在他们的生存发展机会得到保障之后，更重要的问题是如何培养自己生存发展的能力，如何利用这些服务和机会实现流动人口家庭在流入地更好地生存与发展的目标。近年来，流动人口受教育程度有所提高，流动人口大多接受过初中教育，高学历流动人口也占一定比例，但整体而言受教育程度相对较低（林坤等，2020）。流动人口大部分来自农村地区，知识存量相对较少，技术能力相对落后，来到城市之后，流入地激烈的竞争环境对流动人口提出了更高的素质要求，培养流动人口高效工作、健康生育、获取信息的能力对其自身乃至家庭发展至关重要。

第一，高效工作的能力。就业是民生之本，能在流入地顺利立业是流动人口追求的目标之一，在获得稳定工作之后，如何不断提升工作效率和技能，如何培养个人高效工作的能力，是其生存发展的关键所在。

当下，流动人口在制造业、建筑业等第二产业，以及第三产业就业的比重有所提升。随着经济的快速发展，无论是第二产业还是第三产业都对流动人口的劳动素质提出了更高要求。流动人口普遍低下的劳动素质为其工作效率和工作稳定性带来了一定的负面影响。现阶段的职业培训由于流动人口的培训热情不够、认识不足和政府培训的落实不够，存在着培训水平低、人群差异大、收益不高等特点，制约着流动人口工作能力的提升（杨菊华，2014）。可见，目前流动人口的劳动素质和市场需求不相吻合，职业培训和流动人口的就业需求亦不相吻合。

要提高个人高效工作的能力，可从两方面入手。一方面，流动人口个人应加强学习，不断钻研，增强自我竞争力，更好地胜任自己的工作，增加就业收入，使其个人及家庭在流入地顺利生存下去。另一方面，加强职业培训也十分必要，增强流动人口的就业竞争力、增加其在流入地的发展机会迫在眉睫。

第二，健康生育的能力。身体是革命的本钱，流动人口家庭成员的身体健康是其生存发展的前提。关于流动人口的健康，我们主要关注其生殖健康方面的知识与技能获取问题。

研究显示，流动人口容易存在"两非"问题，更有超生、偷生等违法的现象发生，他们为了躲避国家政策，孕期不去检查，临产才找急诊、私人医生或者选择人工流产。对于未婚流动人口，存在婚前同居、婚前性行为、未婚先育等问题，更有性暴力等问题出现，其生殖健康知识的缺乏严重危害自身身心健康。另外，男性生殖健康问题也应引起人们的重视。

健康生活的能力培养主要是培养流动人口学习健康避孕知识、健康生育知识、健康养育知识，正确使用避孕工具、正视孕检重要性、了解人工流产的危险性，使流动人口家庭能够在流入地安全顺利地繁衍后代，扩展家庭，更好地健康发展。

第三，获取信息的能力。信息是可持续发展的基础，21世纪是信息时代和网络时代，要想获得更多的与生存和发展相关的资讯，流动人口应当提高自身获取信息的能力。住房、医保、就业、教育、养老等信息的更新直接关系着流动人口的发展。

由于流动人口大多来自基础设施欠缺的农村地区，他们对电子产品的掌握程度相对较低，信息技术能力较差，尤其是经济水平较差的家庭，甚至未能拥有电脑等电子产品。来到流入地之后，流动人口获取信息的途径变得多元，报纸、电视、网络等媒介中充满与他们息息相关的最新资讯，他们应当持续关注消息的动态，及时捕捉与其相关的最新信息。同时也要注意对信息进行筛选，剔除错误信息，为家庭成员和个人的发展寻找更多的机遇。

四 社会融合与认同

从流出地来到流入地工作、生活，流动人口一直在城乡之间游走，他们中的大多数曾是农村的主人，却难以成为城市的主人，一直以来，他们都面临巨大的生存压力，他们怀揣着"城市梦"，渴望获得和城市人口同样的权利，不断提升自己的能力，希望能够融入他们工作的城市，渴望自己的身份得到认同。随着流动人口家庭化趋势日益明显，越来越多的随迁人口进入流入地，流动人口家庭在流入地的社会融合与认同问题逐渐引起人们的关注，这既是稳定问题，也是发展问题。

已有的经验表明，长期不能融入流入地的人口可能对整个社会产生疏离感和责任匮乏心态，甚至形成对抗社会的心理，从而滋生或激化社会矛盾（杨菊华，2019）。这将不利于社会的整合与稳定，不利于经济的可持续发展，也不利于和谐社会的构建。流动人口的社会融合是流动人口与城市居民个体之间、群体之间相互接触、相互竞争、相互冲突、相互适应的互动过程。杨菊华以经济融合、社会适应、文化交融和心理认同四个维度测量流动人口的社会融合程度，其中，经济融合是起点和基础，社会适应代表了融合的广度，文化交融和心理认同是融合的进一步深化（杨菊华，2019）。

通过对社会融合程度进行测量，研究发现，由于流动人口自身素质相对低下，且社会上存在对流动人口的误解与偏见，城市人口缺乏与流动人口的交流，流动人口的社会地位一直较低。流动人口内部的社会融合程度也存在分层现象，"乡—城"流动人口的融入水平低于"城—城"流动人口的融入水平（杨菊华等，2016）。根据社会排斥理论，被排斥之人不仅会逐渐内化自身的弱势，而且还会通过世代传递延续到下一代，其边缘化的困境被不断地"再生产"（杨菊华等，2016），这无疑对流动人口自身和其家庭发展都十分不利。

对于处于家庭化过程中的流动人口家庭而言，首先迁入的流动人口虽有着强烈的融入意愿，但其大多从事着低薪酬且劳动强度极大的工作，经济地位较低，与本地人交流有限，社会融合程度也有限。尤其对于青年"乡—城"流动人口而言，其对家乡感情淡薄，又有着强烈的融入愿望，但其面临着心理上的乡村社会排斥与事实上的城市社会排斥双重困境，也很难融入城市社会（杨菊华等，2016）。而随迁的女性、儿童、老人，由于刚从农村进入城市，在生活习惯、文化习惯、心理认同方面存在诸多不适应，他们在流入地的生存发展得到保障之后，还将经历一段适应期。对他们来说，社会融合更是一个长期的过程。

推进流动人口的社会融合不是一蹴而就的工作，而是一个逐步推进的过程。社会层面，应当倡导包容的理念，人们应当转变对流动人口的认知，消除偏见，给予他们支持与帮助。政府层面，应当逐步完善户籍改革制度，推进基本服务均等化，更重要的是完善劳动就业保障、医保等制度，使流动人口的家庭成员能在流入地顺利发展，促进其经济融合乃至心理认同。个体层面，流动人口应当提高人力资本，增加自我技能积累。研究显示，人力资本越高，流动人口的就业岗位越好，收入也相应越高，这有利于流动人口经济层面的融合。同时，人力资本较高者，在工作中有较多的机会接触流入地居民，从而加快其融入的速度和程度。

流动人口的家庭化趋势表明，流动人口更加倾向于在城市生活，特别是子女稳定留在城市中能够大大提高流动人口的融入感。我们应当避免社会排斥和弱势地位代代传递、延续和再生产，应当共同努力为流动人口的融合认同创造良好的环境，使流动人口的家庭成员尽可能融入城市，认同自己的身份，促进流动人口家庭更好地生存与发展。

第三节　农地流转与流动人口家庭化流动

一　农地流转与家庭化流动的背景

长期以来，中国的农业现代化更易偏重利用技术提升传统农业生产能力的过程，而对运用管理要素及资本要素改造传统农业经营水平的过程关注相对较少一些。事实上，在家庭联产承包责任制下，农户掌握的土地资源较为有限，一方面，他们可以通过家庭内部夫妻之间、代际的分工，在部分或者全部青壮年劳动力转向非农就业时，仍然维持相当的土地生产能力，从而构成对技术要素的"排斥"效应。另一方面，即便技术能够更大程度地与土地相结合，由于生产界限无法突破，农业生产只会出现要素投入不断增加而土地效率却没能明显提升的"内卷"现象。因此，利用技术要素改造传统农业生产能力的过程挤出了劳动投入，从而开启了人口流动的进程。然而，仅凭技术要素无法实现真正的农业现代化，在分散经营的模式下，土地仍会黏着农户中的部分成员，技术要素在配置时不是水平过低就是分化过细，人口流动向家庭化的深度发展将会为其所"累"。运用管理要素以及资本要素提振传统农业经营水平能够弥补这一缺陷，特别是按照市场机制的效率原则进行农地流转，可以打破人口流动背景下家庭内部夫妻之间、代际的传统分工格局，随着市场机制对农业组织方式和运行秩序的重构，原先嵌入土地制度中的农户发生局部甚至整体的"脱嵌"，这将创造出家庭户从农村向城镇转移的社会基础。

家庭化是我国当前人口流动的典型特征，从农地流转的视角看流动人口家庭化流动，其在宏观层面上，是关涉农业转移人口市民化的重要议题。市民化必须以家庭化为先，唯有家庭整体"扎根"城镇，转移落户的时机才会成熟。然而，家庭化与市民化过程的成本需要一定的资金支持，如果完全交由流入地来承担，既会显著增加流入地的财政压力，也有悖于地区间公平发展的社会原则，土地作为农村户籍人口生存发展的主要依靠，理应通过优化配置为其市民化创造基本条件，在农业转移人口流入城镇后，土地退出或者置换曾被作为支持其市民化的一种路径尝试，但是由于难以充分实现保障、可能存在违规"套现"等原因而受到广泛质疑，以流转替代退出或者置换可以在一定程度上规避上述问题，能够兼顾农业转移人口市民化与农业现代化。因此，与新型城镇化相适应的户籍管理制度改革必须与土地经营制度改革相结合、相配套，离开土地经营制度改革的户籍管理制度改革将会举步维艰、收效甚微。在微观层面上，这是管窥家庭决策机制的有益视角，流动在家庭的生命历程中具有特殊意义，是家庭发展能力提升的重要途径，对于农村家庭，农地经营与非农就业之间的权衡是流动决策中最为突出的着眼点，如何处置因青壮年劳动力流动而无法有效耕种的土地是影响流动人口家庭是否安排留守成员随迁的关键因素，农地流转因此应当被视为农村户籍人口家庭化流动极为典型的作用变量。总的来说，家庭流动决策与农地经营决策相互交织，家庭化流动因此被打上了农地流转的深刻"烙印"。

国内的家庭化流动研究目前主要针对流入地进行，① 因此更多强调户

---

① 这是因为流入地具有开展流动人口调查的天然优势，包括调查对象分布较为集中，结构较有异质性，调查场所选择较有多样性（不局限于住宅区，还可在工业区、商业区等进行调查），交通较为便捷，在形式上可以采取流动人口的当面访谈，在范畴上可以兼做户籍人口的对比调查等，既能节约调查成本，又能保证调查质量。

籍管理制度的障碍，而从流出地视角出发进行的家庭化流动研究则相对较为少见，也就容易忽视土地经营制度的影响，尽管流出地视角相比流入地视角并不具备绝对研究优势，但是这类研究也有其独特的"专长"。^① 因此，本节内容突出以流出地视角研究家庭化流动，能够为家庭化流动问题提供流入地之外的、来自流出地的新证据，让流出地数据能够与流入地数据相互补充、互相印证。此外，国内的家庭化流动研究目前处于起步之后的发展前期，它们利用调查数据对当前家庭化流动的态势做了大量而细致的描绘，虽然其中一些文献曾有涉及影响因素的探讨，但绝大多数对影响因素的研究都是结构化的，虽然较为系统但较为笼统，本节重点考察农地流转对家庭化流动的影响机制，兼顾探析家庭化流动的其他影响因素，更为精细地剖析农地流转到底如何影响家庭化流动。国内的家庭化流动研究现在基本还只是局限于较纯粹的流动议题、人口学的学科体系之中，^② 与"三农"、民生等议题，经济学、社会学等学科的交叉仍显贫乏，党的十八届三中全会以来，农地流转的制度改革与政策创新明显加快了步伐，而这正值家庭化流动普遍发生、持续发展的时期，农地流转对家庭化流动的作用机制值得探究，本节内容与当前颇具影响的政策关切相联系，把家庭化流动的学术议题置于农地流转的政策话题之中，具有一定的政策价值。

二　农地流转与家庭化流动的理论框架

本节研究的总体假设是：农地经营方式显著影响家庭的流动方式，农地流转促进家庭化流动。之所以有此假设，主要还是基于农地流转对家庭

---

① 具体来说，施行流出地调查、分析流出地数据，有利于了解推动流动的家庭自有因素产生的作用（而非拉动流动的城镇外在因素施加的影响），有利于审视家庭化流动过程的反复性与曲折性（通过分析返乡回流人口家庭的流动行为实现），有利于考察未完成家庭化流动的农户面临的困难（以及已完成家庭化流动的农户可能面临的挑战）。

② 其中一个突出的问题是，农村户籍流动人口所具有的特殊性没有被充分体现。这些关于家庭化流动的研究通常是把城镇户籍和农村户籍混在一起，但是考虑到两者的异质性，对农村户籍流动人口的相关情况应当专门进行深入挖掘。

化流动可能产生的三种效应，亦即务农劳力释放效应、非农收入保护效应、农地收益增进效应。

（一）务农劳力释放假设

1949 年以来，中国农村的劳动力人口在较长的时期里一直保持着庞大的规模。改革开放之后，随着家庭联产承包责任制逐渐面向全国推行，农业与农村经营关系的变革带来农地生产效率的提升，单位农地不再需要之前数量的人口，全部农地也不能固着原先所有的人口，人相对多而地相对少的情况造成农村的劳动力剩余，城乡之间产生劳动力转移。经过 30 余年的发展，如今农村的劳动力人口规模已经基本和家庭联产承包责任制下的农地分割布局、农业产出形态相适应，劳动力剩余的传统人地关系基础丧失殆尽，未来要继续在城乡之间转移劳动力，应当以农地流转为基础（孟令国、余水燕，2014）推动新一轮的经营关系变革，促成再一次的劳动力释放。许多理论研究一致认为农地流转可能面临的制度障碍将会阻滞劳动力的流动（张良悦、刘东，2017），无法转移所有在农村的财产致使农村劳动力在城镇安家的机会受到限制。这主要是由于不完全的农地转让权抑制农民信贷能力的提升和农地流转市场的发育，导致土地资产无法伴随流动而转移，流动的机会成本有所增加，缺乏资金支持的农村劳动力因此无法在城镇定居（谢冬水，2014）。制度障碍连同其他的流动阻隔形成了工农收益之间扭曲性的裂痕，进而导致劳动力的错配，发展农地流转市场正是消除制度障碍的一种方案，这有助于劳动力的城乡转移，实现城乡之间劳动生产率的均等化。具体而言，明晰农地产权、开放农地流转能够降低流动人口在流动过程中的经济损失、心理成本以及交易成本，增加流动的预期收益，应当以农地流转为基础为个体的理性流动和人口的合理流动提供制度支持。总的来说，农地流转对劳动力流动的积极作用的理论建构已经基本完成，聚焦到家庭化流动问题，显然，只有农村的留守人员流动出来，他们的家庭才能在城镇团聚，而其中相当一部分人留守是因为还在务农，农地流转可以带动目前务农的劳动力与农地脱钩，为其流动创造条件，这是实现家庭化流动的先发期导引路径。根据上述理论阐释可得假设如下。

假设一：农地流转能够释放目前务农的劳动力，进而促进家庭化流动。

（二）非农收入保护假设

新迁移经济学认为，家庭化流动决策以在流入地提升收入水平和在流出地分散经济风险为两大基本考虑，其根本目的是推动家庭的资金来源渠道拓展、实现家庭的经济收益多元，进而能够有效对抗家庭的脆弱性和贫困化。非农就业的意义在于：其一，以相对于务农劳动更高的生产率带给从业者更为突出的回报率，有利于显著增加收入，这无疑将会改善家庭的生存条件、提高家庭的发展能力。针对过去二三十年里时间序列数据的探讨（朱红恒，2012）发现，农业生产发展并非中国农村家庭收入增长的原因，其收入增长的根本原因是非农就业的巨大促进作用，因此加快推动非农就业才是进一步实现农村家庭增收的有效途径。随着非农收入逐渐成为家庭收入的支柱，他们的流动决策将会着眼于如何更好地服务非农就业。其二，打破农地经营的边界限制和农业生产的时节限制，既能够在必要时给予家庭相应的资金支持，帮助家庭克服资本约束，又可以让家庭相对摆脱农地收入较单一、不稳定的局限，有效规避各类威胁因素的强烈冲击，流动决策作为一种转移风险策略，家庭需要在决策时综合权衡非农就业与务农劳动各自的价值。然而，如果农地流转体制不畅，非农就业与务农劳动之间就会相互掣肘。其结果是，由于户均农地数量相对有限、农户劳动能力相对足够等，相当数量的家庭会追求比较优势、形成分工经济，因而让劳动力采取边工边农、时工时农的兼业形式，由此造成非农就业中断甚至中止，使非农就业的收益效率下降，同时，非农就业的选择范畴也会受到制约。农地流转既可以把土地要素配置给拥有更高生产率的经营主体，也可以把劳动力要素配置到具有更高回报率的非农岗位，这有助于避免非农劳动中止，积累非农劳动经验，更好地通过非农劳动创造价值、增进福祉。综上所述，非农就业及其收入对家庭化流动具有潜在的触发机制，农地流转具有扫除非农就业障碍、维护非农收入的效用，这保证了家庭成员流动后能够在流入地工作、生活，是实现家庭化流动的进行期增益路径。据此可提出假设如下。

假设二：农地流转可以保护流动人口在流入地的非农收入，进而促进家庭化流动。

（三）农地收益增进假设

从新迁移经济学中还能看到，流出地生存发展条件的优化并不一定妨碍流动的发生发展，相反，农业生产状况的改善、经济回报水平的提高也是流动人口在这个过程中追求的家庭收益，对流动具有一定的激励作用。按照上述理念，农地收益增进也是家庭化流动的一大诱因，而农地流转恰是农地收益增进的重要举措。曾福生、夏玉莲（2014）基于多项式分布滞后模型分析得出，农地流转为新型农民培育提供渠道和动力，短期内能够产生积极的技术效益和文化效益，长期内还有助于促进经营效益；薛凤蕊等（2011）依托 DID 模型评价农地流转对农户收益的作用，结果显示流转的农户人均纯收入显著增加，流转后的农地出租收入与外出务工收入对增收不仅贡献率提高，而且持续时间长。然而，现行土地制度却使农地流转市场发育受到抑制，农地未来收益无法充分变现，这将显著增加流动的机会成本（王学龙等，2012），这就如同征收一种流动税，其消极影响是显而易见的。总体而言，农地流转在维护好和发展好农地收益方面扮演了重要角色，由此成为家庭化流动的重要依托。依靠农地收益增进，家庭化流动可以使流动人口的城镇生活获得更为有效的支撑和更为坚实的保障，使其可以在城市稳定下来、融入进去，这是实现家庭化流动的后继期维持路径。据此可提出假设如下。

假设三：农地流转能够提高流出地的土地收益，进而促进家庭化流动。

本节所用数据取自生态脆弱、陆地边境、少数民族三类地区人口流动及其影响因素监测调查（以下简称"三类地区监测调查"）。这一调查是由原国家人口计生委分别于 2011 年和 2012 年在我国东北、西北和西南地区 10 个人口迁出流出的典型省份组织开展的，采取多阶段整群抽样方法，设有家庭问卷和社区问卷。考虑到能够纳入研究对象范畴的家庭户至少应有成员外出流动（关注是否实现家庭化流动），同时应有农地可供流转（考察是否存在农地流转），调查按照图 1-1 所示流程筛选有效样本，最终可得到符合条件的被访家庭户 10132 个。

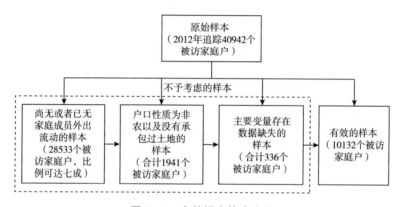

图 1-1　有效样本筛选流程

在家庭化流动的定义与测度方面，通过回顾已有的文献资料，本节提出角色关系论和数量程度论这两种相对不同的概念研究范式（见表 1-1）。其中，按角色关系论定义和测度一般只会呈现家庭化流动的结果，亦即流动是否已经完成"家庭化"。这种概念研究范式是从"家庭"本位出发，对外出流动者的角色关系属性尤为重视，因而更加契合家庭化流动首先立足"家庭"的基本理念，更有助于把握其内隐的人际互动特征，也更能体现其异于个体流动的典型特质。为此，本节从核心家庭的标准出发生成一个反映配偶双方及其子女（角色关系）是否已经全部外出流动（结果）的二分类变量。不过，上述概念研究范式较少展现家庭化流动的过程，属于相对静态的分析方法。而按数量程度论来定义和测度则可以较为充分地针对流动本身外显的数量关系建模。这种概念研究范式更能凸显"化"是过程、循序渐进的观点，通过分析家庭化流动的数量程度属性，更有利于厘清家庭化流动基本的流量流序特征，也更能反映家庭化流动的动态性和持续性。为此，应生成一个衡量外出流动成员所占比例的数值型变量。需要说明的是，上述概念研究范式的主要缺陷在于可能会把家庭化流动视为几乎无差异的群体进行的流动，容易让相关的研究趋于简化，过分偏重过程性有时也可能损害家庭化流动概念的完整性。

表 1 – 1　家庭化流动两种主要的概念研究范式

研究范式	角色关系论	数量程度论
侧重	"家庭"	"化"
特征	内隐	外显
视角	静态	动态
呈现	结果	过程

　　本节在将农地流转作为家庭化流动的重要影响因素进行分析的同时，综合考虑其与理论体系的关联性和调查数据的可得性，在先行者[①]和家庭户特征上选取其他可能影响家庭化流动的变量加以控制，以期得到更加准确而稳健的模型估计结果。

　　先行者特征的控制变量包括：（1）性别。受到传统性别角色思想的影响，男性会对家庭化流动决策产生主导性的作用，而女性往往只能处于附属性的地位，带动家庭化流动的概率更低。（2）年龄。家庭化流动是与经济收益紧密相关的议题，青壮年收入状况通常最佳，而中老年并不具有收入优势，年龄对家庭化流动的影响可能非线性。（3）民族。风俗相连、文

---

　　① 这主要考虑到家庭成员在流动决策中的地位并不对等，对于流动决策的影响也有差别。先行者是最早外出的成员，其特征虽属于个体层面，但其对家庭化流动的作用不容低估，因而既有文献资料大都将其列入解释变量中。

化相通使得少数民族家庭与其所在的社区深度交融，这会束缚家庭流动的脚步，汉族家庭发生家庭化流动的概率相对更高一些。（4）教育年限。一般情况下，较高的文化程度对应较高的经济收益，但一方面，高学历劳动力在流出地更为稀缺，供求关系紧俏，其经济收益可能相对更易兑现且有更大提升空间；另一方面，流出地不完备的市场环境和制度条件或许并不利于劳动力的高文化程度转化为高经济收益，教育年限与经济收益不明朗的关系使得其对家庭化流动的影响尚不明确。（5）流动时长。外出年限反映非农就业持续性和非农收入稳定性，时间越长意味着从农业到非农的转型越成功，家庭化流动的经济支持和思想基础也就越牢靠。

家庭户特征的控制变量包括：（1）年收入。经济收益作为触发家庭化流动的核心因素，无论是以流入地来度量，还是从流出地来考察，都能对家庭化流动做出较好的解释，该变量在纳入模型时转化为对数形式。（2）收入来源。家庭决策通常会向占比更高的收入来源倾斜，当非农就业创造主要收入来源时，家庭整体流动向利于更好推动非农就业的方向倾斜的概率就会相对更高。（3）人均宅基地面积。宅基地也是中国特色农村制度体系赋予农民的一项福利，空置的农村房产与高昂的城镇房价增加流动的机会成本，劳动力持有的宅基地可能成为家庭化流动的障碍。（4）实有人数。大家庭流动所需的成本更高，需要有更大的经济收益方可驱动，而小家庭获取收入的来源更少，抵挡风险的能力更弱，因而更加需要通过流动提高收入、规避风险。（5）0~6岁儿童数量。儿童是纯消费型人口，产生的经济收益显著为负，特别是学龄前儿童，一般需要其他家庭成员提供照料，由此也会减损家庭从流动中获取的经济收益。

三 农地流转影响家庭化流动的机制

（一）作用机制实证策略

针对从角色关系论和数量程度论出发界定的家庭化流动变量，笔者分别使用二分类 Probit 回归和普通线性回归构建基准模型，可以证实总体假设。① 不过，本节还要在此基础上对农地流转显著影响家庭化流动的研究结论背后蕴藏着什么样的深层作用机制继续追问。通过综述相关文献，笔者总结出农地流转对家庭化流动三种可能的作用渠道（分别是务农劳力释放效应、非农收入保护效应、农地收益增进效应），并据此做出相应的假设。检验这些假设，通常需要借助特定的作用渠道模型，在其中，一种过程相对简明但又应用较为广泛的方法是加入与农地流转有共同特质的渠道代理变量，对比其与基准回归模型估计结果的差异，以此识别农地流转对家庭化流动的影响机制。总的来说，笔者在考察以上三种渠道时认为，如果某一作用渠道确实存在的话，那么在基准回归模型中纳入该渠道代理变量时，由于渠道代理变量与农地流转变量对家庭化流动的影响具有一致性和共通性，农地流转对家庭化流动的作用力度将会在一定程度上被弱化，而且渠道代理变量在回归模型中也应表现出显著的影响。

具体而言，务农劳力释放效应指的是农地流转通过直接作用于人，推动成员从农业劳动向非农劳动转变，实现成员从农村生活向城镇生活转型，从而影响家庭化流动。此处使用的渠道代理变量为被访家庭中的老年人不再务农。由于被访户现在都有家庭成员外出流动，且在外流动成员基本都是青壮年劳动力（平均年龄约为 27.4 岁），所以，出于农业生产的需求，老年人通常还要继续参加农业劳动。② 老年人务农作为家庭户超配（或者错配）劳动力资源的一种方式，至少意味着农地因为自耕仍需配置相当数量的劳动力资源。而老年人不再务农则大体上表示农地已经基本实现生产要素整合，这替代了一定规模的劳动力资源投入，与农地流转对家庭化流动的影响类似，两者是一致的、共通的，都是由于更多的成员摆脱

---

① 限于篇幅，这里未对基准模型结果进行呈现，后文也略去了控制变量的估计结果。

② 农村老年人基于家庭理性和经济利益的考虑而过度劳动参与的问题本就十分突出，不发达地区的这种趋势更加明显。如果家庭中的青壮年劳动力流出，老年人过度劳动参与的情况无疑将会加剧，不继续务农的可能性甚小（换言之，继续务农应当是普遍存在的）。

农业、选择流动而使家庭户更有可能在城镇中团聚，这在家庭化流动的先发期作用尤为突出。为了检验务农劳力释放效应，笔者依据三类地区监测调查家庭问卷中60岁及以上成员的就业状况构造老年人不再务农这一渠道代理变量。

非农收入保护效应指的是农地流转通过改变非农就业状况来提升家庭在城镇中的经济适应能力，从而影响家庭化流动，主要表现为减少非农就业中断、突破兼业经营局限，拓展城镇收入的来源途径、加速非农就业的经验积累。这里使用在外流动的成员年度汇款数目作为渠道代理变量。非农就业及其收入是影响汇款能力的核心指标，汇款越多，意味着在外流动成员的非农就业状况越好、非农收入水平越高，就越有可能为家庭化流动创造经济基础，支撑留守成员向随迁成员转变。农地流转可以免除在外流动成员的后顾之忧，减少他们在非农就业上中止、搜寻与调适的成本，增加他们在非农就业上的时间投入，从而避免他们在农闲与农忙、节前与节后频繁转换岗位，出现限制人力资本存量提升的状况。据此来看，农地流转借由稳定非农就业、保护非农收入增强家庭化流动的驱动力，与汇款较多所反映出的非农就业较好、收入较高，故而促进家庭化流动的模式是相近的，两者符合一致性和共通性。家庭化流动的进行期如果得到非农就业及其收入的支持，就能够让流动人口家庭在城镇中生活有望，这样操持家务的女性、接受教育的儿童等才会随迁。对比加入年汇款数前后的回归模型结果可以检验非农收入保护效应是否存在，这一渠道代理变量根据三类地区监测调查家庭问卷中"外出家庭成员最近一年给家里多少钱"直接生成。

农地收益增进效应指的是农地流转通过改变农地生产状况来强化农地为流动家庭进入并融入城镇提供的长期可靠的保障，从而影响家庭化流动的能力，重点体现在可以推动规模经营、促进专业生产，有利于增加农地投资、发展农地技术、抵御农地风险，更大程度地提高农业效率、实现农业收益增长等方面。此处使用的渠道代理变量为被访户的农业生产是否受到劳动力外出的消极影响。如果农业生产状况没有因劳动力流出而显著恶化，农地收益能够得以延续，那么家庭化流动将会在更低成本、更强保障的基础上不断发展。农地流转是实现、维护甚至推升农地收益的基本举措，显然与避免农业生产受到负面影响有着一致的方向和共通的目标，因而是家庭化流动在后继期的力量源泉。笔者依据三类地区监测调查家庭问卷中被访户对"劳动力外出后，是否对家庭农业生产有消极影响"的主观判断结果定义农业生产消极影响这一渠道代理变量，用以验证农地收益增进效应。

（二）务农劳力释放效应

在基准回归模型中纳入老年人不再务农这一渠道代理变量，重复角色关系论与数量程度论两种概念研究范式下的家庭化流动影响因素估计过程，可以检验农地流转对家庭化流动能否产生务农劳力释放效应（假设一）。笔者立足作用渠道分析方法做出以下设想：如果务农劳力释放效应是真实存在的，那么老年人不再务农会更有可能促进家庭化流动，与此同时，作为渠道代理变量，老年人不再务农的纳入将使农地流转对家庭化流动的作用有所削减。表1-2所表现的即为遵照上述思路进行估算的结果。从中可以看到，相较于老年人继续务农的被访户，老年人不再务农的被访户完成家庭化流动的概率明显更高，两者差距约为2.4%，在外流动成员所占的比例也更加突出，差距约为1.0%，这与农地流转对家庭化流动的作用方向是相似的。老年人不再务农加入之后，家庭化流动所受农地流转的影响在一定程度上有所降低。对比计算可以得到，农地流转对家庭化流动的作用力度因这一渠道代理变量而平均降低了0.1%~0.3%，其中，对家庭化流动结果的影响大约降低了0.3%，而对家庭化流动过程的影响大约降低了0.1%。① 上述结果基本足以说明，农地流转之所以能够促进家庭

---

① 需要说明的是，0.1%~0.3%的变动幅度似乎并非特别明显，可能和老年人不再务农作为渠道代理变量的效力不算很高有关。

化流动，一定程度上是因为家庭会在非农就业与农地经营之间进行劳动因素的再配置、在城镇生活与农村留守之间进行流动决策的再选择，农地由于流转减少了对家庭劳力的需求，成员由此得以更多流出农村、进入城镇，这促成了家庭化流动。

表 1 - 2　农地流转对家庭化流动的作用渠道：务农劳力释放效应

主要变量	角色关系论		数量程度论
	（1）回归系数	（2）边际效应	（3）回归系数
农地流转（否＝0）	0.4450 ***	0.1506	0.0856 ***
老年人不再务农（否＝0）	0.0701 +	0.0237	0.0099 *
先行者特征	√	√	√
家庭户特征	√	√	√
截距项	- 2.9012 ***		0.4217 ***
样本量	10132		10132

注：连续变量的边际效应在其均值处加以计算；括号内为参照组；⁺ 代表在 0.1 的统计水平上显著，* 代表在 0.05 的统计水平上显著，** 代表在 0.01 的统计水平上显著，*** 代表在 0.001 的统计水平上显著，以下同。

（三）非农收入保护效应

检验农地流转对家庭化流动是否具有非农收入保护效应（假设二）的基本思路也是将渠道代理变量加入基准回归模型，在不同的概念研究范式下比较家庭化流动影响因素前后呈现出的差异，所使用的渠道代理变量为年汇款数。如表 1 - 3 所示，类似农地流转对家庭化流动的影响方向，年汇款数显著作用于家庭化流动完成的概率以及在外流动成员所占的比例，随着年汇款数的增加，完成家庭化流动的概率以及在外流动成员所占的比例都在逐渐升高。与此同时，年汇款数这一渠道代理变量进入基准回归模型使得农地流转对家庭化流动的影响有了较大幅度的减弱，比较相应估计结果可以计算得到，年汇款数加入之后，按照角色关系论定义的家庭化流动所受农地流转的影响程度平均减弱了 2.2%，而按照数量程度论定义的家庭化流动所受农地流转的影响程度平均减弱了 0.5%。这就能够从两方面印证本节作用渠道分析方法的预设，亦即当非农收入保护效应切实存在时，年汇款数的加入对家庭化流动产生积极作用，且使得农地流转对家庭化流动的正向影响变弱。据此来看，非农收入保护效应是农地流转促进家庭化流动的一大重要原因，通过农地流转，在外流动的成员可以规避兼业经营，"规范"非农劳动（更多地投入时间、更加集中精力于非农产业），这有利于改善他们的就业环境、增加就业收入，为留守农村的家庭成员，特别是非劳动力成员流往城镇创造经济基础。

表 1 - 3　农地流转对家庭化流动的作用渠道：非农收入保护效应

主要变量	角色关系论		数量程度论
	（1）回归系数	（2）边际效应	（3）回归系数
农地流转（否 = 0）	0.4383 ***	0.1476	0.0853 ***
年汇款数（万元）	0.1432 ***	0.0482	0.0039 *
先行者特征	√	√	√
家庭户特征	√	√	√
截距项	- 2.6375 ***		0.4303 ***
样本量	10132		10132

（四）农地收益增进效应

沿用前述作用渠道分析方法，以农业生产消极影响为渠道代理变量纳入基准回归模型，对家庭化流动的影响因素重新进行估计，并将前后结果加以对照，借此考察农地流转可否对家庭化流动带来农地收益增进效应（假设三）。表 1 - 4 给出了这一估计过程的具体结果，由此可以看到，农业生产受到消极影响的被访户完成家庭化流动的概率以及在外流动成员所占的比例明显低于农业生产未受消极影响的被访户，与农地流转对家庭化流动的影响方向大抵相同。当控制其他变量影响时，两者差异分别约为 27.4% 和 15.6%。这一渠道代理变量还使农地流转在家庭化流动影响因素中的作用出现了较大程度的下降，可达 16% ~ 18%，对照相应结果能够计算出如下结果，农地流转对家庭化流动完成概率的影响因农业生产消极影响进入基准回归模型而下降了大约 16.2%，而在外流动成员所占的比例则下降了大约 18.0%。由于本节作用渠道分析方法的预想是，如果农地收益增进效应确实存在，农业生产未受消极影响将会更有利于家庭化流动，农地流转对家庭化流动的影响会在农业生产未受消极影响被纳入之后削弱，因此，农地收益增进效应得到证实。这在一定程度上表明，农地流转能够在实现非农就业质量提升的同时，改善农地经营水平、增强农地生产能力，故而可以压缩家庭化流动的机会成本、控制家庭化流动的失败风险，对稳定流动家庭的城镇生活、推动流动家庭的社会融合具有重要意义。

表 1 - 4　农地流转对家庭化流动的作用渠道：农地收益增进效应

主要变量	角色关系论		数量程度论
	（1）回归系数	（2）边际效应	（3）回归系数
农地流转（否 = 0）	0.3797 ***	0.1265	0.0703 ***
农业生产消极影响（是 = 0）	0.8215 ***	0.2737	0.1559 ***
先行者特征	√	√	√
家庭户特征	√	√	√
截距项	- 3.0547 ***		0.4094 ***
样本量	9137		9137

四　启示与政策建议

家庭化是实现流动人口转移落户的基本条件，是推动流动人口家庭发展的必然要求，也是稳定流动人口就业队伍的现实考虑。笔者在家庭化流动的影响因素中重点关注农地流转可能产生作用的机制，从不同的概念研究范式入手，以不同的回归模型方法检验，提出并证实农地流转之所以能够促进家庭化流动，一定程度上是因为它具有务农劳力释放效应、非农收入保护效应和农地收益增进效应，以上三种效应可以帮助家庭化流动从发端到深化逐步推进。本节得出的这一核心结论表明了以下三点。

第一，通过积极鼓励、有效支持与合理引导农地流转，我们能够实现的不仅仅是农业生产效率的提升、经营水平的优化，而且也包括家庭户的收入来源从单一转化为多元、居住方式从分离转变为团聚、生活状态从漂泊转换为稳定等。这既有助于从农村市场化格局演进、合作社经济渐起的角度出发明晰农地流转在当前农业、农村、农民与农地良性互动中的基础地位，也有利于在新型城镇化与农业现代化背景下认识和理解农地流转为人口流动与城乡协同发展贡献的重要力量。

第二，农村家庭中的成员尽管已经可以自由地流动到城镇去工作和生活，但是仍在很大程度上难以获得市民待遇、无法享受当地的福利，呈现一种流而不迁、居而不定的生存状态。从流出地来看，城镇落户可能受到的最大"拉力"在于部分家庭仍有成员留守农村、名义家庭出现实体分割，非家庭化流动干扰市民化的常规发展，而农地流转因为会对家庭化流动产生积极的影响，事实上成为流动人口转移落户的"推力"因素。

第三，由于流动具有的高度选择性，从农村户籍人口的截面构成来看，强者、壮者大都栖居城镇，身处农村的基本是弱者、残者。从家庭生命周期来看，中青年群体一般会栖居城镇，身处农村的基本是幼年、老年群体，因此，家庭的基本功能受到限制，对成员的支持水平明显下降。服务流动人口家庭的整体均衡发展，不应仅仅依靠纯粹的家庭政策创造家庭友好的制度环境，而应同时重视相关配套政策的引入，建立健全促进家庭成员团聚的政策长效联动机制。农地流转作为一项经济色彩浓厚的政策也应该在支持家庭发展的多政策整合中获得一片"用武之地"。

第二篇

福利视角下的流动人口发展

第二章 流动人口的收入状况

第一节 一个被忽视的问题：农民工无技能就业与收入

本节的研究焦点在于农民工的"无技能就业"现象，主要从农民工职业培训的现状及影响入手进行分析。目前对于该问题的全面描述与深度分析仍显不足。本节先利用2010年"第三期中国妇女社会地位调查"数据，对农民工职业培训现状进行详细的描述性分析，证实农民工"无技能就业"现象的广泛存在。再运用改进的Mincer收入方程，探讨职业培训对农民工收入的影响，并用倾向得分匹配法控制模型内生性，结果发现，参与职业培训会对农民工收入产生显著的正向影响，同时也论证了"无技能就业"对农民工群体的消极影响。最后，笔者据此提出了相关对策建议。

一 概念及研究综述

在过去的30余年中，我国的工业化、城镇化水平不断提高。随着现代化建设的进一步发展，农民工群体，尤其是新生代农民工群体逐渐成为推动我国产业发展的一支重要力量。社会各界对农民工就业问题的讨论也在不断升温，妥善解决新生代农民工就业问题已成为社会发展的迫切需要。其中，提高农民工职业技能水平、改善农民工职业培训现状，解决"无技能就业"问题是关键所在。

大流动中的小生活

国家层面对新生代农民工职业培训的重要性已有明确认识，并着力普及职业培训。比如，中共中央于 2010 年在《中共中央关于制定国民经济和社会发展第十二个五年规划的建议》中曾明确提出"把解决农村转移劳动力的就业问题作为工作重点"。为此，中共中央和国务院又在 2014 年发布的《国家新型城镇化规划（2014—2020 年）》中强调"应加强农民工职业技能培训，以提高就业创业能力和职业素质"。为落实这一点，2014 年初发布的《农民工职业技能提升计划——"春潮行动"实施方案》提出，每年要开展政府补贴的就业技能培训 700 万人次，岗位技能提升培训 300 万人次，以及创业培训 100 万人次，力争到 2020 年，使进入人力资源市场的农村转移就业劳动者都有机会接受一次相应的就业技能培训。

在学界，农民工职业培训问题也引发了学者的广泛关注，学者们多围绕农民工职业培训的供需现状、影响因素与产生的效果等方面进行研究，但却少有人将"无技能就业"问题明确提出，更少有人对该问题进行分析和讨论。

农民工群体受教育程度较低，初中及以下教育水平的占多数，约为 76.3%，且我国的农民工职业培训存在供需匹配不佳的问题，这导致农民工群体中既没有参加农业技术培训也没有参加非农职业技能培训的农民工占 69.2%（国家统计局，2013），这两个因素致使农民工"无技能就业"现象广泛存在。我们通常认为，"无技能就业"会导致农民工整体就业层次降低、就业不充分，导致人力资源的闲置与浪费，还会使农民工个人的收入与就业稳定性受到冲击，不利于其职业发展与社会融入。

但"无技能就业"现象是否确实存在，可能沦为"无技能就业"群体的低学历农民工的职业培训又有何特点，以及"无技能就业"是否会带来负面影响，都是已有研究未能详细解释的。因此，本节将从职业培训切入，先对与农民工"无技能就业"有关的职业培训现状予以描述，再利用改善后的 Mincer 收入方程与倾向得分匹配法论证"无技能就业"对农民工就业收入的影响，从而为提升农民工就业质量做出有益尝试。

笔者根据研究需要，将农民工群体的定义确定为曾在或正在城市地区务工的从事非农林牧渔劳动的农业户口人员，并对农民工职业培训的定义予以改进，将培训分为普及型培训、技能型培训、技术型培训，分别对应对农民工进行普及性教育、以培养技能型人才为目的的教育和以培养技术型人才为目的的教育。其中，技能型人才与技术型人才的主要区别在于前者主要依靠操作技能进行工作。针对"无技能就业"人员，本节主要从受教育程度、参与职业培训情况两个角度入手，将其定义为：拥有初中及以下学历的未参加过职业培训便进入或希望进入就业市场的人。由于农民工的受教育问题不在本节的探讨范围内，因此仅对职业培训的相关研究进行梳理和总结。

现阶段对农民工职业培训的研究绝大多数是描述其现状和问题的。学者们通过开展调查研究，获取一手资料，通过描述性分析对农民工的职业培训现状予以把握，再以数据为基础，发现培训面临的问题与困境，针对性地提出政策建议。得出的结论一致指向供需不平衡的现状，即强调职业培训应被进一步加强。但总的来说，除个别研究外，多数学者受调查能力所限，调查的地区单一，有效问卷量小，且这些研究仍属于对现象的总结和描述，没有深入到职业培训的本质层面进行探索。

也有部分学者关注农民工职业培训与收入间的关系。绝大多数学者都认同接受过培训的农民工会获得更高的收入（周逸先、崔玉华，2001；白菊红，2004；严于龙，2006）。有学者甚至认为职业培训对农民工收入的提升作用与正规教育相比也更高一筹（侯风云，2004）。只有极少数学者将培训情况予以细化，如陈卫等（2010）发现接受过两次及以上培训的人的收入会有显著提升，而仅培训过一次的人的收入无显著变化。他还发现培训天数对流动劳动力的收入基本没有影响。但他并没有就此做出解释，且其所用数据的调查对象局限于北京市的流动人口。张世伟、王广慧（2010）利用倾向得分匹配法得到职前培训和在职培训会使农民工月收入分别增加21%和5%，从而得出两类培训均能够有效促进农民工收入的增加，职前培训的作用效果更加明显的结论。但其所用数据为 2006 年在吉林省进行的相关调查，且对培训的分类方法单一。综合来看，他们都未明确关注无技能就业的农民工，更未对其做出分析，更重要的是他们所采用的数据都来自针对个别省份农民工开展的调查，无法将地区差异考虑在内。因此，职业培训对收入的影响还有待进一步厘清，本节将对职业培训进行细致分类，利用描述性分析与模型化手段对其进行全面研究。

二 数据基本特征与农民工职业培训现状

(一) 基本特征描述

本节使用的数据均来自全国妇联和国家统计局组织的"第三期中国妇女社会地位调查"。这是继 1990 年第一期、2000 年第二期中国妇女社会地位调查后进行的又一次全国规模的调查，以 2010 年 12 月 1 日为标准时点。鉴于研究对象为农民工，因此主要采用其中针对受流动影响人员的典型群体调查数据，有效问卷共 9422 份。

基于对农民工群体的概念界定和本节的研究目的，本节对被调查者的流动情况予以控制，排除留守及已经返乡的流动人口。另外，由于培训的相关问题都将时间限定在最近三年内，且主要研究的是在流入地开展的培训情况，因此将 2007 年底 (调查时点前三年) 之后外出的人排除，以保证问卷中涉及的培训相关调查都是在流入地进行的。经过筛选，最终得到的样本量为 2683 个。

对样本的基本特征进行简单的统计描述，可发现被调查者中男女比例均衡，新生代农民工数量要少于老一代农民工。从受教育程度来看，半数农民工受教育水平为初中，高中及以上水平的人仅占 28.50%，证实了本节的研究背景，即农民工以初中及以下学历为主。在婚姻家庭方面，76.55% 的人处于在婚状态，74.23% 的人都已有子女，这意味着家庭对农民工群体可能会产生较大影响。在农民工从事的职业类型中，商业、服务业人员和生产、运输设备操作人员所占比例最大。而样本的空间差异也比较明显，分别来自东、中、西部地区，其中，东部地区的农民工数量最多，占比为54.12%。

因此，该样本在各类基本特征中的分布均较为合理，用于进行数据分析的说服力较强。

（二）农民工职业培训现状

1. 职业培训普及度不高，超六成新生代农民工属于"无技能就业"群体

从总体情况来看，农民工的职业培训参与情况不容乐观。接受过培训的新生代农民工仅占全部样本的20.13%，约1/5，这一方面可能与农民工自身的参与意愿有关，另一方面则反映出当前培训工作的普及度仍处于较低水平。问卷中有问及被访者目前最需要的帮助类型，将"获得免费职业技术培训"排在前三位的农民工占比为18.00%，这说明农民工的参与意愿实际上并不低，因此农民工培训工作有待进一步推广和普及。不仅如此，接受调查的农民工中有71.50%的人属于初中及以下学历，有61.57%的农民工属于"无技能就业"群体，这证实了"无技能就业"问题的普遍性与严重性。

2. 受教育程度越高，对职业培训的认可度越高，"无技能就业"群体缺乏自我认知

从受教育程度来看，可发现未参与培训的各个因素在不同人群中的分布存在明显差异。第一，受教育水平越低，认为参与培训没必要的农民工反而越多。与常识性认知相悖，学历越高的人越容易肯定培训的意义，如在大专及以上学历的农民工中仅有11.11%的人认为培训没必要。第二，认为没有信息和机会的人在低学历者中比例很低，但在高学历者中却相对较多。该因素在未上学的农民工中占比为2.27%，在大专及以上学历的农民工中占比为18.52%。第三，随着受教育水平的提高，因时间紧张而未能参加培训的比例显著提高，在未上学者中该比例为9.85%，而在大专及以上学历的人中该比例为 48.15%，因此高学历者主要受时间精力与信息机会所限未能参与培训，同时"无技能就业"群体并未对自身正确定位，对职业培训的认可度有待提高，具体如图 2-1 所示。

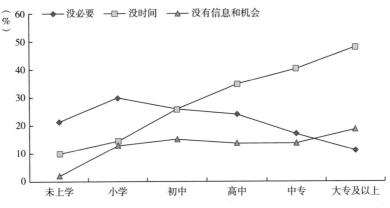

图 2-1 不同受教育程度的农民工未参加职业教育的因素占比

3. 受教育程度与职业培训参与情况显著相关，低学历者的培训需求未被满足

数据结果显示（见图 2-2），农民工参与职业培训的情况与受教育程度相关。对受教育程度与培训参与情况进行卡方检验，可得 P 值小于 0.001，这说明受教育程度与培训参与情况显著相关。同时，可发现参与度是随学历的增长而逐步提高的，在学历最高的一批人中（拥有大专及以上学

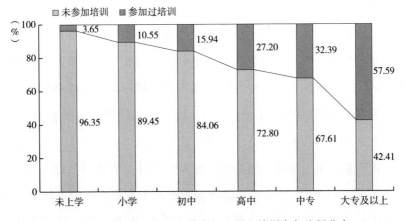

图 2-2 不同受教育程度的农民工职业培训参与比例分布

历），过半数参加过培训，低学历者接受培训的比例分别为：初中学历为15.94％，小学学历为10.55％，未上学的仅为3.65％，明显不足。因此，这也从侧面印证了无技能就业问题的严重性，以及农民工职业培训的供需不匹配。

4. 职业培训类型以技能型、技术型为主，低学历者的培训层次较低

根据笔者对职业培训类型的重新划分，对数据进行处理可知，[①] 针对农民工群体的培训类型主要以技能型、技术型为主，而普及型培训的比例仅为6.36％。技能型与技术型的占比相近，分别为43.74％和49.90％。再从受教育程度入手，可发现拥有小学、初中学历的人在整个农民工群体中接受的技能型培训最多，比例分别为68.18％与55.72％，同时他们所受的技术型培训最少，比例分别为31.82％与41.29％。相反地，拥有大专及以上学历的人接受技能型培训的比例是其接受所有培训类型中最低的，为21.30％，而同时所受技术型培训的占比最高，为62.04％，这说明低学历者的培训层次较低，主要集中于技能型培训。

5. 未参与职业培训的原因多样，供、需两方面都应被考虑在内

新生代农民工参与培训的情况不容乐观，究其原因，可从供、需两方面入手考虑。一是当前培训机构提供的机会和名额可能有所欠缺，二是农民工自身的参与意愿可能不高或时间精力不允许。从统计结果来看（见图2－3），25.58％的人是因为时间不允许而不参与，24.96％的人认为参与培训没有必要。另有16.66％的人从未考虑过参与培训，因为信息和机会匮乏，13.78％的人未能参加培训。由此可以发现，在未参与职业培训的原因上，农民工群体内部有着鲜明的划分，一部分人有参与培训的意愿，却苦于没有信息和机会，另一部分人却视其为无意义之举，且这两类

---

① 问卷有问及被访者接受的最长一次培训的类型，问卷提供的选项有五项，分别为扫盲、文化补习；实用技术培训；学历或学位教育；各类职业、专业培训；知识普及性教育。根据本研究对培训的划分，将第一、三、五项归为普及型培训，第二项视为技能型培训，第四项视为技术型培训。

人都不在少数。因此可从供、需两方面入手进一步探索农民工的培训需求，以提高培训工作的效率和质量。

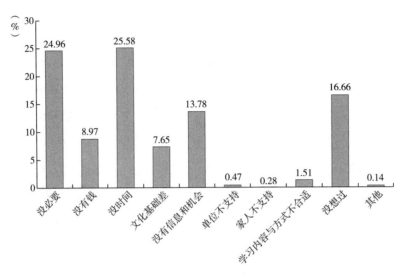

图 2－3　农民工未参加培训的原因分布

6. 农民工所属职业类型对其接受职业培训有广泛影响

第一，职业培训的普及程度会有明显差别。对身为单位负责人的农民工而言，有近半数的人参加过培训，商业、服务业人员，生产和运输设备操作人员参加过培训的比例不足两成。

第二，培训类型与职业类型息息相关。专业技术人员与办事人员接受技能型培训的比例最低，接受技术型培训的比例最高，而单位负责人，商业、服务业人员接受的培训类型分布较为平均。

第三，职业类型会影响培训经费的来源。可发现单位负责人接受的培训多为全部免费，这反映了该类群体往往占有较多的免费培训资源。而专业技术人员和无工作者参与培训全部免费的比例最低，部分自费、全部自费的比例最高，这与其职业特殊性有关。专业技术人员需尽可能多地学习相关知识和技术以提高自身能力，因此现有的可报销式培训无法满足其需求，自费情况出现。

通过对培训参与情况、未参与培训原因、培训类型、培训经费来源等方面的描述性分析，本研究发现在农民工群体中确实存在"无技能就业"的问题，并且未引起足够关注。同时，低学历者的职业培训现状有待进一步改善，而如何有效地满足低学历者的培训需求，提高其经济收入，从而在一定程度上解决农民工就业问题则需进一步分析。因此本节将从实证上对农民工收入的影响因素进行深入探讨。

三　建模与结果

（一）模型选择与假设

鉴于本节讨论的是培训对收入的影响，因此采用强调教育收益率的Mincer 收入方程进行分析。Mincer 通过实证研究发现教育年限与收入呈正向线性关系，年龄与收入呈二次性关系，并且 Mincer 发现用工作经验年限代替此二次性关系会有更好的效果。由此便产生了著名的 Mincer 收入方程：

$$\ln(Y) = \alpha + \beta S + \delta_1 EX + \delta_2 EX^2 + \mu$$

式中 Y 表示年收入，S 表示受教育年限，EX 表示工作经验年限，EX^2 表示工作年限的平方，μ 表示误差。β、δ_1、δ_2 表示各变量的回归系数。

在此基础上，笔者对其加以适当改进，通过对现有文献的梳理纳入一些控制变量，主要包括性别、年龄、婚姻状况、职业类型、空间差异等，因此本节所用的模型方程为：

$$\ln(Y) = \alpha + \beta S + \gamma Z + \delta_1 EX + \delta_2 EX^2 + \mu$$

式中 Z 表示控制变量和其他自变量，γ 表示其对应的回归系数。

另外，基于对已有文献的回顾和本章主旨，笔者提出核心研究假设：农民工是否参与职业培训，参与次数、时长、类型、经费来源都会对其获得的职业收入产生影响。

（二）模型结果与解释

由于本研究希望通过模型化分析了解改善低学历农民工职业培训状况的途径，从而有针对性地解决其无技能就业问题，提高其收入水平，因此将模型所用样本限定为初中及以下学历的农民工。同时，纳入模型中的与培训相关的主要解释变量有六个：培训参与情况，参与培训的培训次数、培训时长、培训类型、培训经费，以及未参与的原因。再将性别、年龄、婚姻状况、职业类型、空间差异（不同省份）作为控制变量，得到六个模型的结果，如表2-1所示。

从模型分析结果来看，纳入模型的控制变量显著性良好，单从培训相关变量来看，各变量都具有一定程度的显著性。其中五个解释变量都以未参与培训的人群作为参照组，而该人群实际上就是本节定义的"无技能就业"群体，因此模型结果既反映了职业培训对农民工收入的影响，也反映了"无技能就业"的弊端。

模型1反映了参与职业培训会使低学历农民工的收入显著提升，参加过培训的农民工的收入提高了11.9%，这初步论证了无技能就业对农民工收入的潜在负面影响。

模型2是从参与培训的次数入手进行分析，可发现参与培训次数达到3次及以上的农民工收入将比无技能就业农民工高18.5%。模型3考虑的是参与培训的最长时长，可发现参与职业培训的时长如果超过一周，就可以对收入的提高产生显著影响，与无技能就业者相比收入至少高出13.0%。因此农民工参与培训应保证足够的次数和时长，职业培训才能发挥作用。

模型4从培训类型入手，可发现不同培训类型对农民工收入的提升作用不同。其中，技术型培训的作用最强，技术型培训的参与者与无技能就业者相比收入显著高出18.5%。模型5则发现培训经费来源对农民工收入同样具有影响，从回归系数上可以看出，全部自费参与培训的人提高收入的效果最差，而全部免费参与培训的人的收入可显著提高13.0%，这说明农民工参与自费培训对其收入的拉动效果并不突出，因此应对免费培训的进一步推广予以支持。

表2-1　农民工培训对收入的多元回归分析

	模型1	模型2	模型3	模型4	模型5	模型6
受教育年限	0.0228***	0.0222***	0.0228***	0.0231***	0.0231***	0.0233***
工作年限	0.0275***	0.0274***	0.0274***	0.0282***	0.0278***	0.0274***
工作年限的平方	−0.00042***	−0.00041***	−0.00042***	−0.00046***	−0.00045***	−0.00041***
培训参与(0=未参与)	0.119***	—	—	—	—	—
培训次数 (0=未参与)						
1次	—	0.126**	—	—	—	—
2次	—	−0.0163	—	—	—	—
3次及以上	—	0.185***	—	—	—	—
培训时长 (0=未参与)						
一周以内	—	—	0.103	—	—	—
一个月以内	—	—	0.145*	—	—	—
一个月及以上	—	—	0.130*	—	—	—
培训类型 (0=未参与)						
普及型	—	—	—	0.0195	—	—
技能型	—	—	—	0.0905	—	—
技术型	—	—	—	0.185***	—	—
培训经费 (0=未参与)						
全部免费	—	—	—	—	0.130**	—
部分自费	—	—	—	—	0.145	—
全部自费	—	—	—	—	0.0592	—
未参与原因 (0=参与)						
主观认知缺失	—	—	—	—	—	−0.130***
客观物质限制	—	—	—	—	—	−0.0701
客观环境限制	—	—	—	—	—	−0.177***
其他控制变量	√	√	√	√	√	√
样本量	1695	1691	1688	1682	1677	1676

注：*** $p<0.01$，** $p<0.05$，* $p<0.1$。

模型 6 将农民工未参与培训的原因归类为三种：主观认知缺失，对应的是没想到和认为培训没必要的农民工；客观物质限制，对应的是没有钱、没时间、文化基础差的农民工；客观环境限制，对应的是因没有信息和机会、单位不支持、家人不支持、内容和方式不合适等原因未参与培训的农民工。通过模型 6 可知，主观认知缺失、客观环境限制对收入的负面影响最显著，且客观环境限制的负面影响最大。这说明解决农民工培训问题的关键并不是投入更多资金，而是提供足够的信息和机会，以及改变农民工群体的主观认知。

再从经典人力资本变量入手，发现受教育年限对农民工收入有显著正向影响。本节得出教育对收入的贡献率为 2.22%～2.33%，与现有的许多研究结果相符。这意味着农民工受教育年限每增加一年，可使其收入提高2.3% 左右。模型得到的工作年限系数为正，工作年限平方项系数为负，这说明工作年限对收入的影响呈倒 U 形分布。在农民工投入工作的初期，随着工作经验的积累，收入会有所提高，但经过一定时间后，这种影响会被削弱。

（三）倾向值匹配与结果稳健性检验

本节所用模型以农民工职业培训为核心，从多角度入手对其收入予以考察。结果发现，农民工参与职业培训会显著提高他们的收入，也就是说"无技能就业"不利于农民工生活水平的提高。由于前文的函数形式设定可能存在一定局限，导致估计结果有偏，本节使用倾向得分匹配（Propensity Score Matching）法检验模型，尽量保证其分析结果的稳健性，在使用四种不同的匹配方法对模型进行检验之后，发现利用高斯核匹配（Gaussian Kernel Matching）法，拟合效果最佳。

如表 2-2 和图 2-4 所示，匹配后各主要变量的处理组、控制组间的标准偏误都有大幅度消减。同时 T 检验的结果也证实处理组与控制组的样本均值更加接近，这也意味着处理组与控制组的个性特征得到了有效的控制，它们的差异得到了消除。

表 2 - 2　变量误差消减状况

变量	样本	均值		标准偏误（%）	误差消减（%）	T - test	
		处理组	控制组			T	$p > T$
受教育年限	匹配前	8.316	7.767	27.4	78.1	3.59	0.000
	匹配后	8.316	8.196	6.0		0.77	0.441
工作年限	匹配前	5.458	6.190	- 12.2	81.7	- 1.80	0.072
	匹配后	5.458	5.592	- 2.2		- 0.25	0.804
工作年限的平方	匹配前	67.390	72.768	- 2.2	83.7	- 0.33	0.744
	匹配后	67.390	66.514	0.4		0.03	0.972
性别	匹配前	1.480	1.472	1.7	4.7	0.25	0.804
	匹配后	1.480	1.472	1.6		0.18	0.857
年龄	匹配前	32.712	36.385	- 40.9	72.6	- 5.73	0.000
	匹配后	32.712	33.720	- 11.2		- 1.30	0.196
婚姻状况	匹配前	0.752	0.806	- 13.1	79.0	- 1.97	0.049
	匹配后	0.752	0.763	- 2.7		- 0.30	0.767
职业类型	匹配前	4.476	4.618	- 10.3	44.7	- 1.50	0.133
	匹配后	4.476	4.555	- 5.7		- 0.64	0.521
空间差异	匹配前	38.344	37.421	6.4	78.9	0.90	0.368
	匹配后	38.344	38.150	1.4		0.16	0.874

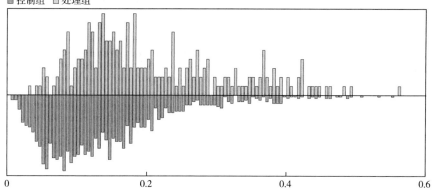

图 2 - 4　倾向得分匹配情况

四种匹配方法的结果如表 2-3 所示。不论用哪种匹配方法，都可得到相同结论：参与职业培训对农民工收入具有显著的正向影响。换句话说，在消除了控制组与处理组的样本误差后，职业培训因素仍会影响农民工的经济收入。同时，该结果进一步证实了基于 Mincer 收入方程的模型具有稳健性，接受职业培训将有助于农民工提高收入，换言之，"无技能就业"将阻碍农民工的长远发展。

表 2-3　参加职业培训对农民工收入的效应（ATT）

匹配方法	效应	Bootstrap 标准误	T 值
高斯核匹配（Gaussian Kernel Matching）	0.1412	0.044	3.23 ***
伊潘涅切科夫核匹配（Epanechnikov Kernel Matching）	0.1321	0.049	2.70 ***
局部线性匹配（Local Linear Matching）	0.1241	0.044	2.84 ***
最近邻匹配（Five Nearest Neighbor Matching）	0.1042	0.058	1.80 *

注：采用收入的对数形式；Bootstrap 检验进行 100 次抽样；*** $p < 0.01$，** $p < 0.05$，* $p < 0.1$。

四　结论与思考

本节探讨的核心是农民工"无技能就业"现象。主要从农民工职业培训的角度切入，对培训现状与影响进行分析，从而论证"无技能就业"的现状与其可能带来的影响。

笔者先从调查数据入手，揭示了该现象的存在，并对农民工群体的职业培训现状予以描述。可以发现，职业培训的普及度不高，超六成农民工属于"无技能就业"群体。另外，"无技能就业"主要发生在初中及以下学历的农民工中，而笔者发现受教育程度与职业培训参与情况显著相关，低学历者的培训需求明显未被满足，因此"无技能就业"现象确实存在。不仅如此，受教育程度越高的农民工对职业培训的认可程度越高，"无技能就业"群体缺乏正确的自我认知，这可能会使"无技能就业"现象演变成一种社会问题。

因此，为了加深对该现象的认识，验证"无技能就业"对农民工生活与就业的影响，笔者采用改进的 Mincer 收入方程构建了六个模型，对农民工参与职业培训与其收入的关系进行梳理。结果发现，低学历农民工参与职业培训将会使其收入提高 11.9%，这初步说明"无技能就业"会阻碍其收入的提高。不仅如此，还可从模型中发现，农民工职业培训的开展应保证足够的次数与时长，参与 3 次及以上培训或保证一周以上的培训时长将显著提高农民工收入。全部免费的职业培训最有利于农民工收入的提高。在培训类型中，普及型培训对提高农民工收入的作用最小，技术型培训对收入提高的效用最大。另外，在未参与培训的原因中，主观认知缺失、客观环境限制对收入的负面影响最显著，这说明解决培训问题的关键是提供足够的信息和机会，以及改变农民工群体的主观认知。

为使模型结果更加可信、减少模型内生性带来的影响，笔者利用倾向得分匹配法对模型内生性予以控制。并利用四种不同的匹配方法进行计算，结果发现基于 Mincer 收入方程的模型结果十分稳健，即肯定了参与职业培训对低学历农民工收入的显著正向影响，同时也证明了"无技能就业"对农民工生活和就业存在负面影响。

基于上述研究结论，为了提高农民工培训质量、改善农民工生活、增加农民工就业收入，笔者提出如下对策建议：第一，树立对"无技能就业"问题的正确认识，开展针对该问题的探讨和研究，并进一步推广农民工职业培训。第二，着力提高低学历农民工参与培训的积极性，落实职业培训的优惠政策，开展宣传教育活动，帮助低学历农民工树立正确的自我认知。第三，增加针对该群体的职业培训供给，以满足其培训需求，尽可能保证提供足够的培训次数与培训时长。第四，意识到培训工作中存在农民工受教育程度与职业类型的差异，关注和加强对非管理岗位、低层次从业人员的培训，并为低学历者提供更多的培训信息和机会。

总之，要意识到"无技能就业"问题的严重性，充分发挥职业培训对农民工收入的积极作用，创新培训内容，完善培训机制，提高培训质量，以使农民工群体获得长久发展。

第二节　候鸟式流动：返乡农民工的
流动经历与收入

随着中国工业化、现代化的不断发展，农村富余的劳动力进入城市参与非农产业的生产。第七次人口普查显示，我国流动人口总数为 3.76 亿。进入城市的农村劳动力不仅在微观上增强了农村劳动力抚养家庭的能力，在宏观上更是优化了整个社会的劳动生产率，促进了社会财富的积累。但是，由于存在户籍、土地方面的制度壁垒和城市劳动力市场的不利分割，涌入城市的大批农村劳动力虽然在城镇就业，但只有比重较少的一部分劳动力能在城镇中沉淀下来，相当数量的农村劳动力将逐步返回农村或者流出工作地（蔡禾、王进，2007；李春玲，2007）。流动后返回农村的农村劳动力既有通过在城市中打拼积累的经验和资本，但同时在一定程度上又是迁移的"失败者"，他们的返乡不仅对他们自身有着重要意义，对于城市和农村的经济社会发展也有着重要的影响。因此，研究农村劳动力的流动经历对其收入的影响，不仅关乎农村劳动力收入的增加、对人口的合理引流，更对城乡统筹规划、地区平衡发展有着重要的理论和现实意义。

本节在系统梳理国内外关于农村劳动力流动的相关文献和当前农村劳动力流动的研究热点之后，以古典劳动力迁移理论、新迁移经济理论和生命周期理论作为基本的理论依托，提出有关农村劳动力流动经历对收入影响的三大假设，并利用 2016 年国家卫生计生委流动人口司和中国人口与发展研究中心开展的流出地流动人口监测调查数据，构建计量经济模型，引入新的研究视角研究农村劳动力流动问题，从返乡原因的角度将农村劳动力区分为主动创业型、家庭拉力型和城市挤出型三大类，围绕流动经历对农村劳动力收入的影响问题展开事实描述和机制探讨。

本研究的主要发现包括：（1）基础回归模型显示，流动经历会显著提升农村劳动力的总收入和非农收入，但会显著降低农业收入。越年轻、越健康、受教育程度越高的已婚男性收入状况会越好，位于村级社区和位于贫困县的农村劳动力收入状况会较差，就区域而言，东部沿海地区的农村劳动力收入更高；（2）利用倾向得分匹配法控制样本自选择性后的结果显示，流动经历对农村劳动力总收入的影响仍然具有显著的提升效应，对于农村劳动力农业收入的影响仍然具有显著的降低效应，但对于非农收入影响为正；（3）从不同的返乡原因来看，流动经历对主动创业型农村劳动力非农收入的提升效果较大、农业收入的降低效果较小，对家庭拉力型农村劳动力农业收入降低效应较大、非农收入的提升效应较小，而对城市挤出型农村劳动力的农业收入无显著影响，对非农收入和总收入的降低效应都较大。基于这些研究发现，本研究还对应提出了政策启示。

一　流动人口返乡问题的研究背景及相关研究

（一）背景

1. 劳动力返乡成为流动人口研究的新问题、新领域

改革开放四十多年来，我国发生了大规模的人口流动。据《中国流动人口发展报告2018》显示，2017 年我国流动人口规模为 2.44 亿人，约占总人口的 17.5%（国家卫生计生委流动人口司，2018），这意味着，在全国每 5 ~ 6 个人中就有一个流动人口。大规模的流动人口在释放农村剩余劳动力、推动城市化进程、调整城乡利益分配格局的同时，也对城市收入分配、福利公平和社会融合提出了更高的要求。

尤其金融危机以来，沿海人口净流入地的产业受到强烈负面冲击，伴随着西部大开发、中部崛起、乡村振兴等战略的实施，城乡预期收入差不断缩小，根据推拉理论，这势必会抑制农民工进城和引发农民工返乡。复旦大学人口研究所在中西部 7 省（市）农村进行的问卷调查数据显示，抽查样本中有流动经历的返乡农民工占总人数的 18%，占全体农民工的比例接近三成。谢勇、周润希利用 2012 年中山大学开展的中国劳动力动态调查

（CLDS）数据进行研究，发现在曾经有过流动经历的农村劳动力中已有超过35%的人永久性返乡（谢勇、周润希，2017）。

近些年来，农民工"长途奔袭"式的向海性流迁有所弱化，中部和西部地区作为传统的劳务输出地区对务工人员的吸纳能力在不断增强。国家统计局《2017年农民工监测调查报告》的数据显示，中部和西部地区的农民工吸纳能力在不断增强，在这两个地区务工的农民工数量增速超过了东部地区和东北地区。在中部地区务工的农民工比2016年增加了166万人，西部地区增加了270万人，而同时期的东部地区农民工规模增速仅为0.2%，东北地区农民工规模增速仅为1.1%。所以当前农民工的大量回流是社会主义市场经济发展到一定阶段的必然产物，它既是我国统筹城乡发展、加快城镇化发展步伐的重要表现，也是农民工实现自我发展的理性选择。

2. 关于农村回流劳动力的理论与现实矛盾

理论上，回流往往被认为是流动农村劳动力个体的微观和宏观选择，如最早系统阐述人口流动的古典劳动力迁移理论认为人口流动的目的是改善自身的物质基础和生活条件，在城市的打工收益达不到预期后，农村劳动力就会带着在城市获得的人力资本积累主动选择返回风险更小、收益更稳定，还可以享受天伦之乐的农村；新迁移经济理论认为家庭预期收入最大化和风险最小化是农村劳动力选择外出或回流的标准和原则，外出务工者在外地工作只是一段时间，挣到期望的收入后就会自动选择返乡回流；而生命周期理论更注重微观主体在生命过程中受到的来自家庭、婚姻、年龄抚养等因素的影响，认为年龄大的人心理成本更大、乡土情结更浓，更倾向于返乡。以往关于流动人口迁移的理论认为流动是一种选择，基于生活条件、预期收入和家庭因素的一种主动选择，但是如果是这样，返回的大多数农村劳动力就应该生活条件变得更好、预期收入变得更高、家庭变得更幸福。但在现实当中，我们周围的返乡者所处的状态并不全是如此，我们忽略了那些经济生活状态变得比未曾外出前更差的群体，现实与理论之间产生了一定的矛盾。

农民工的收入问题在政府和学界都引起了广泛关注。党的十九大报告指出，农业农村农民问题是关系国计民生的根本性问题，必须始终把解决好"三农"问题作为全党工作的重中之重，实施乡村振兴战略。近些年来，随着西部大开发、中部崛起等区域发展战略的实施，以及我国地区经济发展速度和发展格局的相对变化，务工人员的流动方向以及不同地区之间的劳动力供需关系同样发生了很大变化。然而事实上，农民工要流动到城市中去，其根本目的是为了谋求更好的发展，不管是留城还是返乡都应该基于这样一个最优解，即流动者本身效用最大化原则。相比于未曾外出流动过的人群，经历过流动的农村劳动力积累了人力资本与物质资本、增长了眼界与见识，从而在非农劳动力市场上应该更具有竞争力，理论上应该能获得更好的职业机会和收入。而事实上，即便是在农村地区，农业所能吸纳的劳动力数量也在不断减少。统计数据显示，改革开放以来，我国就业人口中在第一产业就职的比重从七成下降到三成，大约有 2.7 亿人从农业生产部门转移到非农业生产部门。大量的返乡农民工即便是返乡后也不再从事与农业相关的职业，进而转向在就近乡镇择业或者自主创业。

那么现阶段，外出流动经历对于农民工生活状况尤其是收入的影响是好是坏？外出经历究竟提高了哪些人的收入？这种影响又是经过了何种机制、背后蕴含了什么规律？深入探讨这些问题对流动人口管理、区域经济协调发展有重要意义。

（二）相关研究

劳动力的回流是一个普遍存在的问题，无论是在发达国家还是发展中国家都广泛存在，因此引发了学界在理论和实证方面旷日持久的讨论。在相关的研究当中，并没有专门的"流动经历"研究的国际经验可供参考，与本节研究议题类似的研究大多集中在劳动力迁移和劳动力回流的相关理论领域。农民工流动问题是近年来农民工研究的热点，返乡农民工作为迁移的体制性产物被识别和进行了充分的研究，内容涉及返乡意愿、返乡决策、返乡就业选择等诸多方面。

1. 劳动力迁移和回流理论

古典劳动力迁移理论的代表是推拉理论，这是最早同时也是最为广泛被用以解释城乡二元人口流动和不同区域人口流动的理论。此外，刘易斯的城乡二元分析框架也是基于该理论的产物，城乡二元模型强调的是农村劳动力因为工业化进程而由农业部门不断向工业部门转移（Lewis，1954）。这个模型的缺点在于它的假设是城市工业部门对劳动力的吸纳能力是无限的，这显然与现实不符，特别是在当前工业部门出现劳动力饱和的情况下无法解释劳动力向农业部门的回流。如果从古典劳动力迁移理论的角度出发，可以认为劳动力的流动是由市场工资造成的，向城市流动还是向农村流动完全是市场工资竞争的结果。该理论对劳动力回流的解释相对直接和简单，工资率是个人决策的核心变量，它的缺陷是流出地的基础设施服务等因素很难被识别，以及难以反映家庭行为当中的利他主义和家庭利益最大化，新迁移经济理论和生命周期理论则对此进行了很好地补充。人力资本理论是古典劳动力迁移理论的一个重要内容，它解释迁移的出发点是个人的禀赋和学习能力。通常来说，在人力资本的视角下看待个人的外出迁移和回流具有二重选择性，第一层选择性来自外出务工的决策，第二层选择性来自已经外出务工者对于是否返乡的决策。特别是第二重选择性（是否返乡），既有务工者基于健康和养老意愿决定返乡（白南生、何宇鹏，2002），也有很多务工者根据自身人力资本的比较优势决定返乡（牛建林，2015）。

新迁移经济理论兴起于 20 世纪 80 年代，它与以推拉理论为代表的古典劳动力迁移理论的不同在于它将流动决策的出发点从个人利益最大化转向家庭利益最大化，选择流出还是返乡是个人在家庭利益最大化和家庭风险最小化的共同驱使下做出的决策。农村劳动力决定回流与否取决于他是否挣得了足够的经济报酬以及他与家庭的联系是否足够紧密，后一种解释通过打工者汇款的频率得到了证实。特别是中国城乡二元的分割结构造成农民工受到户籍、分割劳动力市场等的约束，使农民工在大城市中"流而不定"，这也使农民工仅仅把外出务工视为一种可以增收的手段而非改变永久居住地的手段，他们更多选择往返于城乡之间进行循环流动（王子成、赵忠，2013）。

生命周期理论是20世纪90年代以后兴起的迁移理论，因为我们在现实当中观测到的是年龄更大的农村劳动力会更倾向于回流，生命周期理论对此的解释是农村劳动力的迁移行为与个人的生命周期是相匹配的，石智雷、易成栋（2013）将其总结为两个阶段：在年轻精力旺盛、工作能力更强时选择外出务工，而年纪大了以后会返回原居住地养老。这种理论与推拉理论对返乡原因的解释有所不同，推拉理论认为农村地区推力较小，城市的吸引拉力不足造成了劳动力的回流；生命周期理论则认为个人是随着生命周期有规律地进行回流，也就说明回流的决定因素并不在于打工的成功与否和积蓄的多少，而在于流动劳动力对家庭和自身长远发展的规划。

此外，社会学家的结构主义理论和社会网络理论也对劳动力的回流现象进行了机制上的解释。结构主义理论将劳动力的往复流动解释为城市和农村的资源不平衡和功能性差异，农村劳动力的回流既可能源自于农忙及重大活动（如婚礼和葬礼），也可能是因为年老和养病。结构主义理论的观点认为由于城乡功能定位的差异，回流者在流动过程当中习得的技能回到原居住地后并无用武之地，其社会经济地位也不会发生变化。翟振武、杨凡（2011）认为是企业只使用最年轻时期的劳动力的浪费型用工模式，导致部分劳动力结构性失业；劳动力市场的就业歧视也会影响农民工的收入水平（黄乾，2009）。社会网络理论则认为亲朋好友在物质和信息上的支持减弱了流动者的迁移阻力，使得迁移行为更容易发生。结构主义理论与社会网络理论对回流者解释的不同点在于后者认为回流者可能获得更高的资本回报，社会融入程度更高（Thomas，2010）。

2. 流动经历对返乡者的影响

流动经历是农民工的一种重要的人生经历，在流动过程中农民工可能获得工作技能、社会信息、社会关系等一系列人力资本。而这些人力资本往往首先体现在他们的就业行为上。在以返乡的农民工为分析对象的研究中，务工经历对返乡后的农民工的就业影响是综合的，既有认为外出务工提高了迁移者的个人素质和能力的"强化论"，也有认为返乡的农民工无法适应城市工作才选择返乡的"淘汰论"。从国内学者的研究结论来看，比较一致的结论是外出务工经历会显著改变农民工返乡后的从业决策，比如返乡农民工有更大概率进行创业或从事雇佣工作（石智雷等，2010；陈文超等，2014；汪三贵等，2010）；罗凯（2009）通过实证分析发现外出务工可以增加农民工的物质资本和人力资本积累、拓展其获取信息的渠道以及提高其工作经验和技能，这有助于农民工就业，在一定程度上促进了农民工增收。

与此相对应，"淘汰论"也存在大量的实证证据。周广肃的研究表明外出务工经历会通过增加返乡农民工创业的融资比例和人力资本积累，显著提升创业概率（约1.8%），但外出务工经历也在一定程度上损害了农民工在家乡的社会资本（周广肃等，2017）。牛建林利用2010年中国妇女社会地位调查数据，考察了20世纪末以来农村外出务工人员的返乡决策与人力资本的关系，受教育水平较高的流动者返乡的可能性平均更低，流动者往往根据自身人力资本的比较优势情况决定返乡（牛建林，2015）。新时期的返乡者不再是被动返乡而更多的是主动返乡（汪三贵等，2010），因此极有可能具有不同于以往返乡人员的人力资本特征。

3. 劳动经历对返乡者收入影响的实证研究

尽管以往研究普遍承认外出务工经历显著提升了返乡者的人力资本以及创业动机，但对外出经历是否是工资率或收入水平提高的影响因素尚没有一致结论。在国际经验中被学者强调的一个重要问题是，返乡可能是积极的选择也可能是一种被动的淘汰。迁移后的返回可能是一种积极的选择，体现为人力资本积累后的主动返回，也可能是一种消极的被选择或淘汰，体现为返回后的状况比迁移之前更差。

首先，大量文献都证实了流动对农民工的收入有正向作用，对流动者整体的福利有增进作用。石智雷、杨云彦（2011）认为外出的经历可以使农民工的个人能力得到提升，具体体现在迁移劳动力回流后务工与务农的职业转换、收入水平的增长、农耕效率的提高以及更有可能获取新职业等。谢勇、周润希（2017）的研究认为务工经历对农民工返乡后的择业选择产生了一定影响，使得返乡农民工有更大概率放弃农业劳动，转而从事雇佣工作；罗凯（2009）的研究则表明同外出务工之前相比，农村迁移劳动力返乡后的收入水平有了显著提升。

然而也有研究认为农民工即使流入城市后，依然面临着很多体制性的障碍、文化的歧视，农民工的很多劳动权益不能得到完全的保护，流动对流动者整体福利的增加可能会因此被抵消，甚至为负。城市对于农民工进城的态度表现为整体接纳，个体疏离甚至排斥。宋健（2010）以留守人口为基准组，发现外出经历对于留守人口的职业选择并没有统计意义上的显著影响。毛新雅、魏向东（2017）在考察了有过务工经历的样本以后，认为务工返乡的家庭，其收入水平的提升主要是人力资本增长造成的，外出务工经历对工资率的影响是不显著的。牛建林（2013）从健康的角度分析，认为一方面流动经历对流动者的健康存在损耗效应，另一方面城乡二元分割结构使得农民工往往选择回家养老和回家看病，其健康损耗最终被转嫁到了农村，从而制约农村社会经济发展和农村居民生活质量的提高，并且与流入地城市居民相比，城乡流动者的公共卫生风险更加突出。

4. 对相关研究的评述

无论是从古典劳动力迁移理论视角下的工资率差异、新迁移经济学理论视角下的家庭利益最大化还是生命周期理论视角下的阶段选择来看，我们从以往研究当中都可以看到流动经历归根到底是一种理性的经济选择。古典劳动力迁移理论的缺陷也是显而易见的，以往的研究认为农村劳动力向城市流动的主要动力是城乡的工资回报不同，城市工资回报更高，忽略了城乡基础公共服务差异带来的阻力作用。现阶段，我国政府采取了一系列乡村振兴政策，对农业的补贴、农村基础设施建设日趋完善以及新农合推广等使农村拉力增强，某种单一的原因已经不能胜任对流动人口返乡后果的机制进行解释。

在以往的研究中，学者集中探讨农民工返乡决策的决定因素，基于对未曾流动人员和在外流动人员的对比说明返乡经历对收入的影响等问题，对于返乡人群后续的研究也只集中于返乡创业人群的创业问题，真正集中探讨返乡人群内部差异的少之又少。从"淘汰论"和"强化论"两种截然不同的解释当中，我们看到既然返乡原因有所不同，那么返乡后带来的差异自然有所不同，因此应当在返乡人群中针对他们的异质性进行划分。本节使用了 2016 年流出地流动人口动态监测调查数据，基于倾向得分匹配法，建立参与非农就业的选择方程和非农就业的收入决定方程，说明影响返乡农民工非农就业收入的因素，并重点解释因不同返乡原因返乡的农民工之间的收入异质性问题。

二 流动人口返乡问题的研究设计

2016 年流出地流动人口动态监测调查使用的问卷包括个人卷和村委会卷两个部分，个人卷以家庭为单位，内容涉及农村人口的个人特征、外出务工经历、家庭特征等；村委会卷以所抽取行政村的村委会为单位，内容主要包括所在村的自然条件以及经济社会特征。去除非农业户籍人口以及年龄在 15 岁以下、65 岁及以上的非劳动年龄人口，去除调查地为居委会的数据，并根据调查时被调查者从事工作的状况，将学生、因病休养人群排除在外，本节用以分析的样本共 38667 人（户），包括未曾外出人口 32112 人和返乡人口 6555 人，实证模型在此基础上去除异常数值以及返乡原因不明确的人群后，采用样本共 38601 人，包括未曾外出人口 32063 人和返乡人口 6538 人。

根据既有理论和研究以及本节所使用的数据特点，我们认为，影响农民及农户家庭收入的因素主要有以下三类。第一，个人因素。包括性别、婚姻状况、年龄、受教育程度、是否正在外务工（影响工资性收入）、是否曾有外出务工经历（影响劳动技能或理念）等变量。第二，家庭因素。

包括是否是农业户口、有无承包地、有无自主产权房、现有子女数等变量。第三，农民工返乡的原因，主要包括：返乡创业、家庭原因返乡、被城市排挤返乡和其他四大类。其中，笔者在控制其他变量不变的条件下，重点关注返乡原因对返乡农民工及其家庭收入的影响。

可见，本节用以分析的样本对象为处于工作状态的 15～64 岁农业人口，包括返乡农民工（不再外出务工）和从未外出务工过的农民这样两类群体。正如前文所指出的，一方面，分析曾经的外出务工经历对返乡农民工收入影响的研究十分缺乏；另一方面，以往对返乡农民工的研究主要集中在返乡决策的决定机制、返乡创业的影响因素，详细探讨返乡人群内部非农就业收入差异的研究少之又少。此外，本节在分析农民工非农就业收入影响因素的过程中，控制了样本选择性偏误的问题，集中探讨返乡农民工的非农收入问题，突出因不同原因返乡人群非农就业收入的决定机制有所不同。这些使本节研究与既有相关研究有所不同，也进一步说明了此研究的必要性和意义所在。

根据问卷收集到的不同返乡原因，笔者将返乡原因为创业的人归类为"主动创业型"返乡人群；返乡原因为需要照顾小孩、需要照顾老人、不想与家人两地分居、家里劳动力不足、土地需要打理、需要回乡结婚生育的人归类为"家庭拉力型"返乡人群；将返乡原因为没有特长/技能、外面就业形势不好、本地就业机会多、年龄太大、身体不好、本地生活成本低、很难融入流入地、不习惯外地生活的人归类为"城市挤出型"返乡人群。返乡人群中出于创业目的返乡的比例只占了 6.86%，大多数人员返乡并不是为了创业，城市挤出型的返乡人群占了 37.50%，家庭拉力型的返乡人群占了 55.64%。可见现阶段我国农民工的回流更多表现为农民工的非主观行为选择。

利用上述数据资料，本研究主要考察 2015 年流出地返乡人口流动经历对农民收入的影响机制，基于返乡人员的不同返乡原因，探讨外出经历对农民工收入的影响。其中，重点检验由于城市排挤而被动返乡的人员，他们的流动经历对收入状况的影响。研究关注的结果变量为农民工个人收入，主要使用考察时期内所有流动者的"实际被动返乡行为"数据。

如表 2 - 4 所示，从个人特征看，首先，样本中未曾流动和流动返乡两类人群存在较大的性别差异，未曾流动的女性较多，选择流动的男性偏多，这种性别差异在返乡人员内部更为突出：主动返乡创业者中的男性比例与由于城市排挤而返乡者中的男性比例基本持平，且高于因为家庭原因返乡者中的男性比例；其次，有流动经历的返乡人员普遍比较年轻且未婚，与未曾流动的人员相比，返乡人员平均年轻了 3 岁左右，未婚比例降低了 1.3 个百分点，但返乡人员内部差异较大，主要表现为因家庭原因返乡的人已婚比例更高，因为城市排挤而返乡的人年龄更大，大致高于其他原因返乡者 3 岁左右；再次，返乡人员中的党员比例稍高，且身体更为健康，但内部差异非常明显。主动创业型的返乡人员党员比例为 7.78%，分别为城市挤出型、家庭拉力型返乡人员中党员比例的 2 倍、2.8 倍；城市挤出型返乡人群的健康比例低于家庭拉力型人群 7.8 个百分点、低于主动创业者 10.3 个百分点；最后，返乡人员的受教育年限整体不高，但并不是所有的返乡人员受教育程度都很低。返乡主动创业的人受教育程度相比于在外务工的人差别不大，被动返乡和因为家庭原因返乡的人受教育程度都比返乡主动创业的人低。

从家庭和区域特征来看，首先，在农业户口比例和有承包地的比例方面，返乡人员都要高于未曾流动过的人，且返乡人员内部主动创业的人为农业户口、有承包地的比例低于因家庭原因返乡和被城市排挤返乡的人；其次，未曾流动过的人种过田的比例较高，返乡人群内部城市挤出人群种过田的比例最高，分别高于家庭拉力型返乡人群和主动创业返乡人群 1.5 个百分点和 10.9 个百分点；再次，返乡人群的子女数低于未曾流动人群的子女数，这一数据在返乡人员内部没有明显差异；最后，与未曾流动的人相比，返乡人员来自贫困县的比例为 18.69%，比未曾流动的人高了约 3.3 个百分点，返乡人员内部差异较大，体现为主动返乡创业的人来自贫困县的比例非常低，而因为家庭原因返乡的来自贫困县的比例很高，二者相差了8.5个百分点。

从个人经济特征来看，未曾流动人员的个人全年总收入和非农业收入均低于返乡人员，农业收入高于返乡人员，且返乡人员内部收入差异较大，体现为返乡人员整体的个人总收入和非农业总收入均高于家庭拉力型和城市挤出型人群。

未曾流动人员的2015年全年总收入低于返乡人员，未曾流动的人员农业收入和工资收入都较高，返乡人员内部的收入差异也很明显，自主返乡创业者的全年总收入、工资收入都接近是城市挤出型返乡人群的两倍，农业纯收入则是城市挤出型返乡人群的1.6倍，城市挤出型人群农业纯收入最低，但对于因家庭原因返乡的人，外出务工给付的工资明显高于因其他原因返乡者；总体来说，未曾流动者年末有结余的人员比例高于返乡人员7.7个百分点，返乡者内部有结余的人员最多的是主动创业型返乡者，高于平均比例10.0个百分点，相对应的，年末负债人员的比例，返乡者高于未曾流动者，且因城市排挤返乡和因家庭原因返乡的人员，负债的比例分别要高出主动返乡创业者7.0个百分点和7.5个百分点，主动返乡人群的经济状况较好，城市挤出型返乡者经济状况最差。

表2-4　已经返乡和未曾外出人口的个体特征和经济特征

变量		未曾流动	返乡人员			
			全部返乡人员	主动创业型	家庭拉力型	城市挤出型
总人数		32112	6555	450	3647	2458
个人特征	男（%）	44.67	59.30	75.56	46.23	74.33
	年龄（岁）	43.53	40.36	38.46	38.53	41.88
	已婚（%）	86.45	85.15	78.67	92.35	79.37
	党员（%）	3.18	3.59	7.78	2.82	3.95
	健康（%）	91.32	92.95	98.22	95.72	87.88
	受教育年限（年）	8.15	8.63	9.54	8.58	8.41
	文盲	5.82	3.12	0.90	2.87	3.89

变量		未曾流动	返乡人员			
			全部返乡人员	主动创业型	家庭拉力型	城市挤出型
个人特征	小学	29.56	24.27	16.14	22.85	27.86
	初中	51.63	57.19	55.38	60.28	52.95
	高中及中专	10.05	11.48	19.28	10.68	11.25
	大专	2.08	2.69	4.93	2.32	2.82
	本科及以上	0.87	1.24	3.36	0.99	1.23
家庭、区域特征	农业户口（%）	95.87	97.66	96.89	97.75	97.64
	有承包地（%）	83.49	90.12	87.11	89.38	91.31
	种过田（%）	78.51	75.76	66.44	75.84	77.34
	有其他自主产权房（%）	82.36	79.16	27.78	20.14	20.07
	现有子女数（个）	1.80	1.74	1.84	1.78	1.74
	是国家级贫困县（%）	15.40	18.69	12.00	20.48	18.06
个人经济特征	2015 年个人总收入（元）	17425.20	21281.32	42605.73	18820.77	20347.47
	2015 年非农总收入（元）	25754.30	26191.18	47072.81	24002.03	24062.94
	2015 年农业总收入（元）	6247.49	5056.37	8837.02	5076.49	4479.48
	2015 年全年总收入（元）	35171.94	41044.62	56911.14	41819.92	37005.45
	农业纯收入（元）	8972.47	7167.35	9889.77	7377.38	6360.16
	工资收入（元）	25743.76	25085.90	45901.13	22202.55	25567.70
	外出务工人员给付（元）	6085.26	9044.01	6002.01	10727.20	7103.50
	结余（%）	51.24	43.59	53.56	41.62	43.61
	负债（%）	25.81	34.15	27.78	35.32	34.74

三 流动人口返乡的影响因素分析

由以上描述和统计分析可以看出，未曾外出人员和返乡人员之间在个人特征，家庭、区域特征和个人经济特征上都有差异，且笔者发现返乡人群内部差异更大，为了验证笔者的发现，笔者探究差别较大的非农就业收入的决定过程，但仅选取获得非农就业收入的居民数据，样本并不具有随机性质，可能会产生选择性偏误，因此笔者运用 Heckman 两步法，在分析决定非农就业收入的因素之前，先建立一个选择方程，通过回归分析得到非农就业收入决定方程的各项系数。具体选择方程和非农就业收入决定方程形式如下：

$$\text{Prob}(Y = 1) = \varphi(Z) = \frac{1}{2\pi} \int_{-\infty}^{Z} e^{-s^2/2} ds \qquad (1)$$

其中，$Z = \gamma_0 + \gamma_1 X + \gamma_0 R + \varepsilon$，采用累计正态概率函数，$\text{Prob}(Y = 1)$ 为参与非农就业的概率，X 表示个人基本特征变量，包括性别、年龄、婚否、是否党员、是否种过田、健康状况、受教育程度等变量，R 表示返乡原因，γ_i 为变量对应系数。

因本节主要关注非农就业的居民收入，所以基于 Mincer 的人力资本回报方程，建立如下的收入决定方程：

$$\ln y = \alpha_0 + \alpha_1 X + \alpha_0 R + \mu \qquad (2)$$

其中，y 代表 2015 年个人非农就业收入；X 表示相关的解释变量（少于选择方程中的解释变量个数），R 表示返乡原因，μ 为随机扰动项。

研究非农就业收入的决定因素使用的被解释变量为：1 = 获得非农就业收入，0 = 不获得非农就业收入，引入婚姻状况（取值为 0 表示未婚，1 表示已婚），子女个数，是否是党员（取值为 0 表示非党员，1 表示党员）三个工具变量，用以刻画不同样本个体对非农就业参与决策的影响。另外，选择方程的自变量还包括性别、年龄、是否是党员、是否种过田、是否健康、受教育年限、外出经历、返乡原因、所在省份等变量（省份变量未输出）。其中年龄、受教育年限作为连续变量处理；婚姻状况基准组为未婚；性别变量基准组为女；是否种过田基准组为未种过田；健康状况基准组为不健康；外出经历和返乡原因的基准组为未曾流动的人群，具体结果见表 2 - 5。

表 2 – 5　选择模型

因变量	未曾外出人群的非农就业收入对数（B、sd）①	返乡人群的非农就业收入对数（B、sd）①
婚姻状况	- 0.0045；（0.0375）	- 0.0029 *；（0.0376）
子女个数	- 0.0653 ***；（0.0098）	- 0.0650 ***；（0.0098）
党员	0.3095 ***；（0.0435）	0.3082 ***；（0.0435）
性别	0.9596 ***；（0.0157）	0.9479 ***；（0.0158）
年龄	- 0.0068 ***；（0.0009）	- 0.0073 ***；（0.0009）
是否种过田	- 0.3534 ***；（0.0217）	- 0.3536 ***；（0.0217）
健康状况	0.8100 ***；（0.0327）	0.8194 ***；（0.0328）
受教育年限	0.0586 ***；（0.0032）	0.0587 ***；（0.0032）
有外出经历	0.0834 ***；（0.0203）	—
主动创业型	—	0.4305 ***；（0.0778）
家庭拉力型	—	- 0.0277；（0.0250）
城市挤出型	—	0.2205 ***；（0.0319）
截距项	- 1.1480 ***；（0.0734）	- 1.1267 ***；（0.0735）

注：*** $p < 0.01$，** $p < 0.05$，* $p < 0.1$。

①B 和 sd 分别为系数值和标准差。

可以看出，更年轻、受教育程度更高、未种过田、有流动经历的健康男性党员参加非农就业的概率更大，且返乡人群内部异质性明显。在控制其他条件不变的情况下，年龄对参与非农就业有显著的负向影响，年龄每增加一岁，参与非农就业的概率就降低的 0.68%；受教育年限对参与非农就业有显著的正向影响，受教育年限每增加一年，参与非农就业的概率就增加 5.86%；党员参与非农就业的概率比非党员高了近三成；男性参与非农就业的概率接近是女性的 2 倍；种过田的人比没种过田的人参与非农就业的概率低了约 35.34%；健康的人更可能参与非农就业；与没有流动经历的人相比，全体返乡人群参与非农就业的概率要高 8.34%，但返乡人群内部差异较大，表现为：仍以未曾流动过的人群为基准，主动创业型人群参与非农就业的概率高了43.05%，城市挤出型人群高了22.05%，家庭拉力型人群无显著差异。这说明外出经历会显著影响个人参与非农就业的概率，且在不同原因的返乡人群中该影响存在异质性。

由表2-6 Heckman回归结果可知，更年轻、受教育年限更高、未种过田、没有外出经历的健康男性党员非农就业收入更高，但返乡人群内部异质性也较大。在控制其他条件不变的情况下，年龄对非农就业收入有显著的负作用，年龄每增加一岁，非农就业收入将平均下降0.4%；受教育年限每增加一年，非农就业收入将平均上升4.3%；男性比女性的非农就业收入平均高了三成；种过田的人群非农就业收入平均低于未种过田的约21%；健康的人群非农就业收入更高，比不健康的人群平均高了约27%；与未曾流动过的人群相比，全体返乡人群的非农就业收入更低，但其中主动创业型人群收入高出29.91%，家庭拉力型人群低了9.49%，城市挤出型人群低了13.02%。即返乡原因显著干预外出经历对非农就业收入的影响，返乡被动性越高（从返乡创业、家庭原因到城市挤出），具有外出经历的返乡人员非农就业收入情况就越差。

表2-6　Heckman 回归模型

因变量	未曾外出人群的非农就业 收入对数（B、sd）[①]	返乡人群的非农就业 收入对数（B、sd）[①]
性别	0.3494 *** ；（0.0512）	0.3348 *** ；（0.0498）
年龄	-0.0040 *** ；（0.0008）	-0.0038 *** ；（0.0008）
是否种过田	-0.2194 *** ；（0.0232）	-0.2127 *** ；（0.0230）
健康状况	0.2874 *** ；（0.0616）	0.2651 *** ；（0.0612）
受教育年限	0.0430 *** ；（0.0041）	0.0414 *** ；（0.0041）
有外出经历	-0.0712 *** ；（0.0163）	—
主动创业型	—	0.2991 *** ；（0.0486）
家庭拉力型	—	-0.0949 *** ；（0.0206）
城市挤出型	—	-0.1302 *** ；（0.0252）
截距项	9.4578 *** ；（0.1583）	-1.1267 *** ；（0.0735）

续表

因变量	未曾外出人群的非农就业收入对数（B、sd）①	返乡人群的非农就业收入对数（B、sd）①
逆米尔斯比率	− 0.2034 ** ；（0.0859）	− 0.2277 *** ；（0.0844）
样本数	34910	34910
删失样本数	19806	19806
未删失样本数	15104	15104

注：*** $p < 0.01$，** $p < 0.05$，* $p < 0.1$。

①B 和 sd 分别为系数值和标准差。

通过上述分析，可以得到以下结论：（1）在控制其他条件不变的情况下，相比于未曾外出的人群，有过外出经历的返乡人群参与非农就业的概率更大，但是整体获得的非农就业收入更低。（2）返乡人群内部也有很大的异质性，主要表现为：主动创业型返乡人群参与非农就业的概率和获得非农就业的收入都显著高于未曾流动的人群，但同样与未曾流动的人群相比，由于家庭原因返乡的人获得的非农就业收入显著较低，城市挤出型返乡人群更低。

因此，我们需要在大力促进返乡农民工创业的同时，给予外出务工人员应有的社会关照，尽量减少其被迫返乡的概率，一方面，对于主动返乡的人群我们应该鼓励其返乡，做好其返乡创业的配套设施和配套资金支持；另一方面，对于被迫返乡的人群，他们不仅代表着城市劳动力的流失，本身的收入状况也在变差，我们应该尽可能地留住这些人，而不是一股脑全部鼓励其返乡谋生。在鼓励主动返乡人员将外出务工经验与家乡发展融合的同时，也要减少其被迫返乡，真正提高全体农民工的收入，才能使美丽乡村与文明城市齐发展。

第三章　流动人口的医疗保险

第一节　从无到有：流动人口医疗保险的
制度演变

一　改革开放后我国基本医疗保险体系的建立

自改革开放以来，城乡二元格局被打破，城镇化成为中国社会格局变迁的大趋势。在城镇化的过程中，农村劳动力大规模向城市迁移，在城市中工作、定居，这为城市源源不断地输送着廉价劳动力，人口城镇化成为中国人口红利的重要释放通道，充实了城镇经济的人力资源，支持中国经济的飞速发展，这一过程直到当下依然如火如荼地进行着。据国家统计局统计，我国城镇化率从 1978 年的 17.92% 上升到了 2018 年的 59.58%，农民工的数量也一直稳定增长，据国家统计局既有数据，近 10 年农民工规模从 2008 年的 2.25 亿人增长到了 2018 年的 2.93 亿人，约占中国总人口的 1/5（国家统计局，2022）。

数量庞大的流动人口既给中国带来了巨额的人口红利，也产生了错综复杂的社会问题，诸如其定居，子女教育、公共资源获得等。由于我国户籍制度的存在，城市经济发展的福利更多倾向于本地户籍居民，而农民工则往往因没有本地户口而被各类福利政策拒之门外。在各类福利政策中，最基础的便是社会保障政策，而农民工的社会保障在很长一段时间都处于被忽视的状态，学界对此有较多的探讨（于凌云、史青灵，2019）。更进一步，在社会保障中，医疗保障具有较为突出的地位，流动人口因患病承受经济风险在中国已成为刻不容缓的社会问题，"因病致贫，因病返贫"现象在近十年一直是社会保障改革中被反复提及的话题。农民工更多在服务业、制造业、建筑业从事劳动密集型工作，劳动强度较高且环境相对恶劣，本身便处于对健康更加不利的环境中（朱晓玲等，2011），这增加了他们的健康风险。与此同时，作为人口红利的一部分，正因为农民工劳动力的相对廉价，城市才对他们有需求，因此农民工整体并不处于高收入阶层。较高的健康风险和较低的收入使他们在患病后更加容易受到巨大经济打击，因此医疗保险对于农民工来说具有相对于其他群体更强的福利效应（华迎放，2004）。

我国对农民工群体医疗保险的关注要晚于基本医疗保险制度的实施。我国在1993年便提出要建立统账结合的医疗保险制度，1998年城镇职工基本医疗保险（以下简称"城职保"）推出，2003年新型农村合作医疗制度（以下简称"新农合"）推出，2007年城镇居民基本医疗保险（以下简称"城居保"）推出。然而，农民工在各政策推行之初并不能被基本医疗保险制度完美覆盖，这几类保险由于管理机构不同、统筹层次不同等原因，起初分别仅针对城市户籍、农业户籍人口，且需在本地（县级或地市级）就医报销，而农民工大多为农业户籍，具有跨地区就业的特征，他们一年当中大多数时间都在异地工作，但患病却不能在当地享受医疗保险报销，因此城职保、新农合两类基本保险制度无法覆盖他们的医疗需求，医疗保险的碎片化使得农民工依然处于医保相对缺位的状态（于凌云、史青灵，2019）。随着农民工数量的不断增加和其医疗负担问题的逐渐突出，我国于2003年在《国务院办公厅关于做好农民进城务工就业管理和服务工作的通知》中首次提出让有条件的地方政府探索农民工参加城镇医疗保险的事宜，这相比于探索以户籍地为参考系的基本医疗保险改革已过去了十年时间。

自新中国成立到改革开放前，我国经济体系建立在公有制经济和农村集体经济的基础上，医疗保险自然也依托经济模式而生。改革开放前我国相继建立起了农村合作医疗制度、劳动保障制度（简称劳保制度）和公费医疗制度，分别面向农村人口，城镇国有企业和部分集体企业职工，行政和事业单位职工，面向人群及其特点见表 3-1，由于彼时人口流动性较弱，且城市工作包分配，因此当时医疗保险制度的建立背景是无大规模流动人口和城镇失业者存在，这三大制度基本覆盖了中国全部人口。截至 1975 年，三大制度已覆盖全国近 90% 的人口（仇雨临，2019）。

表 3-1　改革开放前我国建立起的基本医疗保障体系

医保体系	面向人群	特点
农村合作医疗制度	农村人口	资金由村集体和个人筹集，以集体为统筹单位，财政未参与。在经济水平落后的年代对农村卫生事业的发展做出了卓越贡献。保障程度较低
劳保制度	城镇国有企业和部分集体企业职工	资金由企业从职工工资中扣除，个人无须缴费，且职工直系亲属也可享受一定程度报销。基本属于免费医疗
公费医疗制度	行政和事业单位职工	资金由财政筹集，免费医疗

改革开放后，随着家庭联产承包责任制的推行，农村集体经济逐渐瓦解，农村集体无法再作为一个高度有效的经济运营单位为农村提供卫生服务，农村合作医疗制度也因此逐渐消失。到 1993 年，农村已有近 90% 的人口没有被任何医疗保险覆盖。与此同时，随着城镇经济改革的推行，大量私有民营企业涌现，许多国有企业在市场竞争的激流中受到巨大冲击，不得不退出市场或者寻求私有化，而劳保费用作为国有企业必须负担的一大成本也因此逐渐缩水或消亡，不同的国有企业职工保障水平不均，有些企业已经无力承担职工医疗保险。城市中的私营企业职工和大量的失业人口、流动人口不在城市医疗保险体系之内，这进一步降低了医保的普惠性，1993 年，中国有近 50% 的城镇人口没有参加任何医疗保险（仇雨临，2019）。

医疗保险覆盖面窄、公平性差使我国于 1993 年在《中共中央关于建立社会主义市场经济体制若干问题的决定》中首次提出要建立统账结合的医疗保险制度。并于 1998 年针对城镇职工推出了城职保，于 2003 年针对农村人口推出了新农合，于 2007 年针对城镇无业居民、学生儿童等人群试点建立起城居保。自此，我国在 21 世纪的第一个十年基本建立起了全民医保制度。到 2016 年，我国基本医疗保险覆盖率已达到 95% 以上，超过 13 亿人至少参与了三大基本医疗保险中的一种，具体情况见表 3 - 2。

表 3 - 2 改革开放后我国建立起的基本医疗保障体系

医保制度	推出时间	面向人群	特点
新型农村合作医疗	2003 年	农村人口	自愿参保，参合率超过 95%；财政、个人共缴；报销水平较低
城镇职工基本医疗保险	1998 年	与用人单位建立劳动关系的城镇职工	强制参保；劳资共缴，雇主付工资的 6%、雇员付工资的 2%；报销水平较高
城镇居民基本医疗保险	2007 年	不属于城职保覆盖范围的中小学阶段学生、少年儿童和其他非从业城镇居民	自愿参保，参保率相对较低；财政、个人共缴；报销水平中等

二　医疗保险制度的演变

在全国医疗保障沿革方面，仇雨临（2019）系统地回顾了新中国成立以来中国医疗保障的变迁，提出医保制度逐渐走向了整合化、多筹资主体化、普惠化、多层次化的道路，并且医保制度深刻协同于经济结构和经济水平；而孙淑云（2018）则提出目前城乡医保制度依然存在不公平、碎片化的问题。

在流动人口医疗保险方面，于凌云、史青灵（2019）将改革开放后的流动人口社会保障改革分为了初探、建设、完善三个阶段。指出虽然在 2009 年以后政策在缩小城乡差距，推进异地接续、异地结算上做出了卓有成效的努力，然而目前城乡基金统筹层次较低的现状依然会对流动人口社会保障转移接续造成障碍，延续各地之间的不公平，且对跨省异地结算的探索较少。林娣（2012）将农民工医疗保险模式发展分为农村模式（仅新农合）、差异模式（设立新保险）、综合模式（多类保险打包）、城镇模式（融入城镇医保）四个阶段，并且对不同模式的可行性进行了评估。而龚晶、赵姜（2019）则从政策对农民工的接受度出发，将农民工被逐渐纳入城镇医保体系的过程分为封锁、松绑、疏堵交替和科学规划四个阶段，并且提出因农民工市民化的意愿不同，其对社会保障的需求也不同。

还有研究选取个别城市或某一地域对其农民工医疗保险改革模式进行解析评价，如李孜、杨洁敏（2009）从缴费规定、保障水平、覆盖范围、管理方式等方面对比了上海、成都、北京、深圳四个城市的农民工医保模式，并对医保转移接续办法进行了重点思考。樊士德等（2016）从多源流理论角度出发分析长三角地区流动人口医疗保险制度变迁，并将其分为暗流期——缺位、开源期——碎片化、汇流期——区域合作三部分，提出长三角地区过于依赖流动人口的"稳定性"，而对流动人口而言达到"稳定"门槛的条件却很苛刻。

第二节　一个被遗忘的群体：自我雇佣流动人口的医疗保险

我国自宣布探索农民工参加城镇基本医疗保险办法以来，大量农民工被纳入城镇医疗保险制度规定中。然而，政策最初利好的群体是"与用人单位形成劳动关系"的受雇农民工，随后要求职工强制参加的城镇职工基本医疗保险也是针对这类农民工。而对于占农民工总数很大比例的自我雇佣、灵活就业的农民工来说，政策仅于2009年起规定了"可自愿选择参加就业地城镇基本医疗保险"（人力资源和社会保障部，2011），并没有制度性的强制参保措施。

自我雇佣农民工的非强制参保性使得他们游离于政策覆盖的"灰色地

带"，其基本健康权益受到了不同程度的忽视。一方面，自我雇佣农民工在城市中多在服务业、低端制造业等个体经营部门中工作，这些部门受到的监管少、规范性差、工作条件较为恶劣，相对于在有规范保障和监管的正规部门就职的受雇农民工而言，他们面临着更大的健康风险；另一方面，受雇农民工所在的正规企业有专门的社会保障部门，在社保的信息对称度方面，受雇者也优于自雇者。因此，自雇农民工相对于受雇农民工在医保制度和环境上处于政策约束弱、健康风险大、信息不对称的三重不利境地，自雇农民工已成为自"全民医保"制度建成以来我国最大的"保险亚缺位"群体。

因此，在三大基本医疗保险制度的全民覆盖下，自雇农民工的医保弱势已经越来越突出，了解并研究自雇农民工的医疗保险状况具有重要的社会和政策意义。而由于新农合和城镇基本医疗保险在管理部门、资金统筹、基金管理上存在较大的差异，新农合始终难以在农民工城镇就医中单独发挥重要作用，解决农民工基本医保问题的政策最先是从"将农民工纳入流入地城镇基本医疗保险体系，替换新农合"开始的，直到2016年城乡居民基本医疗保险（以下简称"城乡保"）推出，从制度上将新农合和城居保结合，但依然没有让新农合单独进入城市医保体系中，且城乡保目前仅在部分地区展开。综上，在农民工的城镇就医报销问题中，城镇基本医疗保险始终占据着核心地位，新农合由于其较低的报销力度和转移接续的制度性障碍，对农民工的城镇就医帮助很小（姜海珊，2016）。因此，研究自雇农民工的医疗保险问题应该着眼于农民工参与城镇基本医疗保险的状况上。农民工当前参加城镇基本医保的状况如何？影响他们参保的因素有哪些？对于改善自雇农民工参保有哪些政策建议？这些问题的答案对农民工生活质量、城市经济活力的提高有重大的指导意义，对新时代中国流动人口研究具有一定的理论价值。

农民工参与城镇基本医疗保险已成为改善农民工医疗保险状况的必然趋势，而自雇农民工相对于受雇农民工在医保参与方面处于弱势地位。相对于受雇农民工，自雇农民工的医保政策具有被关注时间晚、保障力度低、非强制性、以城镇医保为核心的特点。因此，自雇农民工参与城镇基本医保的状况更值得关注。

一　自雇农民工医疗保险政策的探索与现状

虽然我国在制度上建立起了"全民医保"体系，然而并没有根本解决城镇务工农民工的医疗保障需求。三大医保在建立之初具有"碎片化"的统筹特点，即在互相转移接续、管理层级上无法实现顺利沟通（孙淑云，2018）。由于起初城职保和城居保要求参保人具有本市非农业户籍，这就将农民工排除在了城镇医保体系之外，因此他们只能享有新农合。而新农合的统筹级别较低，起初需参保人在参保地就医、报销，这使得农民工无法享受在流入地即时就医的时效性和经济优惠，大大增加了农民工的健康风险，出现了很多将小病积攒成大病，大病无力负担的悲剧。

面对农业户籍流动人口的保险缺位，我国于2003年发布《国务院办公厅关于做好农民进城务工就业管理和服务工作的通知》，提出让有条件的地方政府探索将农民工纳入本地城镇医保体系的办法，尽管只是一份纲领性、非强制性的政策文件，但自此各级政府先后开始了针对农民工医疗保险体系的探索。

中央层面，我国在政策方向上逐步将农民工纳入了城镇医保体系，相关政策文件整理如表3-3所示。

表3-3　我国对农民工参加城镇基本医保的相关政策

政策文件	部门	推出时间	相关规定简述
《国务院办公厅关于做好农民进城务工就业管理和服务工作的通知》	国务院	2003年	有条件的地方可探索农民工参加医疗保险等具体办法
《关于推进混合所有制企业和非公有制经济组织从业人员参加医疗保险的意见》	人力资源和社会保障部	2004年	逐步将与用人单位形成劳动关系的农村进城务工人员纳入医疗保险范围

政策文件	部门	推出时间	相关规定简述
《国务院关于解决农民工问题的若干意见》	国务院	2006 年	有条件的地方，可直接将稳定就业的农民工纳入城镇职工基本医疗保险。农民工也可自愿参加原籍的新型农村合作医疗
《国务院关于开展城镇居民基本医疗保险试点的指导意见》	国务院	2007 年	大力推进进城务工的农民工参加城镇职工基本医疗保险，重点解决大病统筹问题
《国务院办公厅关于加快发展服务业若干政策措施的实施意见》	国务院	2008 年	加快将服务业个体工商户、灵活就业人员、农民工纳入社会保险覆盖范围。加快推进服务业企业参加医疗、工伤保险工作
《国务院办公厅关于印发医药卫生体制五项重点改革 2009 年工作安排的通知》	国务院	2009 年	做好城镇灵活就业人员和农民工的参保工作（人力资源和社会保障部负责）
《关于印发流动就业人员基本医疗保障关系转移接续暂行办法的通知》	人力资源和社会保障部	2009 年	农村户籍人员在城镇单位就业并有稳定劳动关系的，依法参加就业地城职保；其他流动就业的，可自愿选择参加户籍所在地新农合或就业地城镇基本医疗保险；不可重复参保
《国务院关于进一步做好为农民工服务工作的意见》	国务院	2014 年	依法将与用人单位建立稳定劳动关系的农民工纳入城镇职工基本养老保险和基本医疗保险，研究完善灵活就业农民工参加基本养老保险政策，灵活就业农民工可以参加当地城镇居民基本医疗保险。不可重复参保
《国务院关于整合城乡居民基本医疗保险制度的意见》	国务院	2016 年	将城居保和新农合整合为城乡居民基本医疗保险，覆盖除职工基本医疗保险应参保人员以外的其他所有城乡居民。农民工和灵活就业人员依法参加职工基本医疗保险，有困难的可按照当地规定参加城乡居民医保

资料来源：中国政府网、人社部官网。

自 2003 年我国将农民工医疗保险问题纳入正式考虑范围以来，农民工医保逐渐在制度上规范化，直到 2016 年实现新农合和城居保的合并，整个过程呈现以下三个特点。

（一）"稳定劳动关系"成为更早、更好受益的标志

农民工的医疗保险政策从 2004 年开始逐步具体化，2004 年和 2006 年人社部和国务院分别通过"稳定劳动关系纳入医保范围"和"稳定劳动关系纳入城职保"两个举措，在政策上将稳定受雇农民工正式纳入了城镇医疗保障体系，并于 2007 年开始大力推进。而对于自雇灵活就业的农民工来说，2008 年其首次在国家政策中被提及，2009 年规定其可自愿参加"城镇基本医疗保险"，然而具体是哪一种保险依然没有确定，这就给了两种城镇医保"踢皮球"的政策空间。直到 2014 年，政策才明确规定自雇流动就业农民工可自愿参加当地城居保。在正式确认政策的时间上，自雇灵活就业农民工比受雇农民工晚了整整八年。

另外，在参保种类方面，受雇农民工依据法律规定需参加城镇职工基本医疗保险，而自雇农民工则自愿参加城镇居民医疗保险或者原籍地新型农村合作医疗，城职保的保障和报销力度高于城居保和新农合，因此，自雇农民工即使参加了城镇基本医疗保险，其得到的保障水平依然无法和受雇农民工相比。综上，受雇者相对于自雇者显然能够"更快更好"地享受城镇基本医疗保险。

（二）自雇农民工参保政策强制力明显较弱

从政策梳理可以明显看出，对于稳定受雇农民工，政策在 2009 年开始便采用"依法参加"的说法，而自雇农民工则始终是"自愿参加"的表述。对于受雇者采取法制参保政策，政策力度明显强于自雇者。自雇农民工的"自愿参保"使得其医疗保险参保情况天然处于被忽视的地位，灵活就业者有可能因为参保意识不强、健康知识不够、信息渠道不通等原因忽

视参保机会，这对他们的健康和财产安全造成极为不利的影响。

（三）城、乡医保存在互斥性，城镇医保处于解决农民工医保的核心地位

由政策历程可以明显看出，2009 年和 2014 年，政策反复提及"不可重复参保"的规定，参加了城镇医疗保险的人需要对应退出新农合。因此，新农合与城镇医保在制度上互斥。然而，在推进农民工医疗保险的进程中，政策基调一直在想方设法将农民工纳入城镇基本医保体系中，并没有推进新农合在城镇的自由报销。直到 2016 年城乡居民基本医疗保险推出，试点将新农合与城居保合并，新农合才有了真正平等参与城镇报销的制度通道。可见，推进农民工参加城镇基本医保和将新农合融入城镇医保都体现了城镇基本医疗保险体系在解决农民工医保问题中的核心地位。

笔者认为，新农合由于归卫健委管理，和城镇医保归人社部管理存在部门上的隔阂，本身在资金转移接续上便存在较大障碍，再加上其报销力度和统筹层次一直处于三大医保中最低的水平，因此，新农合在农民工城镇医疗报销问题上在短期内无法提供独立有效的帮助，农民工医疗保险的改善将依然以"保险种类向城镇体系融合，保障水平向城镇体系统一"为大趋势。

二 自雇农民工的特征与福利效应

在农民工自雇选择的影响因素方面，学界从农民工的资本、个人能力、社会结构等方面做出了回答。Meng（2001）通过对济南市农民工的调查发现，个人财富禀赋对农民工选择产生了显著影响；Gagnon 等（2011）通过对 2005 年流动人口的调查分析得出，虽然流动人口在收入上不一定更低，但在职业选择上存在城乡歧视，且个人性别、年龄、婚姻状况等都会影响流动人口自雇概率；叶静怡、王琼（2013）使用北京农民工调查数据分析发现，人力资本、配偶在身边会对农民工选择自雇产生正向影响；黄

嘉文、邓宝欣（2018）则将影响因素分为健康地位、市场地位、制度分割，制度分割用户籍地与流动范围表示，他们发现三个因子都会影响农民工的自雇选择概率；朱志胜（2017）将自雇农民工分为机会型自雇和生存型自雇两类，发现机会型自雇一般是农民工追求最大化福利的主动选择，生存型自雇则处于绝对劣势；而宁光杰（2012）发现，劳动力市场存在双重分割效应，受雇的壁垒使一些自雇者无法受雇，而初始资本约束又使一些受雇者无法选择自雇。

对于农民工自雇选择带来的福利影响，学界研究目前主要集中于自雇农民工的收入，也有涉及社会融入、社会保障等方面。

对于收入而言，目前实证基本显示自雇农民工的总收入显著高于受雇农民工。如叶静怡、王琼（2013）发现自雇者相对于受雇者收入显著更高，其收入主要受个人能力影响；朱志胜（2018）利用倾向得分匹配法，发现自雇者收入明显较高，且自雇的劳动回报率随着收入分位点的上升而逐步上升；而在农民工的小时工资方面，宁光杰（2012）在控制了自选择偏差后发现，自雇者的小时工资明显高于非正式受雇者，而并不高于正式受雇者。对于自雇农民工的社会融入，朱志胜（2017）发现，自雇农民工相对于受雇农民工有更强的城镇安家意愿，且更有可能采取实际行动来促成这一意愿。

自雇农民工的社会保障，尤其是医疗保障问题，当今研究尚较为缺乏，且关注时间较晚。李超、孟凡强（2018）利用2015年全国流动人口动态监测调查数据研究发现，自雇流动人口相对于受雇流动人口享受的医疗保障水平显著较低；黄嘉文、邓宝欣（2018）通过对2012年流动人口的研究发现，健康地位，市场地位，制度分割（户籍、流动范围）对自雇者参保有显著的影响，且非体力自雇者（专业技术、管理人员）更多出于自身条件理性做出是否参保的决策，而体力自雇者则更多受到户口和户籍地制度的限制。其他文献并未对自雇者的医疗保险进行针对性探讨。

如前所述，当前对农民工医疗保障问题的研究虽有较为深入的探讨，但对于自雇农民工这一子群体，当前研究还主要围绕在"自雇选择的影响因素"和"自雇选择对收入的影响"两方面。学界对自雇农民工医疗保险的专题研究在近两年才起步，且当前研究数量较少、程度较浅，大多数研究在指标选取上较为基础，缺乏深入思考，如李超、孟凡强（2018）的研究在流入地政策环境上缺乏考量，而黄嘉文、邓宝欣（2018）的研究在制度因素上仅纳入了户口性质和户籍两个简单指标，忽视了信息环境、政策友好程度等变量的影响。且上述两篇文献并未呈现时间趋势因素。因此，对于自雇农民工医疗保险的深入思考和全面刻画目前仍是欠缺的，在全面建成小康社会的当下，对于处于医疗保险灰色地带的人口进行深入研究具有重要的实际意义，对填补农民工自雇医疗保险研究的空白也具有理论意义。

综上所述，通过对自雇农民工参加城镇基本医保政策沿革的梳理和相关领域既有研究的回顾，可以发现自雇农民工在参保政策强制力和友好度上处于弱势地位，且既有研究也较少关注到这类人群的医疗保险。因此，本节选取自雇农民工的城镇基本医疗保险作为研究对象，首先从时间和空间两个维度展示自雇农民工参加城镇基本医疗保险的现状、时间趋势、地理分异特征，并且探讨自雇农民工相对于受雇农民工在参保水平上的差异；接下来，本节将从宏微观角度全面回答自雇农民工参加城镇基本医保的影响因素，并且探讨机会型自雇和生存型自雇农民工在影响因素上的差异。

三 自雇农民工参加城镇医疗保险的状况与趋势

本节选取 2011~2017 年全国流动人口动态监测调查数据。在对自雇农民工的变化趋势进行呈现时，选取 2011~2017 年全样本；而由于数据和变量可得性的限制，在对自雇农民工城镇基本医疗保险现状进行呈现时采用 2013~2017 年调查数据。在探究自雇农民工参保影响因素时，采用 2014~2017 年调查数据。同时本节也利用国家统计局数据构建了部分宏观变量。

　　笔者将雇主、自营劳动者定义为自雇，将雇员和家庭帮工定义为受雇；进一步，根据朱志胜（2017）的研究，自雇农民工也可进一步分类，雇主定义为"机会型自雇"，自营劳动者定义为"生存型自雇"。

　　截至 2017 年，我国城镇基本医疗保险可统计为三类：城镇职工基本医疗保险、城镇居民基本医疗保险、城乡居民基本医疗保险。除医疗保险因素外，其他自雇农民工参与城镇基本医疗保险的因素，大致可分为制度与环境因素、个人经济社会因素、人口学特征三类。制度与环境因素，即制度环境是自雇农民工参保的特殊决定因素，由于制度环境没有直接的量化方式，本节选取"分省自雇农民工参加城镇基本医保比例"作为制度环境因素的代理变量。制度与环境越有利于自雇农民工参保，可以预期将会有更大比例的自雇农民工参与到城镇医保中，因此二者为正相关关系。①

　　由文献回顾可知，制度与环境因素从相关主体角度可以被穷举为三类：在医保供给方角度，表现为地区医保政策对自雇农民工的友好程度（简称政策友好度）；在医保需求方角度，可以表现为地区健康教育环境（简称健康教育环境，其影响个人主动参保意愿）；从供需方匹配的通畅程度角度，可以表现为地区信息环境通畅度（简称信息通畅度）。本节分别对三类制度与环境进行变量构建。

　　首先是"健康教育环境"，选取"各省平均每个农民工样本接受健康教育的数量"作为代理变量。它表示自雇农民工接受健康教育的程度，也可代表农民工自身的健康意识。健康知识越多和健康意识越强，参保意愿预期会越高（黄嘉文、邓宝欣，2018）。中国流动人口动态监测调查数据分项统计了流动人口是否接受了 7 种疾病方面的健康教育，本节对每个样

---

① 之所以选择以省为统计范畴，是因为大量文献表明省内和跨省流动农民工在医保参与和受益上有巨大差异，且在省内流动的农民工的参保水平与本地户籍居民差异不大（杨菊华，2011；周钦、刘国恩，2016），这表明医保制度的地域分割在省一级单位上最为明显；同时，抽样调查中有的地市样本数量只有几十个甚至几个，基数太小对变量会造成极端值影响，不利于研究统计。

本接受健康教育的数量进行统计，并将各省平均每个农民工样本接受健康教育的数量作为表示健康教育水平的变量。

其次是"信息通畅度"，选取"分省农民工建立居民健康档案的比例"作为代理变量，这体现了农民工获取参加医保信息的便利程度和公共医疗资源获取通道是否畅通，信息不对称往往是理性选择决策中很大的影响因素。由于医保信息的获取在很大程度上和公共医疗资源获取能力同向变动，因此本节采用卢小君、刘弘毅（2018）的做法。居民健康档案是指医疗卫生机构为居民提供医疗卫生服务过程中的规范记录，记录了居民的患病历史和治疗对策，建立健康档案的居民，也会处于一个具有专门负责医疗追踪服务人员的社区中，这样的社区同时也更可能会对医疗保险进行跟踪记录。

最后是"政策友好度"，虽未直接找到合适的代理变量，但制度环境在上文中根据不同主体进行分类，已经实现了穷举。因此本节采取如下方法构建"政策友好度"变量：将参保比例对其他两个变量进行回归，取残差，作为政策友好度的估计值。

（一）自雇农民工占比情况分析

首先，如图 3-1 所示，在全国流动人口动态监测调查数据中，自雇农民工的数量呈现小幅波动，稳定在样本总量的 43% 左右，从 2012 年起总样本绝对数量每年均超过 10 万。自 2015 年以来，自雇农民工的比例逐渐下降。

从地域分异来看，如图 3-2 所示，自雇农民工的比例在东部地区显著更低，中西部地区相似。这可能是因为东部地区经济发展较为成熟，有大量规模化的制造业企业、大型服务业企业有用工需求，对农民工有较大的吸纳能力。而中西部地区相对用工需求较低，农民工在城市更难被雇，因此自雇比例较高。

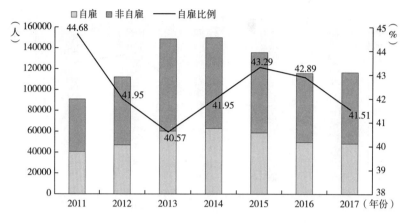

图 3 - 1　2011～2017 年自雇农民工占比情况

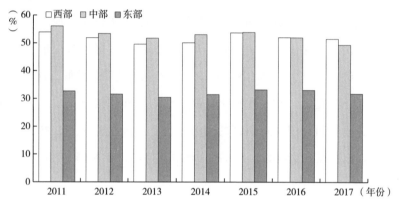

图 3 - 2　2011～2017 年西、中、东部地区自雇农民工比例

（二）自雇农民工参与城镇基本医疗保险情况分析

在参与城镇基本医保方面，调查数据中仅有 2013～2017 年的样本。如图 3 - 3 所示，随着时间的推移，自雇农民工参与城镇基本医保的比例呈上升趋势，且 2016 年达到峰值，2017 年依然稳定在 10% 以上。[①] 这说明近年来我国自雇农民工参与城镇医保的状况在逐渐改善，符合上文对政策梳理时做出的方向预期。

①　2016 年的样本量相较于其他年份较小，系医保参与数据在总量上较少所致，经探查不存在明显的地域抽样偏误，因此不影响数据的可靠性。

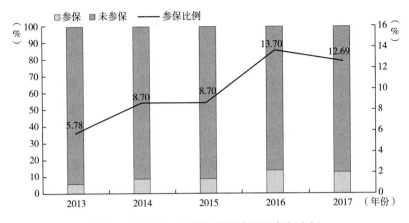

图 3 - 3   2013～2017 年自雇农民工参保比例

从地域分异特征来看，如图 3 - 4 所示，2013 年以来，西、中、东部地区自雇农民工参保比例均呈整体上升趋势，证明各区域参保情况均呈现逐渐改善态势。另外，中部地区自雇农民工参保比例明显偏低，这可能是因为东部地区经济发达，收入效应和政策效应同步作用提升了农民工参保比例，而西部地区因为国家对西部的大力扶持、开展扶贫工作，参保比例提升；但中部地区经济发达度低于东部，政策支持度低于西部，因此处于参保"洼地"。

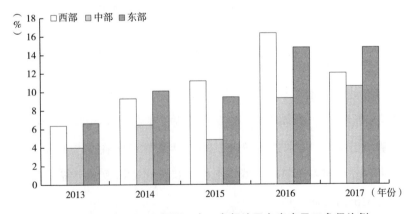

图 3 - 4   2013～2017 年西、中、东部地区自雇农民工参保比例

对比自雇农民工和受雇农民工的参保情况，如图 3 - 5 所示，受雇农民工在参与城镇基本医保的比例上远高于自雇农民工，这一点与既有研究结

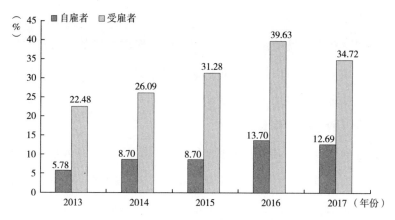

图 3-5 2013~2017 年自雇、受雇农民工参保比例

论相符，可能是因受雇者参保政策强制度高、保障水平较高所致。2013 年，受雇农民工参保比例约是自雇农民工的 4 倍，到 2017 年为 3 倍左右，差距在逐渐缩小。

（三）自雇农民工参加医疗保险的影响因素分析

本部分将从制度环境因素、个人经济社会因素、不同自我雇佣类型等方面入手，尝试探讨自雇农民工参加城镇基本医疗保险的影响因素，并且将会对影响因素分群体、分地域、分时间的变化予以展现和分析。由于篇幅的限制，本部分建立的回归分析具体结果不再一一展示。

1. 制度环境因素对自雇农民工参加城镇基本医疗保险的影响

相关分析显示，自雇农民工所在城市的政策友好度、健康教育环境和信息通畅度三个变量的提升均可显著提升农民工参加城镇基本医疗保险的概率。

一方面，城市政策友好度越高，可能意味着地区医保政策对自雇农民工参加城镇医保的接受、帮扶程度更高，诸如转移接续政策更加合理、缴费方式更加人性化等，政策的利好使得更多的农民工能获得准许且更方便地加入城镇基本医保体系；另一方面，这也可能意味着下级政府在自雇农民工参保方面有更好的政策执行力度，政策执行过程中的阻力较小，这些都提升了农民工的参保概率。

而从健康教育环境的角度分析，更好的健康教育增加了自雇农民工的健康知识和健康意识，使得他们对自身的健康更加关注，对可能出现的因病致贫的风险也有更多地了解，这能提升他们对医疗保险的主观需求，进而提升其参保的意愿和概率。

而信息通畅度的提升能够显著增加自雇农民工参加城镇基本医保的概率，这与预期相符。信息通畅度体现了农民工对医疗保险政策和申办流程的了解程度，信息通畅度越高，自雇农民工和医保政策之间的信息不对称越小，他们从有参保意愿到发生参保行为之间的路径也越畅通。整个信息环境的改善能够提升农民工成功参加城镇基本医疗保险的概率。

2. 个人经济特征对自雇农民工参加城镇基本医疗保险的影响

从个人层面经济特征来看，从事第三产业工作的自雇农民工参加城镇基本医保的概率显著低于从事第一、二产业工作的农民工。这可能是因为城市第一、二产业的工作大多属于有规模的制造业、建筑业或者养殖业等，这些成规模的企业更为正规、稳定，在企业管理中建立起了较为完善的医疗保险服务制度，公司的雇主（即自雇者）对医保政策等更加了解，参保渠道更加畅通，可选择医保种类更多（如城职保），因此参加城镇基本医保的概率更高。而从事第三产业的农民工则更多集中于小饭馆、理发店等小规模的个体经营行业中，他们不仅在医保信息和申办渠道上处于劣势，工作和收入的不稳定性也会降低他们的参保意愿和概率。

家庭收入水平亦能增加自雇者参保的可能，分析也显示，家庭人均收入越高，自雇农民工参保的概率越高。家庭人均收入的提升放宽了农民工的预算约束，参加城镇医保给他们带来的经济压力更小，因此参保对他们更有利，从理性的角度他们会更愿意参保；另外，人均收入更高也部分预示着事业的稳定性更高，在城镇定居的可行性更高，这也会让他们更愿意融入流入地，进而提升参保概率。

3. 个人社会特征对自雇农民工参加城镇基本医疗保险的影响

自雇农民工的流动范围、流动原因、流动时间和社会融入均会对自雇农民工参加城镇基本医保的概率产生影响。

在流动范围方面，分析显示，跨省流动自雇农民工参保概率显著低于省内流动自雇农民工的参保概率，这也说明了医疗保险的参保环境存在省级地域分割的情况。地域分割的原因可以分为两方面，一方面是制度环境，由于医疗保险基金统筹层次较低，大多数城镇医保由地市级统筹，然而省一级行政单位的存在使得同省份内医保基金的转移接续能够实现较为通畅的协调，医保区域一体化的行政阻力远低于跨省合作的阻力。因此，省内流动自雇农民工能够更方便实惠地参加流入地医保。另一方面是地理位置导致的个人原因，省内流动的距离一般来说小于跨省流动的距离，农民工在省内迁移时主观上认为并没有远离或离开家乡，因此对流入地的社会融入意愿更强，因此参保意愿和概率也更高。

在流动原因方面，因务工经商流动的自雇农民工参保概率显著低于因其他原因流动的自雇者。笔者认为，因其他原因流动的农民工很可能是随亲流动或上学后在本地实现自雇。如果是随长辈流动，那么他们的长辈在此可能已经定居了很长时间，这对这些自雇者提升城市融入能力有较强的促进作用（如家庭有本地住房、有更多财富等），这提升了他们的参保意愿和概率；如果是随同辈或配偶流动，那么这些人更可能是家庭中被保护的角色，健康更可能在家庭中得到优先保护，因此参保概率更高；而如果是因上学流动后实现自雇，那么预期他们的受教育水平或者工作收入更高，这会提升其对健康知识、政策信息的掌握，放宽预算约束，因此能够提升他们的参保概率。

在流动时间方面，本次流动时间的增加能够显著提升农民工参保概率，而距离首次流动时间的增加却对参保概率影响不显著或显著性较弱。笔者认为，本次流动时间在决定是否参加流入地基本医保上也处于更核心的地位，因为本次流动的时间能够直接影响自雇农民工的定居能力和社会融入水平，进而影响参保概率，而首次流动时间则更多体现了样本流动的过去经历，在控制了本次之后，首次流动时间的作用便小了很多。

在社会融入方面，在本地打算长期定居的自雇农民工的参保概率显著高于不打算在本地长期定居的自雇农民工。打算长期定居的农民工在融入本地社会的意愿和能力上都预期更高，因而他们更可能为自己长期居住此地创造长久条件，这也包括利用本地医疗资源的优惠条件，即参加本地城镇基本医保。因此，他们的参保概率更高。

4. 自雇农民工参加城镇基本医疗保险的空间分异特征

分析发现，自雇农民工参保概率在空间维度上呈现明显的分异特征。相对于西部地区，中部地区和东部地区的自雇农民工参保概率显著更低，西部地区参保概率与东部地区参保概率的差距小于其与中部地区参保概率的差距。西部地区自雇农民工参保概率最高，东部地区次之，中部地区最低。这一结果印证了描述统计部分中部"参保洼地"的现象。笔者认为，东部地区发达的经济水平使得自雇农民工收入较高，提升了其参保的能力，而西部地区因为国家对西部的大力扶持、开展扶贫工作，参保比例提升；中部地区经济发达程度低于东部，政策支持程度低于西部，因此处于参加医疗保险的"洼地"。

东部地区参保概率显著低于西部地区的现象也值得探讨，东部地区由于缴费水平和保障水平较高，在保险基金跨省统筹还未完全成形的条件下，接纳外地流动人口会对其医保基金的盈亏水平产生不利影响，外地农民工并没有给本省交纳高额的保费，但却享受了高水平的保险，地方政府出于利益考量，会对外省农民工有排斥的态度倾向，因此东部地区的参保概率低于西部地区。而考虑地区经济因素，各省经济发展水平对该省在健康教育环境上的改善有正向影响作用，经济水平的提高有可能提升地区对健康教育环境的投资，进而会影响自雇农民工的参保概率。

5. 不同类型自雇农民工参加城镇基本医疗保险的差异

机会型自雇农民工参加城镇基本医保的概率显著高于生存型自雇农民工，这与他人的研究结果一致。雇主被定义为机会型自雇，自营劳动者被定义为生存型自雇。雇主一方面具有更正式的工作地位，更稳定的工作地点、工作行业和工作场所，他们的生活和收入具有稳定性，也就是经济风险较低，因此可能对自身健康风险的关注度更高，这提升了他们的参保概率。另一方面，雇主有可能在创办自己的企业的过程中，给自己的雇员办理保险，因此他们对医疗保险的认知程度，即信息对称度较高，这也会增加其参与医疗保险的概率。而生存型自雇者由于大多数从事小商贩、流动商贩等职业，工作的流动性较高且收入风险较大，可能会将更多的精力用于增添储蓄，而不是解决自身健康风险，进而降低了参加城镇医保的概率；同时由于缺乏有效的参保信息渠道，相对于机会型自雇者，他们对医保政策的了解和重视程度也较低，即信息对称性较差，这也降低了他们的参保概率。因此，生存型自雇农民工参加城镇基本医保时在自雇农民工中处于劣势地位，如何改善他们参加医疗保险的情况值得学界、政府更多关注。

第四章 流动人口的返乡就医状况

第一节 流动人口返乡就医的背景

每年春节，中国人口流出地区，特别是广大农村地区都会迎来流动人口返乡潮。趁着返乡时机，许多外出务工者或自己求医问诊，或带父母看病，不少医院针对返乡人员推出各类活动和医疗便利服务，提高服务能力，迎接返乡就医高峰。返乡人员的就医需求主要集中在体检、生育、拿药、中医诊疗等方面。除此之外，许多农民工在流入地受工伤或患大病以后，因为负担不起城市的医疗服务费用，又没有相应的医疗保障，只能拖着重病、冒着延误治疗和病情恶化的风险回老家看病。春节流出地的就医高峰或是农民工无奈返乡治疗，都是流动人口返乡就医的突出表现。

返乡就医是流动人口特有的行为。流动人口在城市付出自己的健康和青春，却由于费用和资源获取等种种原因无法就地就医，而需要回到老家，在医保统筹地治疗、住院和报销，体现了流动人口医疗服务需求和医疗服务利用的严重分离。尽管我国城乡基本医疗保险覆盖率已经超过95%，但外出农民工参与城职保的比例只有18.2%（国家卫生计生委流动人口司，2018），大部分流动人口参加的是流出地的新农合，他们在城市的就医依然障碍重重，如异地报销烦琐、耗时长或报销范围小等。除个别省份外，目前农民工跨省就医只能回到医保统筹地报销，需先垫付、手续繁杂、因为各种原因无法报销等，都让流动人口对城市的医院望而却步。

医保的地区割裂、收入的差异，造成了流动人口与城市户籍人口在医疗服务利用上的不平等。

在城里务工挣钱，返乡看病省钱，这不仅给流动人口自身带来不良影响，也反映了经济发展中农村相较于城市的弱势地位。一方面，返乡就医需要花费更多的时间，无法就近就医会使得流动人口在生病之后不去治疗，或者小病拖成大病，影响其劳动能力和流动意愿。2010 年，在所有农民工返乡原因中，有 8.1% 是因工受伤，有 2.1% 是因为患职业病（宋月萍等，2014）。另一方面，流动人口返乡就医反映了城市和农村发展方式的不平衡：农村向城市输出大量的健康劳动力，回收的是"衰老"和"疾病"。城市享受了经济发展的巨大收益，而向城市转移劳动力的农村还要承担由于返乡就医带来的财政和医疗资源上的巨大压力。这会进一步拉大农村与城市的差距，不利于经济社会的可持续发展。

一　政策梳理

目前我国有超过 95% 的人口参加了城乡基本医疗保险，但由于医保实行的是属地管理，由地市级统筹，按人群、城乡分开管理，这给流动人口异地就医带来了极大的障碍。尽管参与了新农合，但流动人口在非医保地就医很难报销，即使报销也需要回到户籍地，异地报销与本地报销相比程序烦琐、报销门槛高且耗时耗力。这让许多长期在外务工的流动人口不敢在流入地看病，医保没有对这个庞大的人群起到及时有力的保障作用。

解决流动人口异地就医问题，不仅是促进公共服务均等化的重要内容，也是医改、社保政策针对流动人口特点的适应。流动人口异地就医从 2009 年开始就得到政策的关注，政策主要从医保的接续转移、异地即时结算等问题入手，逐步解决流动人口异地就医即时、足额报销问题。即时结算是指参加新农合的流动劳动力在定点医疗机构就医后，由定点医疗机构先行垫付流动劳动力应获得的补偿费用，再由定点医疗机构与统筹地区合管办定期结算的过程。异地结算被认为是异地就医、解决流动劳动力就医需求的实现基础（郭珉江、郭琳，2014）。2009年，原卫生部印发《关于在省级和社区市级新农合定点医疗机构开展即时结报工作的指导意见》，要求各地开展省内新农合定点医疗机构即时结报工作；2010年《社会保险法》明确规定："社会保险行政部门和卫生行政部门应当建立异地就医医疗费用结算制度，方便参保人员享受基本医疗保险待遇。"2013年原国家卫生计生委发布的《深化医药卫生体制改革2013年主要工作安排》进一步提出选择部分省份试点探索建立跨省异地就医即时结算机制。2014年12月，人社部、财政部、原国家卫生计生委联合印发《关于进一步做好基本医疗保险异地就医费用结算工作的指导意见》，提出基本医疗保险2015年将实现省内异地住院费用直接结算，2016年实现跨省异地安置退休人员住院医疗费用直接结算。该规定主要针对省内报销、退休人员跨省报销问题，仍然无法满足大部分跨省流动人口的需求，而根据2015年全国流动人口卫生计生动态监测调查，有50%的流动人口在跨省流动。2015年2月，原国家卫生计生委和财政部联合发布《国家卫生计生委、财政部关于做好新型农村合作医疗跨省就医费用核查和结报工作的指导意见》，表示2015年将依托国家新农合信息平台，试点跨省就医即时结报，2016年建立全国跨省就医费用核查工作机制。

到2015年10月，有90%左右的地市实现了全国职工医疗保险和城镇居民医疗保险的市级统筹，目前有北京、上海、天津、重庆等地实现了直辖市级、省级统筹（央视网，2015）。然而对于农村流出人口来说，新农合只能在户籍地参保，而且异地报销的起付线更高、报销比例更低，向城镇医疗保险的转化也由于地区间差异太大而难以实行。目前依托新农合信息平台的跨省就医即时结报还在试点之中。新农合的这些非携带性特征限制了劳动力的大范围活动（贾男、马俊龙，2015）。

二 相关文献

对医保及其影响因素研究文献进行分析发现，根据现有的政策，以农民工为主体的流动人口可以参加流入地的城镇职工基本医疗保险和城镇居民基本医疗保险，也可选择参加流出地的新型农村合作医疗制度或居民医保。尽管流动人口医保覆盖率已经很高，但以在流出地参加的新农合为主。根据全国流动人口动态监测调查流入地监测数据，2014年83.4%的流动人口至少参加了一种基本医疗保险；2014年流出地监测数据显示，占流动人口75%的农村户籍流动人口参加新农合的比例达到97.5%；而流动人口参加流入地城职保的比例只有20%左右（国家卫生计生委，2015）。

在对流动人口医保的研究中，许多学者认为医保制度本身对流动人口参保和享受医疗保障形成障碍，户籍制度和不便利的转移支付是导致流动人口社会保障程度较低的原因。郭瑜（2011）认为城乡二元结构是造成流动人口参保率不高的重要原因；随着新农合和城居保的合并，城乡区别逐渐淡化，而跨省、跨地区的医疗保障区别依然明显（秦立建、付云云，2014）。跨地区迁移的农民工很难被流入地的社保覆盖，即使有农民工可以跨区参加社会保险，由于其可携带性差，也极少有区域能够将迁移地和原居住地的社会保险进行跨区转移（邵长龙、秦立建，2013）。医疗保险制度对部分流动人口有排斥性，如半年以下短期务工农民工、无劳动关系的农民工或劳动关系不稳定的农民工享受不到有效的医疗保障（吴义太、邓有莲，2012）。

其他因素如地域、行政、工作单位和流动人口自身的社会人口学因素也对流动人口医保决策和参保行为产生影响。东中西部农民工参保情况有差异，杨菊华（2011）发现在地区内流动的流动人口参加医疗保险的情况要好于跨地区和跨省流动的流动人口。流动人口的性别、年龄、受教育程度、婚姻状况、职业、健康和收入等都对医保参与类型和参与率产生影响。

对就医行为与其影响因素的研究文献进行分析发现，就医行为是指人们在感到身体不适或出现某种疾病症状时采取的寻求医疗帮助的行为，现有文献对就医行为的研究主要包括患病后是否就诊（医疗时机）、就诊费用、医疗机构选择、门诊就医和住院行为等。

Andersen 和 Newman（1973）将影响居民医疗卫生服务的因素分为倾向因素（家庭构成、社会结构、健康观念），能力因素（家庭和社区资源）和需要因素（疾病状况、个人对疾病的处理），后来又加入医疗保健制度、卫生服务利用、患者满意度等变量（Andersen，1995），用于预测医疗服务利用情况。后来的很多影响因素研究都受其影响。

国内对就医行为影响因素的研究主要关注个体特征，家庭因素，医疗环境（可及性，即距离和交通，医疗技术水平、价格、手续、服务态度、医生声誉等）和制度因素（是否参保，保险设置起付线、封顶线、补偿比例）。

在对就医行为的研究中，以农村居民为研究对象的居多，城市居民其次，以流动人口为研究对象的不多。流动人口的就医行为有鲜明的特征，与户籍人口相比，流动人口更倾向于患病后不去求医（曾智等，2012）；患病后更倾向于选择私人诊所，而且对社区卫生服务中心的知晓率较低（李存艳等，2011）。

对现有文献进行评述发现，研究流动人口的医保状况的文献较为丰富，这些文献探讨医保（特别是新农合）制度对流动人口参与和享受医疗保障造成的制度性障碍，主要是从医保的城乡、地区间差异，以及由此带来的非可携带性等问题入手。关于就医行为主要是探讨影响就医行为的个人因素、医疗环境和制度因素等，但较少专门探讨流动人口。

流动人口返乡就医是本章关注的重点，作为流动人口典型的就医行为，其在文献中很少出现。因为就医行为研究的数据来源主要是中国健康与营养调查（CHNS）、卫生服务调查和地方调查问卷等，大多以城乡当地居民为研究对象，很少专门区分流动人口，尽管有研究指出了流动人口在就医行为上有其特点，内部存在差异性，和城市居民相比更少就医，却没有提及返乡就医；也有研究提及流动人口在流入地就医难，主要是从制度层面分析，缺乏实证支持，也没有将其进一步拓展到对返乡就医行为的研究上。

第二节　流动人口返乡就医的现状与特点

本节使用的数据来源于2014年流动人口卫生计生服务流出地监测调查。该调查涵盖人口流动迁移情况、流动人口公共卫生情况、计划生育服务管理情况、流动人口参保和就医情况。该调查是在2014年1月至2月，利用流动人口春节返乡时机，在安徽、贵州、河南、湖南、江西、四川六个人口流出大省进行调查，发放回收家庭问卷、个人问卷、村委会问卷和整户外出家庭问卷，家庭问卷以调查村所有户籍家庭为调查对象，调查内容包括家庭人口基本信息、土地持有、收入、回乡治病等状况；个人问卷调查对象为15~59周岁且2012年以来返乡的外出人员，调查内容包括外出就业单位性质，签订劳动合同、收入、接受卫生和计划生育服务情况，慢性病患病情况，在流入地的门诊就医、住院等选择、行为和其原因等；村委会问卷还包括整户跨乡镇外出6个月及以上家庭的情况表；家庭问卷包含92433个样本，个人问卷有5813个样本，其中男性3527人，占60.67%，女性2286人，占39.33%。

不同于大部分在流入地开展的流动人口调查，该调查在流出地和返乡期间进行，能获得比较完整的流动人口调查对象信息，在流入地的调查往往出现特定流入地的样本有较强的同质性的问题，而且流入地调查可能会遗失很多流入地样本，不利于窥见流动人口群体的全貌，而在流出地的调查可以在一定程度上克服删失问题，使样本更具有代表性。而且在春节期间对流动人口家庭情况进行调查，可以获得更完整准确的家庭信息。

本节以个人问卷样本为分析主体，将家庭问卷合并到个人问卷数据中，以获得完整的个人信息及其家庭信息，可以对外出人口的基本特征、流动特征、健康状况、医保和就医行为进行描述和分析。样本的年龄为15~59周岁。

一 返乡就医的分布状况和人群特征

流动人口的就医行为体现在门诊就医和住院两方面，包括在流入地门诊的就医比例与报销情况，以及住院就医比例、住院地点和住院费用等。

流动人口在流入地的就诊比例很低，有超过一半（58.30%）的人两年来没有在流入地看过门诊，有约 1/3（33.56%）的人没有报销，只有8.14%的流动人口进行了门诊费用的报销，主要是当场减免（3.41%）和新农合报销（3.75%）。门诊就医无法报销的原因中，有61.28%为"政策不允许报"，另一个很重要的原因是"需要回老家不方便"（17.28%）。这体现了流动人口作为城市外来人口和农村流出人口在就医时面临的双重困境。

医保对流动人口住院费用的报销比例不高。流动人口中有11.61%的人有过住院经历，根据国家统计局数据，2014 年我国居民住院率为14.9%。考虑到该调查的流动人口为15～59 岁的青壮年人口以及外出流动人口，一般有较强的健康素质，流动也许给他们的健康带来了不良的影响。流动人口返乡就医问题在其住院地点的决策上尤其突出，有将近一半，即48.15%的流动人口是在流出地（老家）住院的，高于在流入地住院的比例（44.00%），有3.85%是在流入地和流出地都曾住院，还有部分流动人口（4.00%）在其他地方住院。

经历过住院的流动人口中，大多通过医院当场减免（31.41%）和新农合（35.11%）进行了医疗费用的报销，但仍有较高比例的流动人口没有报销，占住院流动人口的27.70%。而在这些没有报销的人中，"需要回老家不方便"和"政策不允许报"（都占30.47%）是主要原因，其他原因如报销流程、手续复杂等，都成为流动人口没有报销住院费用的原因。

医保是影响居民医疗行为的一个重要因素，对流动人口来说同样如此。医保关系到流动人口在流入地医疗服务的可负担性，也影响他们在流出地的医疗利用。总体来看，流动人口的医保覆盖率达到101.18%，其中81.13%

参加的是新农合，与全国的基本医疗保险覆盖率相当;① 参加城镇职工医疗保险的为 3.13%，还有 1.03% 参加了城镇居民医疗保险（见表 4-1），也存在保险之间的重复参保（重复参保率 3.01%）。有 2.27% 的流动人口没有参加社会医疗保险，1.96% 的流动人口没有任何医疗保险。农民工是流动人口中以非农就业为流动目的的人群，占流动人口的 83.85%（样本量4874 个）。尽管在城市就业，他们却难以在流入地获得公共服务和社会保障。农民工参加城镇医疗保险的比例只有 3.47%，远低于《2014 年全国农民工监测调查报告》中 18.2% 的数据。

表 4-1　流动人口参加各类医疗保险的人数与比例

医保类型	频数（人）	比例（%）
新型农村合作医疗保险	4716	81.13
城镇职工医疗保险	182	3.13
城镇居民医疗保险	60	1.03
商业医疗保险	468	8.05

不同流动范围的流动人口参与医保的情况有差异。流动范围越大，没有任何医疗保险的比例也越大。区别主要体现在城职保的参保率上，跨省和省内跨市流动人口的城职保参保率低于市内跨县和县内跨乡的参保率（见表 4-2）。

表 4-2　无医疗保险比例

单位：%

流动范围	流动人口		农民工	
	无社会医疗保险	无任何医疗保险	无社会医疗保险	无任何医疗保险
跨省	2.50	2.50	2.70	2.27
省内跨市	1.78	1.78	1.86	1.69
市内跨县	1.39	1.39	1.35	1.35
县内跨乡	1.13	1.13	0.70	0.70

---

① 全国城乡基本医疗覆盖率超过 95%。

而城职保的参与和是否签订固定期限劳动合同有很大关系。签订了固定期限劳动合同的流动人口中，有11.48%的人有城职保，远远高于流动人口平均参保率（3.13%）。另外，流动人口确诊慢性病的比例很低，只有3.45%，与医保关系不大。

二　流动人口返乡就医行为分析

在考察了流动人口的就医行为和参保情况以后，我们关心其就医行为和医保状况之间是否存在关系，医保通过哪些制度影响流动人口的就医行为。

在参加了医保的样本中，不同种类医保的参保者在住院地的选择上有较大差别：参与城职保和城居保的流动人口，在流入地住院的比例较高，但拥有城镇社会医疗保险的流动人口比例很低。由于大部分流动人口参加的是新农合，所以流动人口总体住院地点的选择与新农合的参保者的选择较为相似（见表4－3）。

表4－3　不同类型医保与住院地点选择

住院地点	频数（人）	比例（%）	只参加新农合（%）	城职保（%）	城居保（%）
流入地	297	44.00	43.13	68.42	57.14
流出地（老家）	325	48.15	48.75	26.32	42.86
流入地和流出地（老家）	26	3.85	3.91	5.21	0.00
其他地方	27	4.00	4.22	0.05	0.00

由于住院费用是医疗费用的主要组成部分，住院行为和费用的产生，会极大提高医疗费用总数，而且能够清楚地反映医保对流动人口的保障程度。因此，我们比较在不同的住院地点下流动人口的医疗费用和报销、自付比例。

如表4－4、表4－5所示，从绝对值来看，在流入地和流出地均有住院行为的流动人口的医疗总费用（包括交通食宿费用）最高，在流入地住院的费用次之，而在流出地（老家）住院的医疗花费最低，只占流入地住院费用的 59.01% 。与在其他地方住院相比，在老家住院的医保支付比例高且自付比例低，交通食宿费用占全部费用的比例也并未高于在流入地住院的费用比例。这反映了流动人口在老家住院和看病不仅总费用更加低廉，而且医保支付比例更高、自付比例更低，对流动人口来说，在老家看病成本要低得多，是一个更加经济的选择。

表 4 - 4　流动人口的住院地点与看病住院花销

住院地点	总花费（元）	医保支付比例（%）	自付比例（%）	交通食宿（元）
流入地	12431	20.23	65.41	972
流出地（老家）	7336	28.24	61.87	570
流入地和流出地（老家）	15867	27.79	71.58	1327
其他地方	11238	8.71	81.53	623

表 4 - 5　新农合参保者的住院地点与看病住院花销

住院地点	总花费（元）	医保支付比例（%）	自付比例（%）	交通食宿（元）
流入地	12569	20.50	65.17	967
流出地（老家）	7388	28.14	61.84	565
流入地和流出地（老家）	15686	27.66	71.85	1352
其他地方	11238	8.71	81.53	623

　　流动人口在城市工作和生活，在流入地时间大多超过在流出地，如果产生健康威胁、不适和疾病，需要回到老家进行治疗、住院，不仅会给其带来直接的长途旅行成本，因离开工作单位一段时间而损失劳动收入，也可能使其健康恶化、延误治疗。况且流入地一般经济更加发达，医疗服务质量也优于老家。但还是有接近一半的流动人口选择了返乡住院。

　　从成本的角度来看，返乡就医意味着更低的医疗成本，流入地的医疗费用更加高昂，新农合在流入地面临诸多报销限制和更高的报销门槛，在老家住院的食宿交通成本也低于在流入地住院。一方面是由于流入地的物价较高，另一方面可能由于老家的照料资源更具可获得性，它们一定程度上抵消了回乡这一长途旅行带来的成本。

可以看出，医保的非流动性特征对流动人口在流入地的就医行为产生了限制，尽管新农合的覆盖率很高，但随着流动人口离开户籍所在地，新农合便难以适应和满足流动人口的医疗需求，特别是跨省流动人口的就医需求，它对流动人口在流入地就医的报销比例较低。大部分流动人口会拖延治疗的时间，等到回乡再就医。若必须及时治疗，则需要冒着医保无法报销费用的风险。

第三节　解决流动人口返乡就医问题的建议

流动人口返乡就医比例较高，一方面是因为他们的健康意识薄弱且自身处于健康危险因素较高的环境中；另一方面，在预防疾病、保健方面，由于在流入地获取预防、保健等医疗服务的成本高、没有报销，他们往往忽视疾病或积小病成大病回到流出地看病。这加重了整个社会的负担，也带来医疗成本的进一步上升。

人口流动是人力资本要素的转移，它抽走了农村发展的力量，又将患病劳动力推回农村，增加农村发展负担。同时，新农合的给付主要靠财政补贴，各地新农合纷纷出现支出困难，如果一味靠财政加大补贴，它的发展将难以为继。城乡医保的合并依然无法克服医疗保障的地区差异，要解决流动人口的异地就医问题，应该大力推进异地即时结算，特别是解决省级统筹和跨省结算的问题。

一　深化医疗保险制度改革，实现异地就医即时结算

解决流动人口返乡就医问题，需从制度设计层面化解其在流入地就医时产生的额外成本（主要是医疗成本），着力改变其面临的报销难、自付

比例高的现状，让其能够做到在本地诊疗更无顾虑、就地住院更有信心。在社会医疗保险制度改革总体布局中，切实改变医保目前存在的低层次统筹、多险种并立的状况，满足群众异地就医可以报销、即时结算的需求，这对降低流动人口在流入地的医药费用负担，增强流动人口在流入地的医疗承受能力具有重要意义。具体来说，一方面应稳步提高医保统筹层次，进一步精简医保统筹单元，全面推行省级统筹，渐进性地打破区域统筹壁垒，最终实现全国统筹。为此，应当制定基准报销目录，确立最低报销标准；打造跨区域的医保电子信息系统，构筑一体化的医保联网结算平台；明晰异地就医经费列支渠道，改进异地就医定点结算办法。同时，应当配套建立异地就医报销规范，严格审核、动态监管、定期协查，规避道德风险、防范骗保行为。另一方面应逐步推进医保险种整合。努力做到保障水平的有效兜底与持续提升相结合、管理方式的一体协同与多维调控相结合。应当依托医保融合，确定城乡间共同的缴费基数，实行区域间可累计的缴费年限，为流动人口城镇职工医保转移接续提供更便利的条件。此外，还应加大医保相关政策宣传力度，改善流动人口对医保政策知晓度不足的状况。

二　建立健全适应人口流动的、可共享的卫生服务体系

以流动人口公共服务可及、健康教育普及、医疗救助惠及等为目标，建设更具包容性、更加均等化的卫生服务体系。创造增强流动人口卫生服务利用能力、提升流动人口健康素养知识水平、培育流动人口健康生活行为方式的有利环境，确保流动人口生病后能够主动及时诊治，不拖扛，生大病后能够自觉就地入院不返乡。具体来说，包括（1）实现公共卫生服务充分可及。制订流动人口公共卫生服务专项规划，进一步明确流入地的主体责任，同时探索流入地与流出地服务成本共担的新模式；因地、因时制宜地发展专业机构自主运营、政府购买市场服务、社会组织代管代办等多种公共卫生服务供给方式，多元共建，形成合力。（2）面向流动人口普

及健康教育。从行为规制、心理调适、移风易俗等多方面入手，创新健康教育组织形式，贴近流动人口日常实际，立足生活社区进行集中宣传，利用好新媒体开展灵活宣传，搭建健康教育平台，让流动人口了解自身健康风险，知晓职业病、传染病以及慢性病等疾病防控知识，树立早发现、早诊断、早治疗的健康生活观念。（3）确保医疗救助能惠及流动人口。将流动人口纳入流入地区民政医疗救助的覆盖范畴，允许其在用人单位担保的条件下按照规定程序申领医疗救助；同时，鼓励用人单位采取单位资（补）助、员工互助等多种形式设立医疗救助基金，支持工会从中发挥统筹协调作用，让流动人口，特别是女性和低收入流动人口能真正受益。

三　推动流动人口社会融入，促进人口流动家庭化

推动流动人口及家庭的社会融合，充分维护流动人口在流入地健康生存发展的权利。应当推进社会融合从个人到家庭的转向，以团聚的家庭为中心构筑流动人口个体在流入地的支持网，提升流动人口及家庭在流入地共建共享的获得感，让流动人口能够安安心心地接受本地诊疗、踏踏实实地选择就地住院。具体来说，应（1）坚持流入地与流出地协力支撑社会融合。在流入地，按照系统规划、目标管理、分类指导、精准帮扶的原则，综合运用社会服务、教育培训、媒介宣传等多种方式创造利于改善流动人口融入资质、便于解决流动人口融入问题的城市环境；在流出地，可以通过农地和宅基地流转等举措，既免除流动人口的后顾之忧，又增进流动人口的切身福祉、提高流动人口的融入能力。（2）坚持先行群体与随迁群体共同实现社会融入。以家庭中率先流动者为社会融入重点突破对象，不断改善其经济状况，持续提高其社会参与水平，使之成为流动人口家庭社会融入的"奠基石"与"引路人"；同时，密切关注随迁妇女、儿童以及老人等特殊人群社会融入需求，努力提供与其需求相适应的社会保障和公共服务，避免出现妇女返乡生育、儿童返乡接种等现象。

第三篇

健康视野中的流动人口发展

第五章 健康换收入？——青年流动
人口的健康风险

青年健康尤其是青年流动人口面临的健康风险问题在我国经济发展过程中还未受到充分关注。本章关注社会网络对青年健康风险的影响，从意识和行为两个层面，建立回归模型分析社会网络特征以及个人流动行为对青年健康风险的影响。结果表明，青年社会网络资源的增加有助于增强其意识层面对健康的重视，朋友数量、团体活动参与对青年生活习惯的健康程度也有显著影响，对于流动青年尤为显著；流动青年在思想意识以及行为习惯上，都比本地青年更忽视健康，其实际健康受损的风险更大；流动还淡化了收入对健康意识的积极效应，强化了收入对健康习惯的消极影响。研究发现，高薪青年流动人口是健康风险的高危人群。

第一节 青年流动人口的健康损害行为
与健康风险

长久以来，健康的影响因素一直是学术界极为重要和关注的研究主题。在众多因素中，社会关系和社会支持对个人健康的影响从 20 世纪 70 年代起受到了密集的关注（Thoits，1995）。国内也不乏社会网络影响健康的相关研究，例如王兴洲等（2006）发现健康组的社会网络状况明显优于患病组；社会网络与人体健康状况呈正相关；社会支持度高者患病率低，健康水平高。赵延东（2008）指出个人的社会网络规模对身心健康均有积极影响。紧密度高、异质性低、强关系多的"核心网络"对精神健康有积极影响，而特征相反的松散网络则对身体健康更有利，个人在网络中的相对地位对精神健康起着正向作用；社会网络对健康的作用在农村地区表现得更为明显。

尽管社会网络相关因素与健康之间的关系目前已得到了充分的讨论，但大多数研究着眼于人们当下的健康状况，对于健康风险（Health Risk）与社会网络之间关系的关注却相当匮乏。

所谓健康风险指的是健康趋于恶化的可能性，例如受伤、患病，甚至死亡的可能性。虽然健康风险反映的是一种趋势而非既定的事实，但它与疾病的发生密切相关。个体的健康风险同样受到许多因素的影响，现有的研究从生活环境、收入状况、教育、职业等角度对其进行了分析，但健康风险与个人社会网络特征的关系如何，却仍然是一个有待探索的问题，这与健康状况和社会网络相关因素关系的丰富研究形成了鲜明的对比。

因此，本章希望回答的问题是：个人的社会网络特征对其健康风险是否有影响？影响的机制和路径是什么？现有研究发现的社会网络对于健康状况的作用，对于健康风险是否仍然适用？除此之外，由于我国社会人口流动极为频繁，城市外来流动人口数量持续大规模增加（段成荣等，2008），而城市流动人口与本地人口是两类异质性很强的群体，因此在进行人口整体分析时尤其需要将流动视角纳入考虑之中。故而，本章在探究社会网络特征与健康风险关系的同时，还将引入流动迁移的视角，在对整体人群进行分析的基础上，区分和比较流动人口与本地人口社会网络的差异，以及其社会网络之于健康风险的作用路径的差异，探索"流动"在此过程中扮演的角色。本章将利用中国人民大学"中国流动青少年健康风险意识调查"的调查数据，采用因子分析、多元线性回归等方法对上述问题进行深入研究。

第二节 青年流动人口健康风险的影响因素

一 理论框架及研究设计

（一）框架与假设

笔者在此将健康风险理解为"健康受到损害的可能性"，它与个体实际健康状况有明显差别，健康风险高并不一定意味着健康状况不好，而是指个体健康状况趋于恶化的可能性高。同时，本研究将健康风险操作为两方面内容：思想维度，即对健康的理解与重视程度，用健康意识风险来代表；行为维度，即实际的生活习惯和行为的健康程度，用健康习惯风险来代表。因此，健康意识风险的含义是：个体对健康越重视，越倾向于拥有积极正确的健康观，其健康风险就越小。这是因为，个体若非常重视健康、对健康有深刻全面的理解，却不一定能使个体的实际健康状况有所提升；然而个体如果不能正确地认识健康，对健康不够重视，其健康受到损害的可能性就会增大。类似的，健康习惯风险的含义是：个体的生活习惯越好越规律，其健康风险就越小。这是由于，良好的生活习惯并不必然增进个体实际健康状况，但不好的生活习惯却能使个体处于危险的状态，增加其患病的可能性。

社会网络是一个相对宏大的概念，涉及个体的家庭成员、朋友、同事及其社会参与、交往和支持情况。以往的研究表明，紧密度高、同质性强和强关系较多的社会网络对人们的精神健康有显著的正向影响。从经验上来说，当人们精神状态良好时，他们对生活也会有更为乐观的态度，对人生有较好的预期，很有可能对健康更重视。据此，提出本研究的第一个假设。

假设一：社会网络资源越多，社会支持水平越高，城市青年在思想意识上就对健康越重视。

Lynch 等（2000）尤其强调要对个体的社会网络具体状况进行剖析，他们关注社会网络不利于健康的影响路径，以国外的"吸毒协会"为例，来自该协会的社会支持越强，个体健康所遭受的威胁反而越大。而结合我国情况来看，青年个体的社会参与程度越高，往往意味着他很可能要花大量的时间在人际交往和应酬活动上，由此很可能养成一些不健康的生活习惯，例如熬夜晚睡、大量饮酒、饮食无度及不规律等。基于上述分析，提出本研究的第二个假设。

假设二：社会网络相关因素对健康行为习惯的影响与其对健康意识的影响并不是同向的。社交活动越多、社会参与程度越高，青年反而越倾向于拥有不健康的生活习惯，其健康受损的可能性也随之增加，且对于流动青年和本地青年都是如此。

流动是一种不稳定的状态，相比本地青年，流动青年往往更多面临生活的压力和心理上的不安全感，这种状态使得流动青年在城市工作和打拼时，更为关心生计与发展问题，可能会忽视健康的重要性，牺牲身体多挣钱，养成了不健康、不规律的生活习惯，换言之，流动这种状态对于青年形成积极的健康观以及规律的生活习惯有着负面作用。据此，提出本研究的第三个假设。

假设三：本地青年比流动青年更加重视健康，其行为习惯上也更健康，实际健康受损的风险更小。

从常识和经验上讲，高薪人群普遍更加追求生活的品质，因此对健康也更为重视。但是，由于高收入在某种程度上是以牺牲身体健康为代价的，例如高薪族通常加班更多，熬夜和饮食不规律的情形也更常见。所以高薪族更可能面临这样一种尴尬，即尽管他们明白健康的重要性，但迫于工作与环境因素，不得不维持着有损健康的行为习惯，出现了行为与意识的背离。

然而，如果流动与高薪叠加在一起会如何呢？一方面，流动青年在心态上往往将健康放在次要位置；另一方面，在实际生活中，高薪者通常劳心劳力，难以拥有规律的生活作息，而流动人群中的高薪者更是如此，他们追求自我在城市中的立足与发展。因此流动高薪者在心态上不重视健康，在行为上也忽视养成健康的生活习惯，极有可能是健康风险高危人群。据此，本研究提出流动影响人们健康风险的第四个假设和第五个假设。

假设四：收入越高，青年越认可健康对于人生和生活的重要意义，但在行为上他们的反应却与此背离，生活习惯更不规律。

假设五：流动人群中的高薪者不仅在行为上忽视健康习惯的养成，在心理上也倾向于无视健康的重要意义。

（二）研究设计

分析策略：本研究着重探究城市青年的个人社会网络与健康风险之间的关系，因此首先对全体城市青年样本进行多元线性回归分析，在考察社会网络对于健康风险影响的同时，也关注流动与非流动两种状态对于个体健康风险的作用。在此基础上，进一步将流动人口与本地人口区分开来，分别对两类人群建立回归分析模型，比较二者健康风险影响机制的异同，重点观测社会网络对于这两类人群健康风险的影响以及流动与不流动对两者造成的差异。

数据来源：本研究采用的数据来自"中国流动青少年健康风险意识调查"，调查由中国人民大学社会与人口学院健康研究所于 2010 年 11 月 14 日至 12 月 14 日组织实施。该调查采用调查员面对面问卷调查方式，调查对象是 1975 年 1 月 1 日至 1992 年 12 月 31 日期间出生的人口（18～35 岁），调查地点为北京、上海、深圳。这三个城市均为典型的流动人口聚集城市，并且位处京津冀、长三角和珠三角三个经济带的中心，是中国人口流动的主要流入地，其流动人口生存发展状况很大程度上能体现目前我国流动人口的主要特征。为了与流动人口数据进行对比，调查还收集了本地人口数据，每个城市抽取的流动人口数与本地人口数比例约为 2∶1。调查所得样本总量为 4556 人，其中流动人口样本 3034 人，本地人口样本 1522 人。

因变量：本研究从意识和行为两个层面对个体的健康风险进行测量。就健康意识而言，本研究用问卷中五个涉及对健康的看法和态度的主观问题做探索性因子分析，最终提取出一个因子，结合问题的性质以及因子载荷系数，将其命名为代表城市青年健康观的"健康意识风险因子"（γ_1），它能解释总变异的 39.7%（见表 5-1）。相应的，本研究还选取了问卷中体现个人生活习惯健康程度的四个问题①纳入因子分析中，同样提取出一个因子，命名为"健康习惯风险因子"（γ_2），它能解释总变异的 49.8%（见表 5-1）。这两个因子的绝对数值并无意义，但有方向上的含义，数值越大意味着个体健康风险越小。

表 5-1 健康风险相关变量描述及因子载荷

变量	赋值情况	均值	标准差	因子载荷
健康意识风险因子（0.397）				
1. 健康就是身体强壮，没有身体上的疾病	1 = 赞成；2 = 不赞成也不反对；3 = 反对	1.74	0.80	0.559
2. 身体很好的人，不需要注意健康问题	1 = 赞成；2 = 不赞成也不反对；3 = 反对	2.50	0.71	0.681
3. 与健康相比更关心自己是否能赚更多钱	1 = 赞成；2 = 不赞成也不反对；3 = 反对	2.37	0.73	0.751
4. 等有了钱，我再关注自己的健康	1 = 赞成；2 = 不赞成也不反对；3 = 反对	2.53	0.65	0.726
5. 预防为主、选择健康生活方式是最好的投资，越早越好	1 = 反对；2 = 不赞成也不反对；3 = 赞成	2.52	0.64	0.346

---

① 问卷中涉及个体生活习惯的问题不止四个，此处选取的标准是，选择那些做或者不做时，明显会使健康受到损害的行为习惯纳入因子分析范畴。例如，问卷中有关于参加锻炼以及熬夜的频繁程度问题，由于不参加锻炼并不必然意味着会增加个体的健康风险，但熬夜对于健康的损害却是明显无疑的，所以在选取时笔者将熬夜情况选入，而将锻炼情况剔除。

续表

变量	赋值情况	均值	标准差	因子载荷
健康习惯风险因子（0.498）				
1. 是否每天坚持吃早餐	1 = 从不/偶尔吃；2 = 多数时间吃；3 = 每天吃	2.32	0.68	0.590
2. 平时午餐食用是否规律	1 = 不规律；2 = 时规律时不规律；3 = 规律	2.49	0.64	0.845
3. 平时晚餐食用是否规律	1 = 不规律；2 = 时规律时不规律；3 = 规律	2.41	0.69	0.869
4. 是否经常熬夜	1 = 经常熬夜；2 = 偶尔熬夜；3 = 从不熬夜	2.03	0.65	0.891

自变量：本研究观测的核心自变量是城市青年的社会网络情况，社会支持也包括在其中。社会网络涉及个体的家庭成员、朋友、同事及其社会参与、交往和支持情况。这是因为，人们得到的支持大多来自社会网络关系，因此个人的社会网络情况能反映他们获得社会支持的数量和质量（Lin et al.，1979；House et al.，1988；贺寨平，2001）。

社会网络有着复杂的内容，难以合成一个综合指标，故本研究将社会网络操作为六个细分自变量。

（1）家庭成员支持因子。问卷以四分量表的形式调查了城市青年从其配偶或恋人、父母、兄弟姐妹和其他家庭成员处获得的支持和照顾，本研究用因子分析方法整合了上述家庭成员的支持情况，提取出一个因子，可解释总变异的39.8%（见表5-2），数值越大意味着支持水平越高。由均值可见，城市青年从父母处获得的支持和照顾是最多的，偏低的标准差意味着这是一种普遍的情况。

表5-2　家庭成员支持相关变量描述及因子载荷

变量	赋值情况	均值	标准差	因子载荷
家庭成员支持因子（0.398）				
1. 从配偶/恋人处得到的支持和照顾	1＝无；2＝很少；3＝一般；4＝全力支持	2.97	1.33	0.358
2. 从父母处得到的支持和照顾	1＝无；2＝很少；3＝一般；4＝全力支持	3.72	0.60	0.533
3. 从兄弟姐妹处得到的支持和照顾	1＝无；2＝很少；3＝一般；4＝全力支持	2.82	1.10	0.789
4. 从其他家庭成员处得到的支持和照顾	1＝无；2＝很少；3＝一般；4＝全力支持	2.55	0.90	0.746

（2）朋友数。在问卷中这是一个四分类问题，由表5-3可知，拥有3~5个关系密切的朋友是受调查者中最为普遍的情形，比例达46%。与本地青年人口相比而言，40%的流动青年拥有的朋友数在2个及以下，朋友资源稍逊于本地青年。

（3）同事交往。在与同事的相处关系方面，就全体青年而言，"互不关心"的情形所占比例在10%以下，"遇到困难可能稍微关心自己""有些同事很关心自己""大多数同事都很关心自己"三种情形比例均在30%左右。但本地青年与同事的关系比流动青年更加亲密，体现在"有些同事很关心自己"与"大多数同事都很关心自己"的比例合计比后者高10个百分点。

（4）能获得实际支持的来源数。问卷收集了城市青年在遇到急难情况时，曾经得到的经济支持或者解决实际问题的帮助的来源，提供了"无任何来源""家人""亲戚""同事""工作单位""党团工会等官方或者半官方组织""宗教、社会团体等非官方组织"及其他八个选项。本研究对来源数进行加总，所得数据反映了个体所能获得实际支持的水平。在表5-3中，全体青年能获得实际支持的来源数平均有1.32个，其中流动青年为

1.31 个，本地青年为 1.33 个，本地青年获得支持的水平略高于前者。

（5）居住情况。在问卷中这是一个四分类问题，但本研究根据选项之间的梯度和类别，将其合并为二分类变量，一类包含"远离家人，独居一室"与"住处经常变动，多数时间和陌生人住在一起"两种情形，表明青年在住处可获得的交流联系趋于淡漠；另一类包含"和同学、同事或者朋友住在一起"以及"和家人住在一起"，反映青年身处于熟人环境，人与人之间的联系相对密切。表 5 - 3 显示，全体青年中有 87% 在近一年中是与家人或者同事、朋友居住在一起，对于流动青年，该比例降至 83%，而本地青年该比例高达 94%。

（6）活动参与。在问卷中这是一个四分类问题，活动指的是团体（如党团组织、宗教组织、工会、学生会等）组织的活动。根据梯度和类别，本研究将其合并为二分类变量，一类包含"不参加"和"偶尔参加"两种情形，另一类包含"经常参加"与"主动积极参加"两种情形，对于经常或者主动积极参加活动的青年而言，其社交面应该比那些不参加或者偶尔参加活动的青年人更宽广，由此认为前者的社会网络资源比后者更丰富。表 5 - 3 显示，全体青年中有 14% 经常或主动积极参加团体活动。横向比较而言，本地青年比流动青年更为活跃，反映在前者经常或主动积极参加团体活动的比例为 19%，比后者高 7 个百分点。

控制自变量：本研究将性别、年龄、受教育情况、婚姻状态、户口性质、就业状态、月收入以及所在城市作为控制自变量。从经验及以往的研究来看，健康具有性别差异、年龄差异；受教育程度和收入情况的不同也使得健康水平在不同人群中的分布不一致；婚姻状态、就业状态关乎青年个体的日常生活，从而影响其健康观和行为习惯，因此也被纳入控制范围之中。城乡差异也是同类研究经常关注的方面，因此本研究对户口性质进行控制和考察。所在城市作为地理单元，反映着青年工作生活的大环境，因此也不应忽视。此外，对于全体青年样本，本研究还控制其流动状态和身份情况，以此观察流动青年与本地青年的健康风险差异，分析流动

表 5 - 3 核心自变量描述分析结果

变量		全体青年		流动青年		本地青年	
		均值/比例	标准差	均值/比例	标准差	均值/比例	标准差
朋友数	0个	0.02	0.16	0.03	0.17	0.02	0.13
	1～2个	0.35	0.48	0.37	0.48	0.33	0.47
	3～5个	0.46	0.50	0.46	0.50	0.48	0.50
	6个及以上	0.16	0.37	0.15	0.35	0.18	0.39
同事交往	互不关心	0.07	0.26	0.07	0.26	0.08	0.26
	有困难稍关心	0.31	0.46	0.34	0.47	0.24	0.42
	有些同事关心	0.32	0.47	0.31	0.46	0.36	0.48
	多数同事关心	0.30	0.46	0.28	0.45	0.33	0.47
能获得实际支持的来源数（个）		1.31	0.61	1.31	0.60	1.33	0.62
居住情况	独居/与陌生人同住	0.13	0.34	0.17	0.37	0.06	0.24
	与家人/同事、朋友同住	0.87	0.34	0.83	0.37	0.94	0.24
活动参与	从不/偶尔参加	0.86	0.35	0.88	0.32	0.81	0.39
	经常/主动积极参加	0.14	0.35	0.12	0.32	0.19	0.39
家庭成员支持因子		—	—	—	—	—	—
样本量		4556		3034		1522	

注：家庭成员支持因子的情况已由表 5 - 2 呈现，由于其绝对数值没有意义，故不在此列出均值及标准差。

状态对于健康风险的作用。

表 5-4 显示了上述控制自变量在全体青年、流动青年、本地青年群体中的分布情况。其中，性别、年龄、婚姻状态、所在城市等变量在三者间的分布大致相同。

在受教育情况方面，流动青年与本地青年差异显著，初中文化程度在全体青年中占 32%，在流动青年中占 44%，在本地青年中仅占 8%；高中/中专及大专文化程度在全体青年中占 56%，在流动青年中占 46%，在本地青年中占 76%；而受过大学本科及以上教育的人数在全体青年中占 8%，在流动青年中仅占 5%，在本地青年中占 16%。

从户口性质上看，全体青年中农业户口占 52%，城市户口占 48%；但流动青年主要由农业户口青年构成，农业户口青年占比达 74%；本地青年则主要由城市户口青年构成，城市户口青年占比达 93%。

从就业状态上看，流动青年就业的比例高达 95%，比全体青年就业水平高 2 个百分点，比本地青年就业比例高 6 个百分点。

从月收入情况来看，流动青年月收入平均水平为 2278.25 元，低于全体青年的平均月收入 2615.45 元，更低于本地青年的平均月收入 3287.64元。与此同时，流动青年月收入的标准差最小，表明该群体普遍收入偏低；本地青年月收入标准差最大，意味着其内部收入分化更显著。

二　健康风险的影响因素

（一）分析维度

从意识维度和行为维度代表城市青年健康风险的两个因子 γ_i（$i = 1$，2）分别受到来自个人性别、年龄、受教育程度、婚姻状态、就业状态、月收入、流动状态等特征以及社会网络因素的影响。据此，对全体青年，本研究构建如下健康风险的影响因素模型。

$$\gamma_i = \alpha + \beta_1 X_1 + \beta_2 X_2 + \beta_3 X_3 + \varepsilon$$

表 5-4 控制自变量描述分析结果

变量		全体青年		流动青年		本地青年	
		均值/比例	标准差	均值/比例	标准差	均值/比例	标准差
流动状态	流动人口	0.67	0.47	—	—	—	—
	本地人口	0.33	0.47	—	—	—	—
性别	男性	0.51	0.50	0.51	0.50	0.49	0.50
	女性	0.49	0.50	0.49	0.50	0.51	0.50
年龄（岁）		26.88	4.91	26.46	4.89	27.71	4.84
受教育情况	小学及以下	0.03	0.18	0.05	0.21	0.00	0.07
	初中	0.32	0.47	0.44	0.50	0.08	0.28
	高中/中专	0.40	0.49	0.36	0.48	0.48	0.50
	大专	0.16	0.37	0.10	0.30	0.28	0.45
	本科及以上	0.08	0.27	0.05	0.21	0.16	0.36
婚姻状态	未婚	0.45	0.50	0.45	0.50	0.44	0.50
	在婚	0.55	0.50	0.54	0.50	0.55	0.50
	离婚/丧偶	0.01	0.08	0.01	0.08	0.00	0.06
户口性质	农业户口	0.52	0.50	0.74	0.44	0.07	0.26
	非农户口	0.48	0.50	0.26	0.44	0.93	0.26
就业状态	在业	0.93	0.26	0.95	0.22	0.89	0.31
	不在业	0.07	0.26	0.05	0.22	0.11	0.31
月收入（元）		2615.45	2332.29	2278.25	1751.27	3287.64	3081.46
所在城市	北京	0.33	0.47	0.33	0.47	0.33	0.47
	上海	0.33	0.47	0.33	0.47	0.34	0.47
	深圳	0.33	0.47	0.33	0.47	0.33	0.47
样本量		4556		3034		1522	

注：缺失值未计入描述分析结果。

其中，$i = 1,2$，分别代表健康意识风险因子以及健康习惯风险因子。

X_1包括青年的性别、年龄、受教育情况、婚姻状态、户口性质、就业状态、月收入、所在城市等控制变量。

X_2由一组社会网络特征变量组成，是本研究的核心自变量，包括家庭成员支持因子、朋友数、同事交往、能获得实际支持的来源数、居住情况、活动参与等。

X_3则指青年的流动情况，将其区分为流动青年与本地青年。

除此之外，本研究还将分别探索流动青年与本地青年健康风险的影响机制，因此针对这两类亚群体，本研究构建的健康风险影响因素模型如下：

$$\gamma_i^j = \alpha + \beta_1 X_1 + \beta_2 X_2 + \varepsilon$$

其中，$j = 1,2$，分别代表流动青年人口与本地青年人口。

$i = 1,2$，分别代表健康意识风险因子以及健康习惯风险因子。其余变量含义与全体青年模型保持一致。

由于在本研究中，因变量健康风险被操作为两个数值型因子（因子数值越大意味着风险越小），所以采用多元线性回归模型对其进行分析。

（二）实证结果：全体青年健康风险影响因素分析

本研究建立了针对健康意识风险因子和健康习惯风险因子的两大模型，每个模型下又细分为三个子模型，分别以全体青年、流动青年及本地青年为基础进行分析。表5-5展示了回归模型结果。

就全体青年而言，家庭成员支持水平越高、同事之间的关系越好、能获取实际支持的来源数越多或者参加活动更主动和频繁，个体就越倾向于拥有积极正确的健康观，健康风险也越小。与没有朋友相比，有1~2个朋友的青年对健康更重视。与独居或者多数时间和陌生人同住在一起的青年相比，与家庭或同事、朋友同住的青年对健康的认识更加全面和积极，健康

表 5-5 全体青年、流动青年及本地青年健康风险影响因素模型结果

主要自变量		健康意识			健康习惯		
		全体青年	流动青年	本地青年	全体青年	流动青年	本地青年
流动状态（流动）	本地人口（男）	0.087**	—	—	0.172***	—	—
性别（男）	女性	0.106***	0.083**	0.134***	0.200***	0.163***	0.276***
年龄		-0.001	-0.006	0.006	0	0.004	-0.007
受教育程度（小学及以下）	初中	0.024	0.05	-0.271	0.082	0.095	0.155
	高中/中专	0.11	0.134	-0.251	0.076	0.092	0.189
	大专	0.181**	0.205**	-0.195	0.162*	0.157	0.258
	本科及以上	0.264***	0.270**	-0.15	0.330***	0.288**	0.424
月收入（1500元以下）	1500~2000元	0.088**	0.07	0.139	-0.056	-0.041	-0.135
	2000~3000元	0.086*	0.036	0.210**	-0.087*	-0.114**	-0.069
	3000元及以上	0.132***	0.099	0.264***	-0.100*	-0.118*	-0.068
所在城市（北京）	上海	-0.567***	-0.534***	-0.695***	0.160***	0.144**	0.137**
	深圳	-0.648***	-0.578***	-0.839***	0.147***	0.186***	0.039
社会网络相关变量	家庭成员支持因子	0.134***	0.140***	0.133***	0.093***	0.113***	0.074***
朋友数（0个）	1~2个	0.167*	0.194*	0.016	0.079	-0.002	0.268
	3~5个	0.036	0.036	-0.056	0.036	-0.064	0.252
	6个及以上	-0.077	-0.042	-0.243	-0.177**	-0.278**	0.058

续表

主要自变量		健康意识			健康习惯		
		全体青年	流动青年	本地青年	全体青年	流动青年	本地青年
同事交往（互不关心）	有困难稍关心	0.291***	0.224***	0.407***	-0.148**	-0.103	-0.272***
	有些同事关心	0.216***	0.088	0.473***	0.081	0.126*	-0.006
	多数同事关心	0.175***	0.081	0.367***	0.159***	0.181**	0.094
能获得实际支持的来源数		0.055**	0.078***	0.014	0.069***	0.059*	0.089**
居住情况（独居/与陌生人同住）	与家人/同事、朋友同住	0.093**	0.042	0.334***	0.147***	0.109**	0.232**
活动参与（从不/偶尔参与）	经常主动积极参加	0.110***	0.136**	0.076	-0.075*	-0.121**	-0.028
其他控制变量		√	√	√	√	√	√
样本量		4556	3034	1522	4556	3034	1522

注：月收入是指最近一个月的收入情况，按四分位数划分为四组；括号内为参照组；表内数值为回归系数；**** $p < 0.01$，** $p < 0.05$，* $p < 0.1$。

风险更小。概而言之,社会网络资源和社会支持水平对青年的健康观具有显著的积极影响,因此本研究的假设一得到了证明。

除此之外,女性相比男性,较高文化程度的青年相比较低文化程度的青年,高收入者相比低收入者,上海、深圳的青年相比北京的青年,都更加认可健康的重要性,对健康认识更准确,潜在的健康受损可能性也越小。

从行为层面看,社会网络相关的一系列变量对青年生活习惯的影响和作用方向不再一致。由回归系数可知,家庭成员支持水平,个体能获得实际支持的来源数量,与家人或者同事、朋友同住,对青年生活习惯的健康程度具有显著的促进作用。但朋友数和同事交往情况的影响是复杂的。同事交往情况表明,相较于同事关系冷漠的青年,有着"困难时可能稍微关心自己"的同事的青年,其生活习惯反而不健康,但认为"大多数同事都很关心自己"的青年生活习惯则更健康。朋友数这一变量的系数显示,相比没有朋友的青年,有 1~2 个朋友或者 3~5 个朋友的青年在生活习惯上更健康,但在模型中没有统计的显著性;然而当青年的朋友数达到 6 个及以上时,这种正相关关系发生了转变,其生活习惯比没有朋友的青年更不规律、更不健康,且这种消极影响关系是显著的。由于此处统计的朋友数是青年"关系密切、可以得到支持和帮助"的朋友数量,从 6 个及以上的朋友数可以推断这些青年可能经常与朋友聚会,社交活动频繁,由此导致其饮食及作息的不规律,健康风险增加。这亦可以解释经常或主动参加团体活动的青年,相比从不或者偶尔参加的青年而言生活习惯更不健康。因此,本研究假设二的前半部分得到了证明,社会网络相关的一系列因素对于健康行为习惯的影响并不是同向的,即社交活动越多、社会参与程度越强,青年反而越倾向于拥有不健康的生活习惯,其健康受损可能也随之增加。

对于控制自变量,女性相比男性、高受教育程度者相比低受教育程度者,都拥有更健康的生活习惯。值得注意的是,收入和所在城市两个变量对于健康习惯的作用方向与其对健康意识的作用方向相反。收入越高，青年越认可健康对于人生和生活的重要意义，但在行为上他们的反应却与此背离，生活习惯更不规律。这可能是因为高收入在某种程度上是以牺牲身体健康为代价的，例如高薪族通常加班更多，熬夜和饮食不规律的情形也更常见。尽管他们明白健康的重要意义，但迫于工作与环境因素，不得不维持着有损于健康的行为习惯。因此，本研究的假设四得到了证明。

将个人流动纳入研究之后，模型显示，本地青年比流动青年更加重视健康，其行为习惯上也更健康，因而实际健康受损的风险更小。由此证明了本研究的假设三，即流动这种状态对于青年形成积极的健康观以及规律的生活习惯有着显著的负向作用。这很可能是因为流动意味着生活的不稳定和心理上的不安全感，各方面的压力使得流动青年更为关心的是在城市的生计与发展问题，不仅心态上将健康放在次要位置，行为上也养成和维持着不健康、不规律的生活习惯。

从常识和经验上讲，高薪人群普遍更加追求生活的品质，因此对健康也更为重视。进一步，如果流动与高薪叠加在一起会如何呢？一方面，流动青年在心态上往往将健康放在次要位置；另一方面，在实际生活中，高薪者通常劳心劳力，难以拥有规律的生活作息，而流动人群中的高薪者更是如此，他们追求自我在城市中的立足与发展。因此流动高薪者心态上不重视健康，行为上也忽视养成健康的生活习惯，极有可能是健康风险高危人群。

（三）实证结果：流动青年与本地青年健康风险影响因素的比较分析

表5-5的回归结果显示，流动青年和本地青年的健康风险影响机制有部分重叠之处，但也存在着一定的差异。

就社会网络相关的自变量而言，家庭成员支持水平越高，能获得实际支持的来源数量越多，同事对自己越关心以及与家人或者同事、朋友共同居住，会使青年思想层面和行为层面的健康风险都越低，无论流动青年还是本地青年，这种积极作用是一致的。然而，朋友数和活动参与情况对本地青年的健康风险没有显著影响，但对流动青年，朋友数增加，或者团体活动参与得更积极、更频繁，他们的思想就更倾向于重视健康，但行为更倾向于损害健康。因此，本研究假设二的后半部分没有得到证明，即社交活动和社会参与程度对于生活习惯健康度的反向作用仅对流动青年适用，而不适用于本地青年群体。这意味着，"流动"凸显了社会网络对于健康习惯风险的负向作用。

就一系列控制自变量而言，在流动青年和本地青年中，女性在意识上及行为上都比男性健康度更高。受教育程度的提高有助于削弱流动青年的健康风险，无论是在意识还是行为上。对本地青年而言，相较于未婚者，在婚者健康意识更低，但生活习惯健康程度更高；对流动青年而言，在婚者的生活习惯也比未婚者更健康。户口性质对于青年健康习惯风险的影响随流动状态的改变而发生了变化：对流动青年而言，拥有城市户口的青年的健康风险高于农业户口的青年；而对本地青年而言，城市户口青年的健康风险则低于农业户口的青年。

月收入增加对于健康意识的强化作用在本地青年模型中是显著的，但在流动青年模型中不显著；与此相对的是，在全体青年模型中月收入增加对行为习惯的健康程度有消极影响，但区分流动状态之后，这种消极作用只在流动青年模型中显著，而在本地青年模型中不显著。从常识和经验上讲，高薪人群本该对健康更为重视。但此处的结果却显示，在思想意识上，流动青年中的高薪族并非明显重视健康，还在实际行动中更加忽视健康。因而可以做如此理解：流动作为一种生活的状态，淡化了收入对于健康意识的积极效应，强化了收入对于健康习惯的消极影响，高薪者通常劳心劳力，难以拥有规律的生活作息，而流动人群中的高薪者更是如此。由此本研究的假设五也得到了证明。

(四) 总结与讨论

青年的社会网络资源多寡与他们对健康的重视程度有显著的正相关性,那些社会网络资源越丰富的个体,在思想意识层面越重视健康,其健康风险也越小。但是社会网络相关因素对青年行为习惯的影响较为复杂,家庭成员的支持水平、自己所能获得的实际支持来源数量、居住情况、同事关系对青年养成健康规律的生活习惯具有正向影响,然而朋友数越多,团体活动参与越积极、频繁,青年反而会面临熬夜更多,饮食和作息不规律的情况,健康风险大大增加。对于高薪者而言,尽管他们在意识层面上重视健康,但可能是由于工作压力所迫,他们在行为上却保持着不利于健康的生活习惯,增加了自己健康受损的可能性。

将个人流动纳入分析之后,通过对比全体青年、本地青年、流动青年三个回归模型的结果,笔者发现"流动"这一状态在社会网络影响健康风险的机制和路径中,扮演了重要的角色:(1)流动使得朋友数和活动参与程度对行为层面健康风险的负面影响变得显著,即当朋友数增加或者团体活动参与得更积极、更频繁时,在行为上使健康受损的倾向只发生于流动青年中。(2)流动使得流动青年在思想意识以及行为习惯上,都比本地青年更忽视健康,其实际健康受损的风险更大。(3)流动这种不稳定的生活状态,淡化了收入对于健康意识的积极效应,强化了收入对青年养成健康习惯的消极影响。流动人群中的高薪者不仅行为上忽视健康习惯的养成,在心理上也倾向于无视健康的重要意义,他们是健康风险的高危人群。

值得注意的是,本研究在对健康风险的测量问题上,受数据所限,仅研究了意识和行为两个层面的内容。首先,以因子分析法对这两个层面的健康风险进行测量,选入分析的变量可能有代表性不足的问题(例如健康习惯风险因子是由熬夜、用餐等四个变量生成的),因此可能导致分析结果存在偏误,不能反映事实全貌。其次,因变量为因子,其绝对数值没有实际含义,所以回归模型中的系数也失去了实际的解释意义,仅能作为方向上的指示。再次，对于社会网络相关变量的选择趋于零碎，无法对本地青年及流动青年社会网络资源进行系统的比较。最后，实证模型还存在内生性问题，尽管从理论和经验上分析，健康风险与社会网络之间的相互作用弱于健康状况与社会网络之间的关系，但由于数据中难以找到可靠的工具变量，本研究没有对因变量和自变量之间的内生性问题进行检验和消除。以上种种不足，期待日后的相关研究能够更进一步深入和完善。

第六章 流动人口的职业卫生状况

农民工在劳动力市场中处于弱势地位，职业安全卫生问题长期存在。究其原因，针对农民工的社会保障覆盖有限、职业安全卫生培训欠缺、防护措施不足以及监管部门职权交叉和缺位等最为突出。笔者据此提出以下政策建议：健全工伤医疗保险相关制度，强化用人单位的参保责任；加强职业安全卫生培训，拓展农民工职业健康保护；整合职能、增强力量，提升职业安全卫生防护监管水平；设立安全事故和职业病救助基金，建设农民工职业安全卫生保护网。

第一节 职业卫生的定义

农民工职业安全卫生问题不仅关系到农民工的生命权益和健康福利，而且是当前劳资关系纠纷的重要诱因，与社会和谐稳定密切相关。由于农民工在劳动力市场中长期处于弱势地位，这一问题既极为现实又亟待解决。

自 1984 年国家正式允许农村劳动力自由前往城市寻找工作机会以来，中国农民工数量持续增长，到 2012 年已经超过 2.6 亿（国家统计局，2013），他们分布在各行各业，成为推动经济社会发展的重要力量。然而，近年来不断涌现的"民工荒""用工难"现象，都在提醒着我们，不可忽视中国农民工的回流返乡现象。自 20 世纪 90 年代以来，我国已发生多次农民工返乡潮。20 世纪 90 年代的乡镇企业转型和国有企业改革，迫使许多已经流入工业部门的农村劳动力回流农村。而 2008 年全球性金融危机爆发，沿海制造业企业纷纷倒闭，再一次造成大量农民工失业，引发了又一个农民工返乡高潮。对于农民工返乡的原因，传统研究多侧重从经济因素方面加以解释，关注农民工的收入、就业等问题。近年来，一些影响农民工生活福利水平的非经济因素也受到关注，如教育、医疗保障等。但是，不论是经济因素还是非经济因素，都是城市客观经济、政策环境对农民工返乡行为造成的影响，对农民工在流动中自身发生变化进而推动其返乡的因素则关注较少，比如屡屡见诸报端的安全事故和职业病。

由于农民工自身特点及其从事的相关行业类型特点，他们比流入地的城镇人口承担了更高的健康风险，其中，以安全事故和职业病为农民工头号健康威胁（梅良英等，2008）。根据第三期中国妇女社会地位调查数据，超过四成的农民工的劳动环境中存在粉尘、噪声、过量负重、长时间立（蹲）位作业、化学毒物等职业安全卫生风险；至少一成的农民工因安全事故或职业病选择返乡。一方面，农民工面对比城市居民更加高危的工作环境，事故频发；另一方面，由于医保政策缺失、农民工自身防护意识差、雇主的法律意识淡薄等，一旦发生安全事故或患职业病，农民工将承受较城市居民更大的伤害，有研究发现，农民工工伤或职业病呈现获治率、恢复率低，发病率、迟发现率高等特点。对于大多数靠身体吃饭的农民工，一旦赖以生存的"饭碗"被打破，他们最终的归宿只能是被迫再次返回家乡。

农民工在为城市注入活力的同时却受到了伤害，这不仅仅是对农民工合法权益的损害，从长远来看，更是对劳动力持续供给的严重损害。因此，保障农民工职业安全卫生，对于维护社会公平和正义、推动经济持续健康发展、构建和谐社会都有着十分重要的意义。基于此，本研究从农民工职业安全卫生角度出发，使用第三期中国妇女社会地位调查数据和 logistic 回归模型探讨安全事故和职业病与农民工返乡行为之间的关系。本研究量化职业安全卫生因素对于农民工返乡行为的影响程度，不仅有利于对职业安全卫生因素在农民工流动过程中产生的影响做出准确判断和公正评价，更有利于深化对农民工返乡回流行为的研究，从而为引导人口有序流动、促进人口合理分布，积极稳妥地推进城镇化进程提供依据。因此，本研究不仅具有较强的理论意义，而且具有十分重要的现实意义。

第二节　流动人口职业卫生的状况

当前，我国流动人口群体面临的职业病危害主要呈现五大特点，分别是：（1）接触职业病危害人数多，患病数量大；（2）职业病危害分布行业广，在中小企业中更严重；（3）职业病危害流动性大、危害转移严重；（4）职业病具有隐匿性、迟发性特点，危害往往被忽视；（5）职业病危害造成的经济损失巨大，影响长远。然而，由于流动人口的居住稳定性差、工作变动频繁、群体内部差异性大，对流动人口群体患职业病的总体现状和发展趋势，政府一直以来难以获取详尽的、精确的微观数据，因此监测和指导流动人口群体的职业病防治和保障面临着巨大的挑战。

为全面了解我国流动人口的生存发展状况，进一步探寻流动人口迁移流动规律，2018 年 8 月，国家卫生健康委员会在北京、上海、福建、广东、河南、湖北和四川等七省市组织开展了 2018 年度流动人口追踪专项调查。调查内容涵盖流动人口的家庭、就业、健康以及居留意愿等多个方面，重点关注流动人口所面临的职业健康危害以及相应的防治措施是否到位。本报告在介绍数据所反映的各项基本指标的基础上，重点分析流动人口群体的职业病及其防治的有关情况。

一　2018 年度追踪调查概况

2018 年度流动人口追踪专项调查为 2009 年全国流动人口动态监测调查开展以来的首次追踪调查，由国家卫生健康委员会负责组织协调，中国

大流动中的小生活

人民大学负责调查指标体系与问卷设计、督导培训、数据分析等工作，中国人口与发展研究中心负责调查设计、抽样设计、调查系统开发等工作，国家卫生健康委员会流动人口服务中心负责数据管理与问卷发放工作。

本次追踪调查在全国选取七个省市开展，涉及北京市朝阳区，上海市长宁区、浦东新区、奉贤区，福建省泉州市，河南省郑州市，湖北省武汉市，广东省深圳市以及四川省成都市（为行文方便，以下简称为"七省市"）。调查主要围绕流动人口的家庭及成员变动情况、就业情况、健康情况以及居留意愿等内容展开。调查对象共涉及 10200 名（户）2017 年全国流动人口卫生计生动态监测数据库中的追踪对象。最终，完成调查的有 6627 人（户），实际追访完成率为 64.97%，有 344 人（户）因拒访或无合适受访对象等原因没有进行调查，另有 3229 名（户）追踪对象由于整户搬离出原街道/社区而未进行调查，具体分布情况如图 6 - 1 所示。

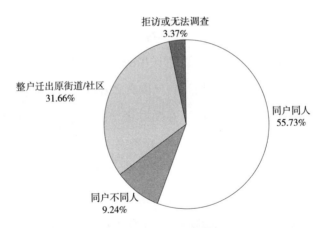

图 6 - 1 样本追踪情况

在 6627 名实际完成了 2018 年调查的被访者中，有 5684 人同时也是 2017 年的问卷填答者本人，成功追访比例为 85.77%。需要说明的是，为了更加准确地反映流动人口各方面状况的变化，发挥追踪数据的优势，本章一律采用这 5684 名连续两年完成调查（即"同户同人"）的受访者的数据。

数据显示，在成功追访的 5684 个调查样本中，男性占 48.66%，女性占 51.34%，平均年龄 37.6 岁，各年龄段性别分布情况如图 6-2 所示。

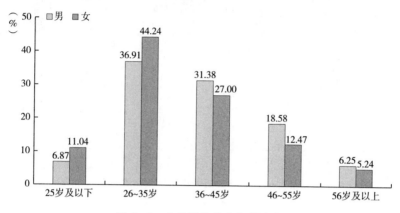

图 6-2　分性别的样本年龄分布

被访者的受教育程度以初中和高中（含中专）水平为主，比例分别为 36.56% 和 26.20%，小学及以下学历占 11.70%，大学专科、本科和研究生学历分别占 12.63%、11.12% 和 1.79%，分布情况如图 6-3 所示。

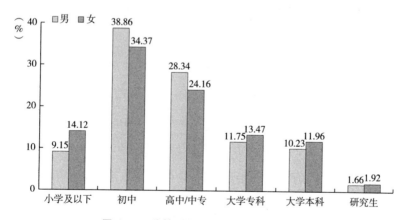

图 6-3　分性别的样本受教育程度分布

流动人口中户口性质为农业户口者比例接近七成，为 69.04%，非农业户口（包括居民户口、农转居户口和非农转居户口等）合计占 30.96%，分布情况如图 6-4 所示。

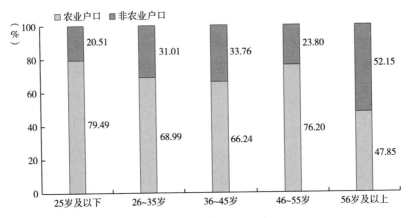

图 6-4 分年龄组的样本户口性质分布

参与 2017 年调查的 9856 户流动人口家庭在过去一年中已有 32.76%
整户搬离出了原街道/社区,其中返回原户籍地的家庭占 22.13%。另外,
在所有成功追访的被访者家庭中,过去一年内有成员离开被访家庭的有
2036 户(人数共计 3684 人),占家庭总数的 30.72%。在离开被访家庭的
3684 人中,返回原户籍所在县(市、区)的比例为 16.81%。

2018 年七省市流动人口的劳动参与率为 84.61%,比 2017 年降低了
0.45 个百分点。劳动参与仍然存在着较为显著的性别差异,男性的平均劳
动参与率为 93.42%,而女性则为 76.25%,且男性在 20 岁至 65 岁之间的
各个年龄段的劳动参与率均高于女性(见图 6-5)。此外,流动人口的就
业状态波动性较大,2017 年调查时有工作的被访者中有 6.68% 在 2018 年
退出了劳动力市场,而 2017 年调查时没有工作的被访者中有 34.98% 在
2018 年找到了工作。

流动人口的职业分布比较集中,逾三成被访者为商业服务业雇员(包
括商贩、餐饮业服务人员、保洁、保安、快递员等)。流动人口就业比例
最高的三类职业是商业服务业雇员、个体私企经商者以及农业建筑业运输
业雇员,所占比例分别为 36.95%、23.37% 和 19.96%。职业分布同样存
在较为明显的性别差异,男性从事专业技术人员、个体私企经商者和农业

建筑业运输业雇员这三类职业的比例明显高于女性，而女性从事公务员办事人员和商业服务业雇员的比例高于男性，具体分布如图 6-6 所示。

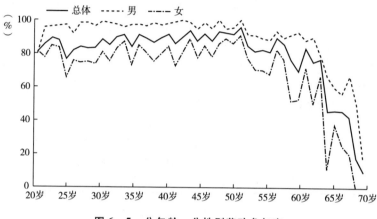

图 6-5　分年龄、分性别劳动参与率

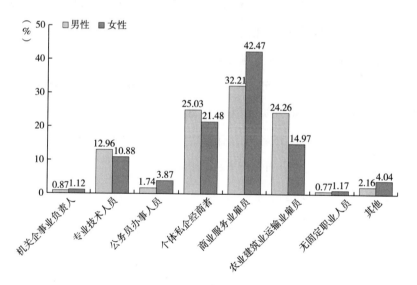

图 6-6　分性别的职业分布

　　流动人口就业的行业比较广泛，其中比例最高的 4 个行业分别是批发零售业，制造业，居民服务、修理行业和住宿餐饮业，比例分别为 24.75%、20.25%、12.56% 和 10.48%，总计达到了流动人口的 2/3 以上，详细分布情况如表 6-1 所示。

表 6 - 1 流动人口就业行业分布

单位：%

行业	百分比	行业	百分比
批发零售	24.75	卫生	2.08
制造	20.25	科研和技术服务	1.33
居民服务、修理	12.56	文体和娱乐	1.25
住宿餐饮	10.48	社会工作	1.19
软件和信息技术服务	4.85	公共管理、社会保障	0.89
交通运输、仓储和邮政	4.76	租赁和商务服务	0.87
建筑	4.51	农林牧渔	0.83
金融	3.33	水利、环境和公共设施	0.50
房地产	2.68	电煤水热生产供应	0.31
教育	2.58		

流动人口的就业身份以雇员为主。超过六成的流动人口为有固定雇主的雇员，比例为 61.51%。有 26.18% 的流动人口为自营劳动者。雇主和无固定雇主的雇员相对较少，比例分别为 7.17% 和 4.20%。

七省市的流动人口群体普遍存在超时劳动的问题。2018 年七省市流动人口平均每周工作时长为 52.25 小时，虽然比 2017 年减少了 1.80 小时，但仍远高于我国周均 40 小时的法定标准。其中男性平均每周工作时长为 53.97 小时，女性为 50.25 小时，且男性每周工作时长在 50 周岁前各年龄段均略高于女性，具体分布如图 6 - 7 所示。

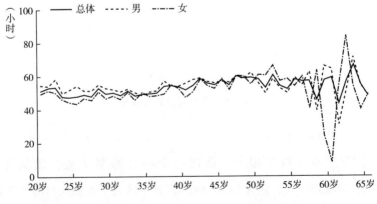

图 6 - 7 分年龄、分性别的流动人口平均每周工作时长

流动人口的工作时长存在明显的地区差异。七省市中，北京、深圳和上海的流动人口平均每周工作时长最短，分别为 44.53 个小时、45.73 个小时和 49.82 个小时。而泉州和郑州两地的流动人口平均每周的工作时间已超过 60 个小时，分别为 67.09 个小时和 61.04 个小时，超时劳动现象严重，具体情况如图 6-8 所示。

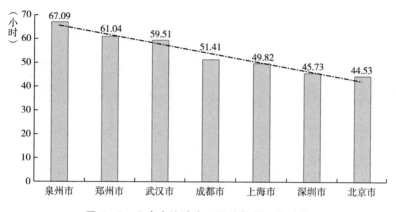

图 6-8　七省市流动人口平均每周工作时长

七省市流动人口 2018 年平均月收入为 5876 元，比上一年增长 219 元。流动人口工资收入和工资涨幅的性别差异呈扩大趋势。2018 年，流动人口中男性的平均月收入为 6593 元，比上一年增长 264 元，增幅为 4.17%。而女性 2018 年的平均月收入为 5042 元，比上一年增长 174 元，增幅为 3.57%，具体分布情况如图 6-9 所示。

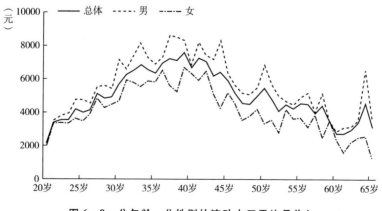

图 6-9　分年龄、分性别的流动人口平均月收入

大流动中的小生活

　　七省市之间也存在着明显的收入差距。2018 年，上海、北京和深圳的流动人口平均月收入较高，均达到 6500 元以上，而武汉、郑州、泉州和成都四地的流动人口平均月收入都在 4500 元以下，其中成都最低，为 4106 元，详细情况如图 6 – 10 所示。

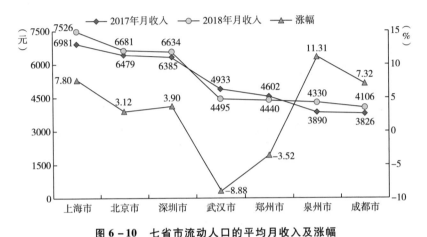

图 6 – 10　七省市流动人口的平均月收入及涨幅

　　综合工作时长和月收入分析发现，流动人口的平均时薪为 37.1 元，其中男性为 39.7 元，女性为 34 元，具体分布如图 6 – 11 所示。

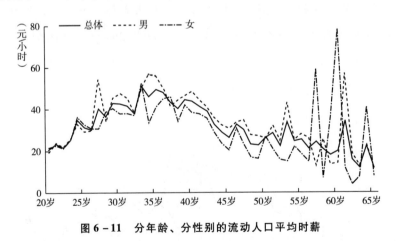

图 6 – 11　分年龄、分性别的流动人口平均时薪

　　如图 6 – 12 所示，2018 年七省市流动人口的长期居留和落户意愿与 2017 年相比均有所下降。有 88.48% 的被访者表示未来打算继续留在本地，比上一年降低了 0.79 个百分点；仅有 1.92% 的人明确表示不打算继续留在本地，但比 2017 年上升了 0.46 个百分点。在打算继续留在本地的被访者中，有 32.81% 希望能在本地长期定居，16.68% 打算在本地居住 10 年以上，而预计自己未来在本地居留时间为 5 年以下的占 12.96%。2018 年，有 50.93% 的被访者希望能将户口迁入本地，而这一比例在 2017 年为57.04%。上海和北京的流动人口群体落户意愿最高，均超过七成，而福建泉州的这一数据仅为 19.87%。

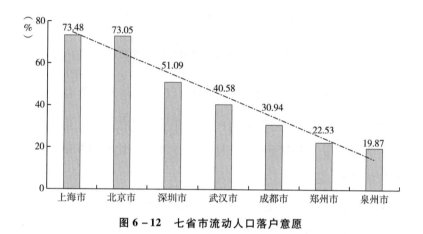

图 6-12　七省市流动人口落户意愿

二　职业健康危害

在就业条件、制度、观念等因素影响下，流动人口的健康与医疗问题一直以来面临着巨大的挑战。数据显示，分别有 42.66% 和 37.19% 的被访者认为自己现在的健康状况属于"非常健康"和"比较健康"，有18.75% 的被访者认为自己健康状况"一般"，而选择"比较不健康"和"非常不健康"的比例很低，共计 1.39%（见图 6-13）。

与 2017 年调查相比，2018 年度的追踪调查在健康医疗方面重点关注流动人口的职业健康危害与防护措施，详细询问了被访者所在的工作场所是否存在各类职业健康危害，以及针对各类职业健康危害是否采取了防护措施。调查涉及的职业健康危害主要包括六大类，分别为：粉尘类，放射类，化学类（有毒或有腐蚀性的金属、液体、气体），物理类，过量负重

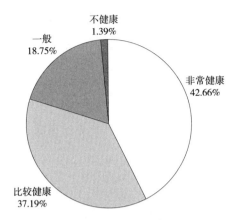

图 6 – 13　流动人口的自评健康状况

或长时间蹲、立位作业类（为行文方便，以下简称为"负重/蹲/立类"）以及其他类。总的来看，虽然流动人口自评健康状况较好，但工作场所的健康危害普遍存在，工作环境仍有待进一步改善，针对职业健康危害的相关防护措施亟须加强。

数据显示，有 17.51% 的被访者在工作环境中至少面临着一项职业健康危害。其中，负重/蹲/立类是最为普遍的一种，有 12.04% 的被访者表示自己在工作环境中面临此类危害；其次是粉尘类和物理类职业健康危害，发生的比例也都达到了 5% 以上，分别为 8.65% 和 5.41%；化学类和放射类职业健康危害发生的比例相对较低，分别为 3.87% 和 1.50%（见图 6 – 14）。

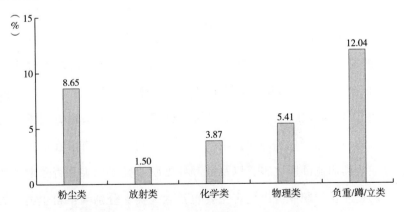

图 6 – 14　流动人口面临的职业健康危害

从性别角度来看，男性面临的职业健康危害在各个类别上均高于女性，尤其是粉尘类和负重/蹲/立类，男性受到这两类职业健康危害的比例分别为11.49%和13.27%（见图6-15）。

从户口性质的角度来看，农业户口流动人口群体面临的职业健康危害明显高于非农业户口流动人口群体，比例差距最大的同样是粉尘类和负重/蹲/立类，与性别差异的分布趋势类似，前者约为后者的两倍（见图6-16）。

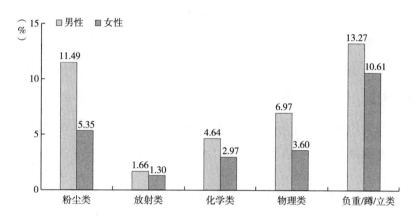

图6-15　分性别的流动人口职业健康危害

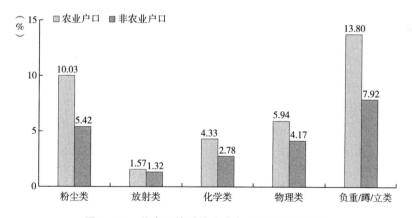

图6-16　分户口性质的流动人口职业健康危害

（一）负重/蹲/立类职业危害情况分析

就业者在工作中的劳动强度是造成职业健康危害的主要因素之一。过量负重或长时间处于蹲/立等作业姿势容易使局部组织和器官长期受到压迫，对劳动者的关节、骨骼、肌肉组织以及神经系统造成慢性损伤，易引发关节炎、滑膜炎、腰椎间盘突出等慢性疾病。由于此类损伤较为常见，且多为长期积累导致，因此未能引起足够的重视。

数据显示，七省市的流动人口群体中有 12.04% 的人在工作中需要过量负重或长时间处于蹲/立等作业姿势，发生比例在五大类职业健康危害中居于首位。该危害在体力劳动强度较大的生产性行业发生比例较高，例如农林牧渔行业，发生比例高达 30.00%，其次是建筑业、房地产业和电煤水热生产供应业，也达到了 20% 及以上，比例分别为 25.35%、20.16% 和 20.00%。住宿餐饮业、制造业以及水利、环境和公共设施行业也同样存在较高比例的此类危害，而金融业、租赁和商务服务业等体力劳动强度较低的行业则基本不存在此类危害（见表 6 - 2）。

表 6 - 2 分行业的负重/蹲/立类职业健康危害发生比例

单位：%

行业	百分比	行业	百分比
农林牧渔	30.00	交通运输、仓储和邮政	9.61
建筑	25.35	批发零售	7.23
房地产	20.16	公共管理、社会保障	6.98
电煤水热生产供应	20.00	社会工作	5.26
住宿餐饮	18.25	科研和技术服务	4.69
制造	16.94	教育	4.03
水利、环境和公共设施	16.67	软件和信息技术服务	3.00
居民服务、修理	12.42	租赁和商务服务	0.00
卫生	12.00	金融	0.00
文体和娱乐	10.00		

雇员群体和自营劳动者往往比雇主群体更多地从事高强度的体力劳动，因而需要负重/蹲/立姿势作业的比例也更高。数据显示，雇主群体面临此类健康危害的比例最低，为 6.96%，而无固定雇主的雇员面临此类危

害的比例则高达 31.19%，并且这一群体由于工作不固定，在面临职业健康危害时更难得到有效的劳动保障和健康防护（见图 6-17）。

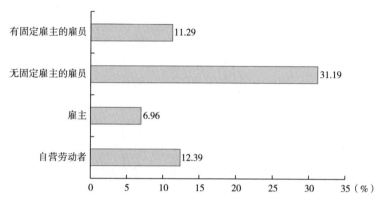

图 6-17 分雇佣身份的负重/蹲/立类职业健康危害发生比例

从分职业类型的负重/蹲/立类职业健康危害发生比例数据中也可以看出同样的问题。有 21.04% 的农业建筑业运输业雇员面临此类健康风险，在无固定职业的流动人口中这一比例也达到了 10.64%。而公务员办事人员和专业技术人员面临此类健康危害的比例则相对较低，分别为 3.08% 和 5.54%（见图 6-18）。

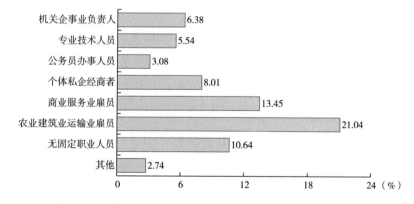

图 6-18 分职业类型的负重/蹲/立类职业健康危害发生比例

在七省市的流动人口群体中，面临负重/蹲/立类职业健康危害比例最高的地区是上海，达到 18.31%，其次是泉州和郑州，比例分别为 14.43%

和 14.08%，只有北京的比例低于 10% 并且显著低于其他 6 个城市，为 5.29%，如图 6－19 所示。

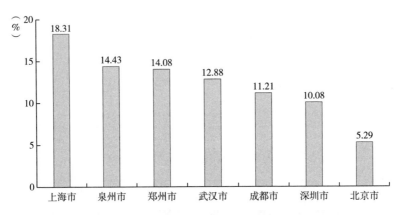

图 6－19　分城市的负重/蹲/立类职业健康危害发生比例

（二）粉尘类职业危害情况分析

根据国际标准化组织的规定，粉尘类职业健康危害主要指的是生产性粉尘，即工作场所的空气中存在粒径小于 75 微米的固体悬浮物，对劳动者的健康和安全构成的极大隐患。粉尘易燃易爆，易发生氧化放热反应，引起火灾和爆炸事故，造成人员伤亡；另外，粉尘往往包含有毒成分，如镉、铅、汞、砷等，小于 5 微米的微粒极易引起中毒性肺炎、矽肺甚至肺癌。

根据我国《职业病防治法》的规定，十三类由粉尘因素导致的疾病应被纳入职业病范畴，主要为各类尘肺病，包括：硅肺、煤工尘肺、石墨尘肺、炭黑尘肺、石棉肺、滑石尘肺、水泥尘肺、云母尘肺、陶瓷尘肺、铝尘肺、电焊工尘肺、铸工尘肺以及其他尘肺。

数据显示，七省市流动人口在工作环境中面临粉尘类职业健康危害的平均比例为 8.65%，在五大类健康危害中居第二位。

具体来看，建筑行业的从业者比商业、管理、教育等行业的从业者更容易受到粉尘类职业健康危害。其中，受此类危害比例最高的行业是建筑业，比例为 31.80%，其次是房地产业和水利、环境与公共设施行业，均超过了 20%，分别为 20.93% 和 20.83%。制造业和卫生行业的从业者也面临着较高程度的粉尘危害，比例分别为 18.17% 和 15.00%（见表 6-3）。

表 6-3　分行业的粉尘类职业健康危害发生比例

单位：%

行业	百分比	行业	百分比
建筑	31.80	文体和娱乐	5.00
房地产	20.93	科研和技术服务	4.69
水利、环境和公共设施	20.83	公共管理、社会保障	4.65
制造	18.17	社会工作	3.51
卫生	15.00	批发零售	2.18
电煤水热生产供应	13.33	软件和信息技术服务	2.15
居民服务、修理	7.78	住宿餐饮	1.19
租赁和商务服务	7.14	金融	0.63
交通运输、仓储和邮政	6.99	农林牧渔	0.00
教育	5.65		

雇员群体受到粉尘类职业健康危害的可能远高于雇主和自营劳动者，尤其是无固定雇主的雇员，受到粉尘危害的比例为 30.20%（见图 6-20）。

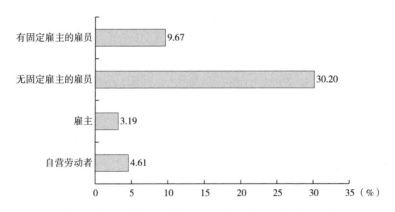

图 6-20　分雇佣身份的粉尘类职业健康危害发生比例

粉尘类职业健康危害在不同职业身份上的分布差异也反映出同样的问题。从事农业建筑业运输业的雇员群体，受到粉尘类职业健康危害的比例高达 20.83%，在无固定职业的流动人口群体中这一比例为 10.64%（见图 6-21）。

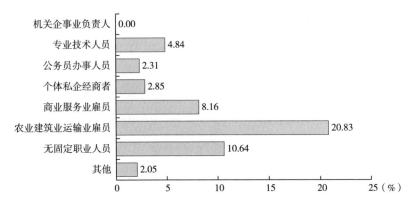

图 6 - 21 分职业类型的粉尘类职业健康危害发生比例

由于七省市产业结构的差异，粉尘类职业健康危害的严重程度也存在较大差异。泉州、成都和上海的流动人口中都有超过 10% 的人面临粉尘类健康危害，其中泉州的比例最高，达到 16.11%，成都和上海分别为 12.97% 和 10.18%（见图 6 - 22）。

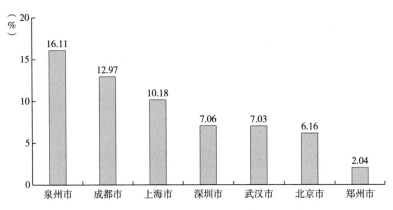

图 6 - 22 分城市的粉尘类职业健康危害发生比例

（三）物理类职业危害情况分析

根据我国《职业病防治法》的规定，四类物理因素导致的疾病应被纳入职业病范围，包括（1）高温导致的职业病，例如中暑；（2）高气压导致的职业病，例如减压病；（3）低气压导致的职业病，例如高原病和航空病；（4）局部振动导致的职业病，例如手臂振动病。

数据显示，受到物理类职业健康危害比例最高的行业为农林牧渔业，比例为 25.00%，其次是电煤水热生产供应行业和制造业，比例分别为 20.00% 和 13.35%。而社会工作、教育、批发零售、软件和信息技术服务以及金融行业受到此类健康危害的比例很低，均不超过 2%，如表 6-4 所示。

表 6-4　分行业的物理类职业健康危害发生比例

单位：%

行业	百分比	行业	百分比
农林牧渔	25.00	住宿餐饮	3.57
电煤水热生产供应	20.00	居民服务、修理	3.31
制造	13.35	科研和技术服务	3.13
水利、环境和公共设施	12.50	租赁和商务服务	2.38
卫生	11.00	社会工作	1.75
建筑	9.68	教育	1.61
交通运输、仓储和邮政	5.68	批发零售	1.09
文体和娱乐	5.00	软件和信息技术服务	0.43
房地产	4.65	金融	0.00
公共管理、社会保障	4.65		

从雇佣身份方面来看，仍然是雇员群体会受到更多的物理类健康危害，有固定雇主和无固定雇主的雇员受到物理类健康危害的比例相差很小，分别为 6.80% 和 6.93%，而雇主群体较低，为 1.45%（见图 6-23）。

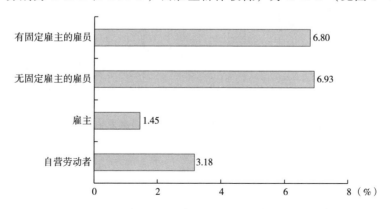

图 6-23　分雇佣身份的物理类职业健康危害发生比例

大流动中的小生活

在职业方面，农业建筑业运输业雇员是物理类健康危害最大的受害群体，比例为 14.27%，其次是无固定职业人员和专业技术人员，比例分别为 6.38% 和 4.67%（见图 6-24）。

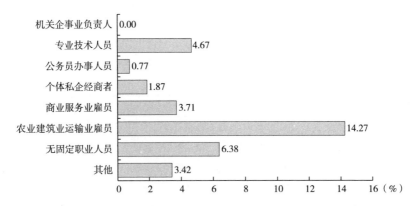

图 6-24 分职业类型的物理类职业健康危害发生比例

泉州的流动人口群体受到物理类健康危害的比例最高，为 11.58%，其次是上海，比例为 8.02%，而郑州和北京的这一比例则显著低于其他省市，分别为 1.63% 和 1.62%（见图 6-25）。

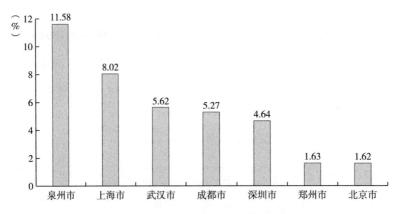

图 6-25 分城市的物理类职业健康危害发生比例

（四）化学类职业危害情况分析

根据我国《职业病防治法》的规定，应被纳入因化学类因素导致的职业病范围的疾病共有 60 种，包括吸入各类有毒气体和液体引发的中毒及其对呼吸系统、神经系统以及肝脏等造成的损害，例如：铅及其化合物（如铅尘、铅烟等）导致的中毒，汞及其化合物（如氯化汞）导致的中毒以及由有机溶剂［如三硝基甲苯、五氯酚（钠）、硫酸二甲酯等］导致的中毒性肝炎等。

从职业分布情况来看，在农林牧渔业、制造业和卫生行业就业的流动人口面临化学类健康危害的比例最高，均在 10% 及以上，分别为 12.50%、10.68% 和 10.00%，尤其是农林牧渔业，从业者多为个体经营或打零工、散工，缺少必要的、有组织的职业病防护和制度保障，应当特别引起重视。而金融业，教育业，文体和娱乐业，公共管理、社会保障以及社会工作行业则基本没有受到化学类健康危害的风险（见表 6 - 5）。

表 6 - 5　分行业的化学类职业健康危害发生比例

单位：%

行业	百分比	行业	百分比
农林牧渔	12.50	交通运输、仓储和邮政	1.75
制造	10.68	软件和信息技术服务	1.72
卫生	10.00	批发零售	0.59
科研和技术服务	9.38	住宿餐饮	0.40
电煤水热生产供应	6.67	金融	0.00
房地产	5.43	教育	0.00
建筑	5.07	文体和娱乐	0.00
水利、环境和公共设施	4.17	公共管理、社会保障	0.00
居民服务、修理	3.81	社会工作	0.00
租赁和商务服务	2.38		

在雇佣身份方面，仍然是雇员群体受到更加严重的化学类健康危害，有固定雇主和无固定雇主的雇员受到此类危害的比例分别为 4.80% 和 5.94%，而雇主群体和自营劳动者的这一比例分别为 1.74% 和 2.07%（见图 6 - 26）。

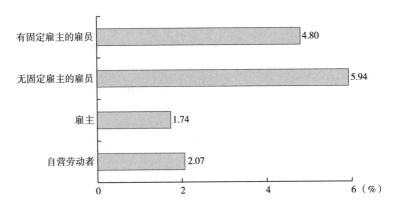

图 6－26　分雇佣身份的化学类职业健康危害发生比例

从职业分布方面来看，农业建筑业运输业雇员群体受到化学类健康危害的比例为 10.73%，仍然大幅度高于其他职业。无固定职业人员和专业技术人员受到化学类健康危害的比例也比较高，分别达到了 4.26% 和 4.15%（见图 6－27）。

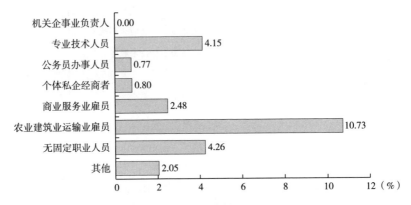

图 6－27　分职业类型的化学类职业健康危害发生比例

七省市中存在较高比例化学类健康危害的城市为泉州和上海，分别达到 7.05% 和 5.96%，而情况相对较好的为北京，比例为 1.51%，如图 6－28 所示。

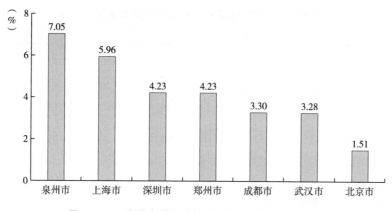

图 6-28　分城市的化学类职业健康危害发生比例

（五）放射类职业危害情况分析

放射类职业健康危害主要存在于核磁医疗部门、核电站等核动力生产和使用机构。核辐射对人体健康的影响机制是复杂的，主要有皮肤效应、致癌效应和遗传效应，劳动者长期暴露在核辐射环境中且没有进行有效防护，可能诱发癌症，尤其是皮肤癌；怀孕的女性从业者长期受到核辐射，易造成胎儿畸形、智力低下甚至死亡。

根据我国《职业病防治法》的有关规定，国家依法对生产领域的放射源和放射装置进行分类统一管理。放射性物质可能导致的职业病包括：外照射急性放射病、外照射亚急性放射病、外照射慢性放射病、内照射放射病、放射性皮肤疾病、放射性肿瘤、放射性骨损伤、放射性甲状腺疾病、放射性性腺疾病、放射复合伤等。

数据显示，放射类职业健康危害的分布呈现出明显的行业特征。卫生行业的就业者有 12.00% 面临着放射类职业健康危害，明显高于其他行业。其次是水利、环境和公共设施行业，电煤水热生产供应行业，受到放射类健康危害的流动人口比例分别为 8.33% 和 6.67%。值得注意的是，文体和娱乐行业的这一比例也比较高，达到了 5.00%，排除样本量较小的因素之外，其原因有待进一步研究，如表 6-6 所示。

表 6-6　分行业的放射类职业健康危害发生比例

单位：%

行业	百分比	行业	百分比
卫生	12.00	科研和技术服务	1.56
水利、环境和公共设施	8.33	居民服务、修理	1.16
电煤水热生产供应	6.67	批发零售	0.25
文体和娱乐	5.00	农林牧渔	0
软件和信息技术服务	3.00	住宿餐饮	0
建筑	2.76	金融	0
交通运输、仓储和邮政	2.62	房地产	0
租赁和商务服务	2.38	教育	0
制造	2.26	公共管理、社会保障	0
社会工作	1.75		

放射类健康危害在雇佣身份角度的分布与其他几类基本一致，无固定雇主的雇员有 3.96% 面临此类健康风险，而雇主和自营劳动者面临该风险的比例则相对较低，比例分别为 0.58% 和 0.48%（见图 6-29）。

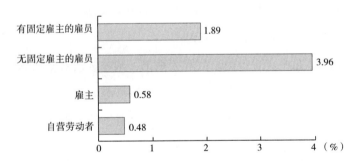

图 6-29　分雇佣身份的放射类职业健康危害发生比例

在职业分布方面，无固定职业的流动人口群体面临放射类健康危害的比例最高，达到了 6.38%，其次是专业技术人员和农业建筑业运输业雇员，比例分别为 3.63% 和 2.50%（见图 6-30）。

与其他几类健康风险相比，七省市在放射类健康危害发生比例上的差异相对较小，成都、上海和深圳的发生比例较高，分别为 2.42%、2.38% 和 2.22%（见图 6-31）。

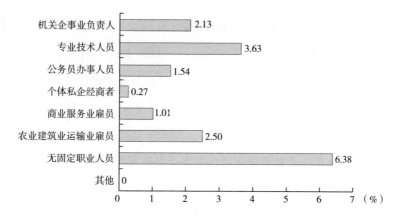

图 6-30　分职业类型的放射类职业健康危害发生比例

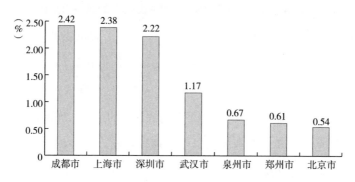

图 6-31　分城市的放射类职业健康危害发生比例

三　问题表现

1. 超过四成的农民工的劳动环境存在安全卫生风险，粉尘和噪声尤为多见

调查显示，43.0%的农民工的劳动环境中存在粉尘、噪声、过量负重或长时间蹲（立）位作业、化学毒物等职业安全卫生风险。粉尘是尘肺病的主要诱因，28.4%的农民工的劳动环境中存在粉尘污染；28.8%的农民工在劳动中受到噪声污染；25.5%的农民工在劳动中过量负重或者长时间蹲（立）位作业；7.6%的农民工在劳动中接触过各类化学毒物。

2. 农民工发生安全事故和职业病的比例高，因工受伤、因职业病返乡问题较为突出

农民工发生安全事故和职业病伤害的比例达5.3%，这不仅会降低农民工个人的收入，也会加剧农民工因病返乡。在返乡农民工中，有8.1%为因工受伤，2.1%患职业病。这就意味着超过一成的农民工向城市"输出"了健康，却由农村"回收"了疾病，农民工的增收致富梦难以实现。而户籍地在流失健康劳动力的同时，还要承担部分劳动力因病返乡的医疗成本，这对实现区域协调发展、促进人口合理分布、推进新型城镇化建设非常不利。

3. 男性、大龄、受教育程度低的农民工面临更严重的职业安全卫生问题

超过一半（52.0%）的男性农民工的劳动环境中存在职业安全卫生风险，明显高于女性农民工（34.0%）。相应地，男性农民工因工受伤或患职业病的比例也相对较高，可达7.7%，女性农民工的这一比例仅为2.9%。大龄农民工发生安全事故和患职业病的比例较高，25岁以下农民工因工受伤或患职业病的比例为4.4%，而45~54岁农民工该比例达到7.2%。受教育程度偏低的农民工面临更高的职业安全卫生风险，大专以上学历农民工因工受伤或患职业病的比例为2.9%，而小学及以下学历农民工的这一比例为6.4%。

4. 小微企业农民工职业安全卫生问题较突出，劳务派遣农民工面临更高的职业安全卫生风险

小微企业农民工因工受伤或患职业病的比例为6.7%，比大中型企业农民工（6.1%）要高，这主要是因为小微企业的职业安全卫生防护和监管措施更为欠缺。农民工是目前劳务派遣的主力军，但劳务派遣农民工相比正式受雇的农民工不仅处于"同工不同酬"的境地，也往往从事"脏乱差"的工作，更易发生安全事故和受到职业病伤害。超过一半（52.1%）的劳务派遣农民工面临职业安全卫生风险，远高于正式受雇的农民工（41.5%）。超过一成（10.4%）的劳务派遣农民工因工受伤或患职业病，是正式受雇农民工（5.3%）的两倍左右。

四 农民工职业安全卫生问题的主要成因

农民工职业安全卫生风险高、维权难，不但危害农民工的生命安全和生活质量，也会造成恶劣的社会影响。笔者在福建、山东等地调研发现，工伤、职业病维权和工资拖欠是当地农民工劳资纠纷最主要的两种类型。岗前职业安全卫生培训缺乏、职业安全卫生防护措施薄弱、医疗救助不力以及维权渠道不畅是造成农民工职业安全卫生问题的主要原因。

1. **工伤、医疗保险覆盖比例较低，难以有效保障农民工职业安全卫生权益**

工伤和医疗保险是保障农民工职业安全卫生权益、对农民工安全事故和职业病伤害实施救助的基本举措，用人单位必须依法缴纳保险费用，政府部门应当充分给予政策扶持。当前，工伤保险和城镇地区医疗保险还未能有效覆盖农民工。调查显示，在发生过工伤事故和职业病伤害的农民工中，只有28.1%享有工伤保险，而农民工参加城镇职工医疗保险的比例也不到三成。工伤、医疗保险的缺失，意味着农民工需要负担更多由安全事故和职业病带来的治疗费用，更可能因病致贫。

2. **农民工缺乏职业安全卫生防护，造成安全事故和职业病多发**

农民工的劳动环境职业安全卫生风险较大，理应从源头加强用人单位职业安全卫生防护。依据《安全生产法》和《职业病防治法》，用人单位必须提供符合行业标准的劳动安全防护用品和职业病危害防护设施，同时还要担负监督和教育从业人员佩戴和使用的责任。然而国家卫生计生委流动人口基本公共服务专项调查显示，在劳动环境存在卫生安全风险的农民工中，仅有35.6%表示用人单位的防护措施能够有效防止危害，更有8.8%表示用人单位根本没有提供任何防护措施，这给农民工安全生产、健康劳动带来较大挑战。

3. **农民工职业安全卫生培训不足，职业健康保护意识淡薄**

职业安全卫生培训是国家法律明文规定用人单位必须组织开展的岗前培训，"先培训，后上岗"是确保员工职业安全卫生的基本原则。用人单位通过培训应当保证从业人员了解必要的安全生产制度和职业卫生法规，熟悉有关的安全操作技能和职业病防护规程，掌握岗位的安全卫生知识。然而，目前针对农民工的职业安全卫生培训并不到位。国家卫生计生委流动人口基本公共服务专项调查显示，受过职业安全卫生岗前培训的农民工仅占全部受调查者的45%，而其中由用人单位组织开展的培训不到八成。缺乏职业安全卫生培训不但使农民工在生产中应急处理能力不足，而且会忽视健康保护，容易诱发职业病。

4. 相关部门职权交叉和缺位并存，农民工职业安全卫生维权困难

我国职业安全卫生的监督管理实行职业卫生和职业安全分离的体制，不仅让两者无法有效衔接整合，甚至在职业卫生相关工作内部还进行了具体分割。当前，职业安全的监管工作主要由安全生产监督管理部门负责，而职业卫生的监管工作则分属于安全生产监督管理、卫生行政、劳动保障行政等不同部门，它们各自的监管范围并不特别明确，工作衔接和资源整合难以充分实现。由于职业卫生问题大都与职业安全问题相关，卫生和安全监管分离的局面使职业安全卫生监管工作的完整性遭到破坏，监管中职责缺位和交叉的问题相对突出。农民工就业不稳定，较难追溯从业史，也很难客观诊断认定安全事故和职业病原因，加之部门职权交叉和缺位，其维权难度进一步增加，农民工维权往往陷入相关部门互相扯皮推诿的境地，一些农民工的合法权益无法得到保障。

五 农民工职业健康危害防护情况

2011年，我国颁布了《职业病防治法》，经过随后几年的修订和完善，目前已经形成了较为完善的职业病防治和鉴定的法律保障体系。但是在各行业部门的实际操作过程中，仍然存在着比较明显的不规范甚至违法违规现象，高风险行业的从业者、个体私营企业的雇员、无固定雇主的零工散工以及农林牧渔和交通运输业的大量个体经营者这几类高风险人群仍然面临着职业病防护不及时、不到位的问题，亟须引起重视。

在各类职业健康危害的防护措施方面，总体来看，针对化学类、粉尘类和物理类职业健康危害的防护措施相对比较完善，有防护措施的比例分别达84.95%、83.17%和82.31%；而针对负重/蹲/立类这一发生率最高、涉及行业和职业最为广泛的健康危害,防护措施的覆盖率却最低,仅为62.18%,意味着面临此类问题的劳动者中有近四成未能得到有效的安全防护。此外,针对放射类职业健康危害的防护措施覆盖率也相对较低,为70.83%(见图6-32)。

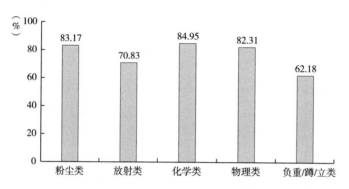

图 6-32　各类职业健康危害的防护措施覆盖率

七省市在各类职业健康危害的防护措施方面差距较为明显。超大城市例如北京和上海针对各类职业健康危害的防护措施均比较完善,大部分达到70%以上;而其他城市则亟须加强职业健康危害防护措施,例如郑州市在化学类职业健康危害方面的防护措施覆盖率仅有50.00%,而武汉市在粉尘类和放射类职业健康危害方面的防护措施覆盖率分别仅有66.67%和40.00%(见表6-7)。

表 6-7　七省市各类职业健康危害的防护措施覆盖率

单位:%

	粉尘类	放射类	化学类	物理类	负重/蹲/立类
上海市	89.36	77.27	89.09	87.84	69.82
北京市	92.98	100.00	92.86	80.00	67.35
成都市	77.97	72.73	93.33	70.83	70.59
武汉市	66.67	40.00	64.29	75.00	58.18
泉州市	84.38	75.00	83.33	81.16	55.81
深圳市	75.71	63.64	85.71	84.78	54.00
郑州市	90.00	66.67	50.00	87.50	56.52

（一）负重/蹲/立类

从全国范围来看，针对负重/蹲/立类职业健康危害的各项防护措施覆盖率普遍较低，面临此类健康危害的劳动者中有34.08%没有任何防护和保障措施，亟须引起重视（见图6-33）。

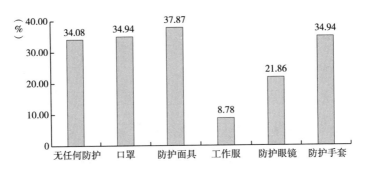

图6-33　负重/蹲/立类各项防护措施覆盖率

从表6-8中可以看出，七省市针对负重/蹲/立类健康风险的防护工作普遍不太理想，其中相对来讲较为完善的是北京，无任何防护的比例为28.57%，低于其他六省市；上海情况也相对较好，无任何防护的比例为29.59%，仅比最低值北京的28.57%高出约1个百分点。

表6-8　分城市的负重/蹲/立类各项防护措施覆盖率

单位：%

	无任何防护	口罩	防护面具	工作服	防护眼镜	防护手套
上海市	29.59	34.91	49.11	14.20	26.63	46.75
北京市	28.57	42.86	59.18	4.08	20.41	51.02
成都市	30.19	33.96	50.94	11.32	20.75	26.42
武汉市	38.18	29.09	25.45	1.82	16.36	40.00
泉州市	36.05	37.21	17.44	3.49	19.77	23.26
深圳市	40.00	37.00	26.00	12.00	23.00	34.00
郑州市	37.68	28.99	37.68	4.35	17.39	13.04

（二）粉尘类

针对粉尘类职业健康危害的防护和保障情况总体上好于其他几类健康危害的防护和保障。其中，防护口罩的覆盖率最高，达到 72.84%，防护手套和防护面具的覆盖率也比较高，分别为 51.20% 和 48.08%，无任何防护的比例相对较低，为 16.35%（见图 6-34）。

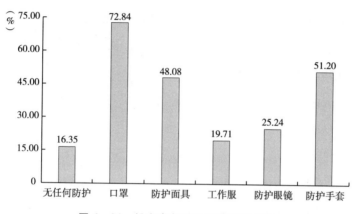

图 6-34　粉尘类各项防护措施覆盖率

具体来看，表 6-9 中分城市的针对粉尘类健康危害各项防护措施覆盖率数据显示，武汉的各项数据比较突出，无任何防护的比例高达 33.33%，比第二位的深圳高出 10.47 个百分点，而口罩、防护面具、工作服和防护眼镜这 4 项措施的覆盖率均为七省市中最低。北京、上海和郑州在粉尘类危害的健康防护方面做得相对较好，无任何防护的比例均不超过 10%。

表 6-9　分城市的粉尘类健康危害各项防护措施覆盖率

单位：%

	无任何防护	口罩	防护面具	工作服	防护眼镜	防护手套
上海市	9.57	72.34	61.70	42.55	41.49	67.02
北京市	7.02	87.72	63.16	14.04	21.05	57.89
成都市	22.03	67.80	50.85	15.25	22.03	37.29
武汉市	33.33	63.33	23.33	3.33	10.00	40.00

续表

	无任何防护	口罩	防护面具	工作服	防护眼镜	防护手套
泉州市	15.63	70.83	33.33	5.21	15.63	39.58
深圳市	22.86	70.00	42.86	21.43	27.14	52.86
郑州市	10.00	90.00	70.00	40.00	40.00	80.00

（三）物理类

针对物理类健康风险，总的来看，各项防护措施覆盖率尚可，无任何防护的比例为 18.66%，口罩和防护手套的覆盖率相对较高，分别为 51.49% 和 50.37%（见图 6-35）。

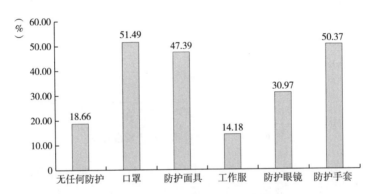

图 6-35　物理类各项防护措施覆盖率

具体到分城市的各项防护措施覆盖率，上海无任何防护的比例最低，为 10.81%，显著低于七省市的平均水平，各项防护措施的覆盖比例均较高（见表 6-10）。

（四）化学类

长期接触有毒有害化学类物质对劳动者的呼吸系统和神经系统危害极大，且此类疾病往往较难治疗，针对此类健康风险，各项防护措施的覆盖率均较高，尤其是口罩和防护手套，分别达到了 71.51% 和 72.04%，而无任何防护的比例为 13.98%（见图 6-36）。

表6-10　分城市的物理类各项防护措施覆盖率

单位：%

	无任何防护	口罩	防护面具	工作服	防护眼镜	防护手套
上海市	10.81	45.95	59.46	27.03	43.24	66.22
北京市	20.00	53.33	73.33	15.25	26.67	53.33
成都市	29.17	54.17	54.17	12.50	16.67	41.67
武汉市	25.00	45.83	41.67	4.17	12.50	29.17
泉州市	17.39	59.42	30.43	7.25	17.39	42.03
深圳市	24.07	51.85	46.30	12.96	48.15	55.56
郑州市	12.50	37.50	37.50	25.00	25.00	25.00

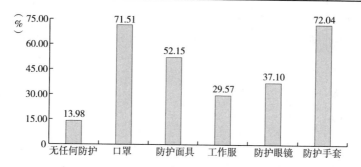

图6-36　化学类各项防护措施覆盖率

表6-11中的分城市数据显示，针对化学类健康危害，北京和成都的各项措施覆盖率相对较高。其中，成都的无任何防护比例为6.67%，北京为7.14%，明显低于其他省市；除了北京的工作服类别之外，两城市的其他各项防护措施覆盖率均比较高。郑州由于此类别的样本量较小，表中的比例仅供参考，具体情况有待进一步具体研究。

表6-11　分城市的化学类各项防护措施覆盖率

单位：%

	无任何防护	口罩	防护面具	工作服	防护眼镜	防护手套
上海市	10.91	74.55	63.64	45.45	45.45	74.55
北京市	7.14	78.57	64.29	7.14	50.00	92.86
成都市	6.67	73.33	60.00	33.33	33.33	66.67
武汉市	28.57	64.29	35.71	14.29	21.43	57.14
泉州市	16.67	66.67	28.57	19.05	19.05	71.43
深圳市	11.90	73.81	59.52	28.57	45.24	71.43
郑州市	50.00	50.00	50.00	50.00	50.00	50.00

（五）放射类

放射类健康危害虽然发生比例相对较低，但一旦造成健康损害和疾病则往往较为严重甚至危及员工生命。数据显示，放射类健康危害无任何防护措施的比例高达27.78%，其他各类防护措施覆盖率之间的差别较小，但均未超过60%（见图6-37）。

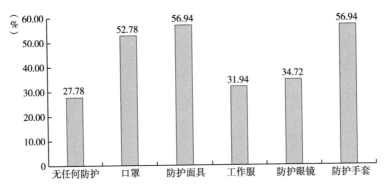

图 6-37　放射类各项防护措施覆盖率

由于放射类健康危害的发生率相对较低，所以分城市的各项防护措施存在着样本量小的问题，表6-12中的覆盖率仅供参考。

表 6-12　分城市的放射类各项防护措施覆盖率

单位：%

	无任何防护	口罩	防护面具	工作服	防护眼镜	防护手套
上海市	22.73	59.09	63.64	31.82	36.36	63.64
北京市	0.00	40.00	80.00	20.00	60.00	60.00
成都市	27.27	72.73	54.55	54.55	27.27	72.73
武汉市	40.00	20.00	40.00	20.00	20.00	20.00
泉州市	25.00	75.00	75.00	25.00	0.00	75.00
深圳市	36.36	45.45	50.00	27.27	40.91	50.00
郑州市	33.33	33.33	33.33	33.33	33.33	33.33

第三节 如何维护农民工的职业安全

要稳定劳动力供给、匡扶劳动力市场公平正义，就必须不折不扣地贯彻保障农民工生命安全、保护农民工健康权益的价值观念。农民工职业安全卫生的潜在风险较为突出、实际危害不容忽视，而导致农民工职业安全卫生问题的原因是多方面的，应当从多元角度思考，既注重通过顶层制度设计降低风险，又强调通过基础平台建设破除困难。

改善农民工的职业安全卫生现状，需要国家、用人单位和农民工三方合力，共同出击，因此笔者有如下建议。

一 健全工伤医疗保险相关制度，强化用人单位的参保责任

扩大工伤保险和医疗保险覆盖面，完善转移接续，提升保障水平，既应关注用人单位的参保责任，又应重视政府部门的职能建设，如此才能加快落实《社会保险法》关于工伤保险和医疗保险的相关规定，真正实现农民工工伤保险和医疗保险广覆盖、保基本的目标。用人单位应当秉持社会责任，依法缴纳社会保险尤其是工伤保险费用，接受农民工个人的监督质询。政府部门应当同用人单位订立参保责任书，针对用人单位参保情况进行有效监管和动态公示，建立健全工伤医疗保险费用追偿和责任追究制度，让用人单位参保情况和政府的财税支持、社会的信誉评价挂钩。政府部门应当面向农民工个人开展法律知识宣传和咨询，推动工会等组织有序参与和依法维权，建立农民工职业安全卫生纠纷受理、调解、仲裁的快速响应机制，让因工受伤或患职业病的农民工及早拿到保障赔偿金。

二 加强职业安全卫生培训，拓展农民工职业健康保护

按照"先培训，后上岗"的基本原则，职业安全卫生教育培训应当把扩大范围和提高质量结合起来，既要凸显培训的强制性，又要发挥灵活性

的优势。坚持单位培训与机构培训相结合，用人单位应当安排经费用于进行职业安全卫生培训、组织专人负责开展培训，同时政府应当通过购买服务等方式吸纳社会组织、专业机构等参与职业安全卫生培训。坚持全员培训与分类培训相结合，应当面向所有上岗农民工实施职业资格考核和认证，依托交互学习、小组督导等形式，推行事故防范和职业病防治的分类培训，提升培训效果。坚持岗前培训与继续培训相结合，实现职业安全卫生培训与生产环境变化相适应、与工艺设备更新相协调。

三 整合职能、增强力量，提升职业安全卫生防护监管水平

理顺监管机制，增强履责能力，形成综合一体的新型监管方式，打造坚强有力的基层监管队伍。应当改变目前职业安全卫生防护监管分割实施导致的界限不清、权责不明的现状，整合安全生产监督管理、卫生行政、劳动保障行政等部门力量，推动职业安全和职业卫生监管衔接，注重职业安全卫生防护的全程监管，实现监管领导责任到位、信息渠道通畅、惩处措施得力。应当在街道（乡镇）层面加强基层监管力量、培育基层监管网络，配置相关设备，创造工作条件，保障农民工职业安全卫生的合法权益。尤其应当重视针对小微企业和劳务派遣单位的监管，规范农民工与企业间的劳动合同关系，明确劳务派遣关系的责任主体，提高违法成本，减少用人单位各种形式的责任逃脱行为。

四 设立安全事故和职业病救助基金，形成职业安全卫生保护网

整合政府财政和社会捐助，重点面向劳动环境安全卫生条件恶劣的行业、企业的农民工建立安全事故和职业病救助基金，形成农民工职业安全卫生保护兜底制度，用于帮扶在缺乏履行义务能力的用人单位中供职的农民工，让他们获得工伤和职业病救治，支持用人单位拒不承担责任的农民工开展维权。应当推动救助基金与工伤保险、医疗保险的相互对接，重点

着眼农民工的大病救治，同时确保农民工能及时得到健康检查、接受病情诊疗和获取康复服务。应当通过司法救济和法律援助等方式发挥救助基金在支持弱势农民工依法索赔方面的作用，突出用人单位的社会责任。应当给予弱势农民工的家庭以必要支持，避免事故和职业病伤害使其家庭状况雪上加霜。

第七章　流动人口的传染病及防治状况

第一节　流动人口的传染病状况及影响因素

传染病的监控与防治一直是中国公共卫生领域的重点研究问题。由于传染病具有传染性和流行性，其发生、发展与流行均与人类社会的发展息息相关。虽然人类疾病谱已从传染性疾病逐渐向慢性病转变，但历史较久远的传染病，如结核病、病毒性肝炎等，发病率及死亡率一直处于较高水平，对人类健康以及社会生产力发展有长久的不利影响。而近年来，国内外新发传染病如 SARS、禽流感等陆续出现，因其传播迅速、难以预防、死亡率高等特点，引发了多次重大突发公共卫生事件，造成社会恐慌。可见传染病尤其是大流行或暴发的传染病不仅会对个体健康与生命构成威胁，也会对社会稳定与经济发展产生严重危害（祝依品等，2013）。而流动人口作为传染病暴发或流行的高危群体（腾学敏，2010），其庞大且稳定增长的规模以及既不同于流出地居民，又不同于流入地居民的特殊身份和地位，引来越来越多的学者关注流动人口这一特殊群体的健康问题。已有研究表明，流动人口传染病发病率较普通人群更高，尤其是胃肠道传染病多发，也是性传播疾病的高危人群，其流动的特点使得传染病在人群中更易被传入与传播，且流动人口患病后就诊服务利用率又偏低，这些都为传染病的预防及管理带来了新的挑战（房丽等，2014）。因此，对流动人口传染病情况进行监控与防治不仅是降低传染病传播风险、提高人类健康水平的必然要求，在维护社会秩序、促进经济发展方面也具有较强的现实意义。

作为对传染病进行监控与防治的重要手段之一的症状监测，其在国内外已得到广泛的应用。在欧美等发达国家，传染病症状监测起步较早，截至 2003 年，美国疾病控制与预防中心（CDC）已在 100 多个部门部署实施了症候群监测系统（Buehler et al.，2003）。我国引入症状监测较晚（洪荣涛等，2015），目前主要建立有流感样病例监测、发热出疹性疾病监测、腹泻监测等多种传染病症状监测系统。自建立以来，传染病症状监测系统不仅在传染病常规预测中取得了较好的成效，也为预防 2008 年北京奥运会（黎新宇等，2010）、2010 年上海世博会（朱渭萍等，2011）等大型活动中突发公共卫生事件的发生发挥了重要作用。因此，建立流动人口传染病症状监测系统对流动人口传染病防控管理而言十分重要，但国内尚未建立起专门针对流动人口的症状监测系统，已有系统因监测对象范围广而无法满足国家对具有高发病率、高传播速度特点的流动人口传染病的特殊管理需要。

而要在流动人口中进行传染病症状监测，首先需要了解流动人口整体的症状发生现状。另外，因为不同于其他的疾病监测系统，症状监测的数据分析基础为非特异性症状或现象，而非已发疾病本身，症状数据的来源则主要为医疗机构提供的就诊信息（陈茜、王凤山，2014），若出现症状发生后就诊服务利用效率低等问题，则会影响数据的获取，造成传染病预测的错判甚而可能导致医疗资源的错配。因此，了解我国流动人口症状发生后的就诊率现状并分析就诊服务利用率的影响因素，探究提升流动人口就诊服务利用的方法，也是顺利进行传染病预防与控制的必要条件。国内已有研究表明，我国流动人口卫生服务利用率普遍较低（张宗精、周旭东，2012），也有研究整理流动人口传染病就诊状况、对监测结果进行分析，得出流动人口传染病发病率日益升高，病情登记意识较为薄弱，需加强监测的结论（房丽等，2014），但大多数研究是基于已发传染病的情况的，鲜有针对流动人口传染病症状进行症状发生现状、就诊状况及其影响因素相关的研究，因而对监控、预防传染病的发生作用较小。

有鉴于此，本研究利用2017年全国流动人口动态监测调查数据，研究流动人口重点传染病症状、就诊现状与群体特征，通过构建流动人口就诊状况影响因素模型进行实证分析，针对减少流动人口重点传染病症状发生率、提高流动人口就诊率以及开展流动人口传染病症状监测工作提出相应的建议。

一　文献回顾

症状指在疾病发生过程中机体内的一系列机能、代谢和形态结构异常变化引起的，病人主观上的异常感觉或某些客观病态改变。关于传染病症状的概念国际上暂时没有明确的界定，在研究中通常是指感冒、腹泻等机体表现出来的能够对应一种或多种疑似传染病（流行性感冒、肠道传染病等）的症状。对指定人群中特定症状（例如发热、呼吸道症状、腹泻等）的发生频率进行监测能够有效预测传染病的流行（任赟静等，2005），因而目前国内外对传染病症状的研究主要集中为其在症状监测中的应用，但对传染病症状发生现状的研究几乎空白。传染病症状的发生与否反映了流动人口的身体健康状况。Mosley和Chen（1984）在其儿童健康影响因素模型中提出，个体健康不仅与母亲特征、环境污染、营养状况、意外伤害和个人疾病控制与抵抗等直接因素有关，也和社会经济因素等间接因素密切相关。Grossman的健康需求理论把个人健康看作一项资本存量，认为健康资本存量既由先天因素决定，也受后天结果影响。健康折旧率越大，健康资本存量越少，而健康折旧率则主要受到年龄的影响（苗艳青、陈文晶，2010）。健康生产理论着重强调了教育、收入等社会经济因素对健康状态的影响（高兴民、许金红，2015）。因此，为了呈现流动人口传染病症状发生现状并突出其群体特点，本研究将会从人口学特征及社会经济地位特征两个方面入手对传染病症状的发生现状进行研究。

流动人口出现传染病症状后的就诊情况影响着医疗机构获取症状发生

数据的及时性与有效性。相比常住人口，我国流动人口目前仍存在着传染病患病率较高但就诊率较低的问题（张宗精、周旭东，2012）。低收入流动人口由于收入水平与医疗费用水平之间的不匹配，其卫生服务需要无法较好地转换为卫生服务需求。家庭月收入、年龄、有无医保是影响流动人口日常患病后是否就诊的主要因素（周海清等，2011）。农村流动人口在将新农合转变为任意一种城镇保险时都面临着巨大困难（王健，2014）。作为国际上分析卫生服务利用与卫生服务可及性影响因素公认的理论模式，Andersen（1995）卫生服务利用行为模型指出，卫生服务利用行为的影响因素主要来自人群特征和环境因素两个方面，其中，人群特征包括倾向性特征、使能因素，环境因素包括卫生服务体系与外部环境（王懿俏等，2017）。本研究将基于 Andersen 卫生服务利用行为模型对流动人口传染病症状就诊情况的影响因素进行实证研究。

二　数据说明

本研究所采取的截面数据来源于 2017 年全国流动人口卫生计生动态监测调查。该调查由原国家卫生计生委（现国家卫生健康委员会）组织开展，采取分层、多阶段、与规模成比例（PPS）的抽样方法，在全国 31 个省（自治区、直辖市）和新疆生产建设兵团流动人口较为集中的流入地进行，调查对象为在本地居住一个月及以上，非本区（县、市）户口且 2017 年 4 月年龄为 15 周岁及以上，即 2002 年 4 月及以前出生的男性和女性流动人口，主要调查内容为家庭成员情况、收支情况、就业情况、流动与居留意愿、健康与公共服务和社会融合等流动人口相关基本状况。由于本研究分析重点为流动人口重点传染病症状发生及对应的就诊情况，调查涉及关键问题为被访者过去一年内是否出现过重点传染病症状，故为控制症状发生在流动期间内且在本次流入地内发生，本研究对样本进行流入时长筛选，同时剔除变量缺失样本，最终选取流入本地时长为一年及以上的 140673 个样本进行分析。样本的年龄范围在 15.00～96.25 岁，平均年龄为 37.64 岁，每 5 岁一个年龄组，其中 30～34 岁人口占比最高，为 20.71%；分性别来看，男性人口占 51.15%，女性人口占 48.85%；从受教育程度来看，初中学历人口占比最高，为 43.72%，小学及以下学历人口占比最低，为 17.18%；样本中绝大多数为在婚人口，占比 84.97%；从户口性质来看，样本构成以农业户籍人口为主，占总体的 82.98%，非农业户籍人口占 17.02%。

(一) 研究思路

基于 2017 年全国流动人口卫生计生动态监测调查数据，本研究主要采用定量研究方法对流动人口重点传染病症状发生现状、就诊情况和影响因素进行分析。研究首先着眼于描述流动人口重点传染病症状发生的基本状况，通过比较传染病症状的发生率在个体内外部各因素不同类型之间的表现，发现传染病症状发生的群体特征及主要原因；其次，阐述流动人口重点传染病症状发生后的就诊情况，分析就诊选择与人口倾向性特征及外部环境等因素之间的关系，探讨当前流动人口就诊服务利用方面存在的主要问题。最后，在以上探究中，本研究还将流动人口的症状发生率、就诊率与户籍人口的发生率、就诊率进行简单比较，试图发现症状发生与就诊情况影响因素的群体差异。在此基础之上，本研究提出从源头上减少传染病症状的发生并促进流动人口卫生服务利用的对策建议，进而推动症状监测更好且更有针对性地服务于流动人口的生存发展。

(二) 变量选取

本研究实证分析部分主要研究影响流动人口重点传染病症状发生后就诊情况的因素。选取传染病症状发生后是否就诊作为因变量，流动人口出现一种或一种以上传染病症状后只要曾进行过就诊即视为就诊。根据 Andersen 卫生服务利用行为模型，本部分自变量选取如下：（1）倾向性特征，包括年龄、性别、民族等人口学特征，受教育程度、婚姻状况、户口性质、一周工作时长等社会结构因素，以及健康信念因素。其中一周工作时长衡量的是流动人口2017年"五一"劳动节前一周工作的总时长，无职业者时长为0，以10小时为单位；健康信念指健康素养，通过流动人口过去一年是否接受过健康教育来衡量。（2）使能因素，包括收入、医疗保险、卫生服务可及性。其中，收入通过人均月收入来衡量，由家庭月总收入与家庭规模计算而来，以千元为单位；医疗保险一项重点考察流动人口本地参保情况对就诊的影响，只要在流入地参加了新型农村合作医疗、城乡居民合作医疗保险、城镇居民医疗保险、城镇职工医疗保险及公费医疗其中的一项或一项以上，即算本地参保。卫生服务可及性指标包括流动人口居住地最近的医疗机构距离以及暂住证/居住证办理情况。（3）外部环境因素，主要通过地区和城市规模两个变量来控制个体外部的社会经济与卫生服务体系环境。变量描述与取值如表7-1所示。

表7-1 就诊情况影响因素分析的自变量描述与取值

变量类别	变量名称	变量类型	变量取值
倾向性特征			
人口学特征	年龄	连续变量	
	性别	分类变量	0 = 男 1 = 女
	民族	分类变量	0 = 汉族 1 = 少数民族
社会结构因素	受教育程度	分类变量	0 = 初中及以下 1 = 高中/中专 2 = 大学专科及以上
	婚姻状况	分类变量	0 = 不在婚 1 = 在婚
	户口性质	分类变量	0 = 农业户口 1 = 非农业户口
	一周工作时长	连续变量	
健康信念因素	健康教育接受情况	分类变量	0 = 未接受过 1 = 接受过

变量类别	变量名称	变量类型	变量取值
使能因素			
收入	人均月收入	连续变量	
医疗保险	本地参保情况	分类变量	0 = 未参保 1 = 参保
卫生服务可及性	最近医疗机构距离	分类变量	0 = 15 分钟及以下路程 1 = 15 分钟以上路程
	暂住证/居住证办理情况	分类变量	0 = 未办理 1 = 已办理
外部环境因素			
居住地	地区	分类变量	0 = 东部地区 1 = 中部地区 2 = 西部地区 3 = 东北地区
	城市规模	分类变量	0 = 超大城市 1 = 特大城市 2 = 大城市 3 = 中小城市

根据上述变量选取结果，构造 Probit 回归模型如下：

$$Y = \beta_0 + \sum \beta_i X_i + \mu$$

记 $\Phi(x)$ 为标准正态分布函数，则：

$$\Phi^{-1}(p) = \Phi^{-1}(p\{Y = 1\}) = \beta_0 + \sum \beta_i X_i + \mu$$

从而有，

$$p = p\{Y = 1\} = \Phi(\beta_0 + \sum \beta_i X_i + \mu)$$

其中，被解释变量 Y 为流动人口重点传染病症状发生后的就诊情况（0 表示未就诊，1 表示就诊），包括任意一种或一种以上症状发生后的就诊情况以及分症状类型的症状发生后的就诊情况，由于就诊选择仅出现在已发生症状的样本中，所以各模型间的样本量有所差别。p 为因变量 Y 等于 1（即流动人口出现传染病症状后选择就诊）情况发生的概率，X_i 为上文提到的因变量的各个解释变量，包括年龄、性别、民族、受教育程度、婚姻状况、户口性质、一周工作时长、健康教育接受情况、人均月收入、本地参保情况、最近医疗机构距离、暂住证/居住证办理情况、地区和城市规模 14 个自变量，β_i 为各解释变量对应的回归系数，μ 为误差项。由于回归系数 β_i 无法直接体现自变量每变化一个单位所导致的因变量概率变化，因此本研究采取均值边际效应（MEM）进行回归结果解释。

三　传染病状况及影响因素

在本研究分析中，只要流动人口在过去一年中出现过感冒、腹泻、发热、皮疹、结膜红肿及黄疸其中一种或一种以上症状，即定义为症状发生，据此计算症状总发生率。图 7-1 结果显示，流动人口症状发生率较高。63.75% 的流动人口过去一年曾出现过一种及一种以上重点传染病症状，相比同年户籍人口高出约 2.54 个百分点。不同症状在流动人口中的发生率差距较大，其中，感冒症状最为普遍，发生率最高，为 59.73%，其次为腹泻症状（14.42%）和发热症状（12.63%），黄疸症状的发生率最低，仅为 0.14%。这与各症状所对应疑似感染的传染病的传播能力、流行强度等特异性相关。

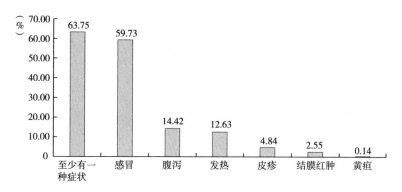

图 7-1　流动人口传染病症状发生率

大流动中的小生活

表 7-2 的结果展现了不同样本特征间流动人口症状发生率的差异，研究发现如下。

表 7-2　分样本特征流动人口不同类型传染病症状发生率

单位：%

样本特征		至少有一种症状	感冒	腹泻	发热	皮疹	结膜红肿	黄疸
年龄段	15~19 岁	63.15	59.69	17.98	14.93	5.74	2.22	0.16
	20~24 岁	65.75	61.71	17.40	15.85	5.12	2.50	0.22
	25~29 岁	66.77	62.35	17.16	14.80	5.37	2.23	0.13
	30~34 岁	65.78	61.61	15.71	13.82	4.70	2.43	0.08
	35~39 岁	63.57	60.09	13.40	11.62	4.51	2.25	0.09
	40~44 岁	60.43	56.58	12.00	10.20	4.73	2.22	0.11
	45~49 岁	61.02	56.68	12.22	10.62	4.71	2.82	0.23
	50~54 岁	60.39	56.18	11.60	11.15	4.25	3.01	0.18
	55~59 岁	65.74	56.91	10.94	11.24	4.59	3.68	0.14
	60 岁及以上	63.75	61.36	14.92	11.98	5.72	5.03	0.45
性别	男	62.91	58.59	15.30	12.23	4.49	2.62	0.14
	女	64.63	60.92	13.50	13.06	5.21	2.47	0.15
民族	汉族	63.53	59.53	14.39	12.46	4.77	2.52	0.13
	少数民族	66.63	62.36	14.87	14.89	5.76	2.97	0.37
受教育程度	初中及以下	62.89	59.04	13.55	12.17	4.65	2.53	0.17
	高中/中专	63.86	59.68	14.97	12.27	4.88	2.43	0.14
	大学专科及以上	66.64	62.22	16.80	14.73	5.43	2.76	0.05
婚姻状况	不在婚	63.55	59.59	16.08	14.64	5.63	2.70	0.16
	在婚	63.79	59.71	14.13	12.28	4.70	2.52	0.14
就业状况	无工作	65.23	61.02	14.08	13.28	5.72	3.21	0.25
	有工作	63.50	59.51	14.34	12.52	4.69	2.43	0.13
户口性质	农业户口	63.65	59.71	14.35	12.69	4.70	2.46	0.16
	非农业户口	64.26	59.81	14.80	12.36	5.50	2.98	0.07
样本量（个）		140673	140673	140673	140673	140673	140673	140673

从人口学特征角度切入，按年龄来看，青壮年与老年流动人口传染病症状发生率显著高于其他年龄段流动人口。分 5 岁年龄组时，25～29 岁流动人口症状发生率最高，为 66.77%，比发生率最低的（50～54 岁）高 6.38 个百分点；55～59 岁和 60 岁及以上流动人口症状发生率分别为 65.74% 和 63.75%。相比其他年龄段，青壮年流动人口为家庭工作主力，较高的工作压力与较长的工作时间对其身体健康有一定的不利影响，且因工作需要，青壮年流动人口日常活动范围较大，接触传染源的概率大大提高；而老年流动人口虽无须高强度工作，但随着年龄增长，身体健康素质逐渐变差，免疫力降低，更易受到感染。故流动人口传染病症状发生率的两个峰值出现在青壮年和老年阶段。女性发生传染病症状的风险高于男性，症状发生率在女性流动人口中为 64.63%，高出男性流动人口 1.72 个百分点。66.63% 的少数民族流动人口过去一年内曾出现传染病症状，该比例比汉族流动人口高 3.10 个百分点，这可能与少数民族大杂居、小聚居的分布特点相关，由于少数民族流动人口居住地点人口类型繁多，人群活动密集，传染病更易传播，从而症状发生的可能更高。

从社会经济地位特征角度切入，流动人口传染病症状发生情况在不同社会经济地位间的差异主要从受教育程度、婚姻状况、就业状况及户口性质四个方面考察。随着受教育程度的提高，流动人口传染病症状发生率呈上升趋势。其中，初中及以下学历流动人口症状发生率最低，为 62.89%，高中/中专与大学专科及以上学历发生症状的流动人口比例分别为 63.86% 和 66.64%。这可能与流动人口对症状的认知程度变化有一定的关联，更高受教育程度的流动人口对症状是否发生的认知也会相应提高，因而实际发生症状而提供未发生或记不清信息的情况会减少。在婚流动人口症状发生率仅比不在婚流动人口高 0.24 个百分点，婚姻状况对传染病症状的发生并无明显影响。分就业状态来看，63.50% 的在业人口过去一年内曾发生过传染病症状，比例低于不在业人口（65.23%）。分户口性质来看，农业户口流动人口与非农业户口流动人口间症状发生情况无明显差距，非农业户口流动人口症状发生率略高出 0.61 个百分点。

总体而言，流动人口传染病症状发生率在不同年龄、性别、民族、受教育程度、就业状况几类样本特征间的差异较为明显，青壮年人、老年人、女性、少数民族、大学专科及以上学历、无工作的流动人口出现传染病症状的比例更高，流动人口的社会经济地位与传染病症状发生并不存在单向影响关系。

为了进一步探究不同类型症状发生的群体差异，本研究对六种症状类型分别进行了分样本特征的症状发生率描述分析。结果显示：症状间的发生率差异主要体现在性别、婚姻状况、就业状况及户口性质方面。男性流动人口更容易出现腹泻、结膜红肿症状，其余症状则在女性流动人口中的发生率更高。除感冒症状以外，在婚人口的症状发生率普遍低于不在婚人口。分就业状况来看，腹泻症状更易发生在有工作的流动人口中，与其余五种症状恰好相反，这也从一方面说明在业流动人口更为疏忽日常饮食、卫生习惯。农业户口流动人口出现感冒、腹泻、皮疹或结膜红肿症状的比例略低于非农业户口流动人口，发热、黄疸症状则相反，但其间差距很小，均不超过 1 个百分点。

第二节　流动人口传染病防治行为分析

出现重点传染病症状后，仅有 44.98% 的流动人口选择了就诊。可见我国流动人口目前存在着较高比例的患病却不去治疗的问题，这一方面会对流动人口自身的健康状况产生不利影响，若确实患有传染病而耽误治疗，还会进一步危害人群健康；另一方面也会影响医院对流动人口症状发生数据的收集，增加传染病预防与控制的困难。分症状类型来看，患有黄疸症状的流动人口就诊率最高，为 74.16%，而感冒、腹泻这两类发生率最高的症状，发生后就诊率却最低，分别为 40.16% 和 31.05%，不同症状间的就诊率差异主要源于流动人口对各病症自感严重程度的不同（见图 7-2）。

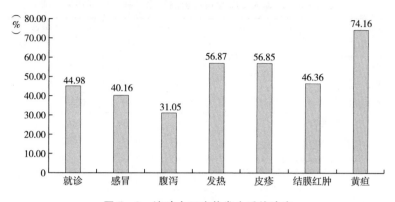

图7-2　流动人口症状发生后就诊率

　　为了能更直观地了解流动人口中发生传染病症状后不同就诊选择的人群在卫生服务利用影响因素上的特征差别，本研究给出了各个相关变量的均值及标准差。如表7-3所示，选择就诊的流动人口相比未就诊的流动人口年龄更小，女性、少数民族、不在婚及农业户口的流动人口选择就诊的比例相对较高，就诊流动人口受教育程度相对更集中在初中及以下，一周工作时长比未就诊流动人口短约0.8个小时，接受健康教育的比例更高。在卫生服务利用的使能因素方面，不同就诊选择中流动人口的分布特征具有多元性，就诊流动人口的本地参保比例、最近医疗机构距离在15分钟及以下路程的比例以及暂住证/居住证办理比例均高于未就诊流动人口，但人均月收入却低于未就诊流动人口，这其中是否存在其他因素的影响将会在实证分析部分通过控制其他变量进行进一步探究。此外，流动人口中不同就诊选择的人群在外部环境特征方面的分布也具有较大差异。选择就诊的流动人口居住在东部地区的比例比未就诊流动人口高6个百分点，居住在特大城市以及大城市的比例也高于未就诊人口，在中小城市的分布比例则较低。去除感冒症状后，出现传染病症状后选择就诊的流动人口的年龄、在婚比例以及一周工作时长相比总样本选择就诊的流动人口进一步降低，本地参保比例进一步提高。

表7-3　流动人口就诊情况影响因素的样本特征描述

		未就诊		就诊	
		均值	标准差	均值	标准差
年龄（岁）		37.81	10.79	36.81	10.68
女性比例		0.48	0.50	0.51	0.50
少数民族比例		0.07	0.26	0.08	0.27
受教育程度	初中及以下	0.60	0.49	0.60	0.49
	高中/中专	0.21	0.41	0.22	0.42
	大学专科及以上	0.19	0.39	0.17	0.38
在婚比例		0.85	0.35	0.84	0.36
非农业户口比例		0.18	0.39	0.16	0.36
一周工作时长（10小时）		4.84	2.65	4.76	2.56
健康教育接受比例		0.70	0.46	0.77	0.42
人均月收入（千元）		2.12	1.78	2.10	1.67
本地参保比例		0.34	0.47	0.38	0.48
最近医疗机构距离15分钟以上路程比例		0.15	0.36	0.14	0.34
已办理暂住证/居住证比例		0.73	0.45	0.75	0.43
地区	东部地区	0.72	0.45	0.78	0.41
	中部地区	0.08	0.26	0.06	0.23
	西部地区	0.19	0.39	0.15	0.36
	东北地区	0.02	0.15	0.01	0.10
城市规模	超大城市	0.33	0.47	0.33	0.47
	特大城市	0.20	0.40	0.21	0.41
	大城市	0.35	0.48	0.36	0.48
	中小城市	0.13	0.33	0.10	0.31
样本量（个）		54457		36297	

第三节　流动人口传染病治疗的影响因素

由于流动人口就诊情况影响因素需在"过去一年中曾发生过重点传染病症状"条件成立的前提下才能有正确的取值，因此，剔除未发生过任何传染病症状的样本，本部分的总样本规模为90754个（样本年龄范围为15.00～96.25岁，平均年龄为37.36岁；男性样本占比50.48%，女性样本占比 49.52%）。

表 7-4 中的回归结果显示，模型所纳入的倾向性特征（人口学特征、社会结构因素、健康信念因素），使能因素（收入、医疗保险、卫生服务可及性），外部环境因素（居住地）等均会对流动人口重点传染病症状发生后是否就诊产生影响，且除最近医疗机构距离以外，其余自变量的影响均在 1% 的水平下显著。

从倾向性特征来看，流动人口出现传染病症状后选择就诊的概率随年龄每单位的增长而降低 0.1%，随着年龄增长，一方面流动人口机体自愈能力提高；另一方面对病症的治疗经验也会相应累积，因而选择不去就诊的概率会升高。女性就诊概率比男性高 1.2%。相比汉族人口，少数民族人口的就诊概率更高，少数民族人口本身症状发生率较高，对卫生服务的需求更高可能是其有更高就诊概率的原因之一。随着受教育程度的提高，流动人口就诊概率显著降低，意味着随着健康知识水平的提高，流动人口应对传染病症状的技能也相应增强，因而有更高的概率选择等待自愈或自治。在婚人口相比不在婚人口更倾向于选择不去就诊。非农业人口的就诊概率比农业人口低 2.8%。过去一年在流入地接受过健康教育的流动人口就诊概率比未接受过的高 6.6%，可见健康教育能够显著提高流动人口对就诊服务的利用。

从使能因素来看，人均月收入越高，就诊概率越高。本地有参保、居住地最近医疗机构距离在 15 分钟及以下路程、已办理暂住证/居住证的流动人口，就诊概率分别显著高于本地未参保、居住地最近医疗机构距离在 15 分钟以上路程、未办理暂住证/居住证的流动人口约 2.9%、0.9% 以及 1.9%。以上因素体现了流动人口支付能力、本地就医成本以及卫生服务可及性对流动人口就诊服务利用率的影响，支付能力越强、就医成本越低、卫生服务可及性越高，则流动人口对就诊服务的利用率越高。

从外部环境来看，中部地区、西部地区及东北地区的流动人口在发生传染病症状后选择就诊的概率显著低于东部地区流动人口，且概率差异的幅度依次增大。这体现出处于不同社会经济发展状况的地区在医疗资源的分配方面存在差距，中部、西部及东北地区的卫生服务体系还有很大的提升空间。而分城市规模来看，超大规模城市由于人口压力较大，虽有更多的优质医疗资源，但流动人口的就诊概率相比特大及以下城市仍较小。

表 7 - 4　就诊情况影响因素的 Probit 回归结果（边际效应值）

变量		任意传染病症状发生后 是否就诊
年龄		- 0.001 ***
性别（参照组：男）	女	0.012 ***
民族（参照组：汉族）	少数民族	0.043 ***
受教育程度（参照组：初中及以下）	高中/中专	- 0.011 **
	大学专科及以上	- 0.030 ***
婚姻状况（参照组：不在婚）	在婚	- 0.020 ***
户口性质（参照组：农业）	非农业	- 0.028 ***
	一周工作时长	- 0.005 ***
健康教育接受情况（参照组：未接受过）	接受过	0.066 ***
人均月收入		0.004 ***
本地参保情况（参照组：未参保）	参保	0.029 ***
最近医疗机构距离（参照组：15 分钟及以下路程）	15 分钟以上路程	- 0.009 **
暂住证/居住证办理情况（参照组：未办理）	已办理	0.019 ***
地区（参照组：东部地区）	中部地区	- 0.033 ***
	西部地区	- 0.041 ***
	东北地区	- 0.171 ***
城市规模（参照组：超大城市）	特大城市	0.046 ***
	大城市	0.021 ***
	中小城市	0.046 ***
样本量		90754

注：＊ $p < 0.1$，＊＊ $p < 0.05$，＊＊＊ $p < 0.01$。

为进一步探究不同传染病症状就诊影响因素间的特征差异，本研究继续使用病症就诊影响因素模型中的自变量，分别对六种重点传染病症状就诊影响因素进行回归分析。表7-5结果显示：在分症状模型中，对因变量有显著影响的各解释变量，其影响方向与在就诊选择总体状况的影响因素分析中得到的大体一致。值得注意的是，结膜红肿、黄疸等症状由于本身就诊率较高，社会经济地位等外部因素对就诊选择的作用效果不再明显。流动人口感冒症状发生后的就诊选择受到模型中除性别以外所有解释变量的显著影响，且各变量对因变量的影响方向均与总体一致。出现腹泻症状的流动人口就诊选择不受人均月收入影响，随着年龄的升高，就诊概率会显著提高。出现发热、皮疹症状后的就诊选择受到解释变量的影响方向均与总体一致。对于结膜红肿症状发生后的流动人口就诊选择，模型中仅有性别、受教育程度、一周工作时长、人均月收入以及地区会产生显著影响，相比之下，黄疸症状患者的就诊选择多了健康教育接受情况的影响，而少了人均月收入的影响。此外，流动人口在黄疸症状发生后的就诊选择还有一个特殊的现象，即接受健康教育的流动人口相比未接受过的就诊概率低12.8%。

可以看出，年龄、性别、民族、一周工作时长、健康教育接受情况、本地参保情况以及所处地区、城市规模这些自变量在大部分症状发生后就诊情况的影响因素模型中均能得到较好的解释。

基于2017年全国流动人口动态监测调查数据，着重探讨我国流动人口重点传染病症状发生及就诊情况现状，同时利用Probit回归模型对症状发生后就诊情况的影响因素进行分析，可得到如下几个结论：（1）我国流动人口重点传染病症状发生率较高，为65.94%，高于同时期户籍人口约2.54个百分点。不同类型症状的发生率水平差距显著，其中感冒症状的发生率最高。分人口学特征及社会经济地位特征来看，青壮年与老年、女性、少数民族、大学专科及以上学历、无工作的流动人口出现传染病症状的比例更高，社会经济地位与传染病症状发生之间并不存在单向的影响关系。

表 7-5 分症状就诊情况影响因素的 Probit 回归结果（边际效应值）

因变量：患病是否就诊		感冒	腹泻	发热	皮疹	结膜红肿	黄疸
年龄		-0.001***	0.001***	-0.002***	-0.001**	0	0.004
性别（参照组：男）	女	0.002	0.025***	0.01	0.049***	0.088***	-0.115*
民族（参照组：汉族）	少数民族	0.038***	0.030***	0.042***	0.050**	0.012	0.082
受教育程度（参照组：初中及以下）	高中/中专	-0.012***	-0.006	0.003	0.026	-0.008	0.091
	大学专科及以上	-0.037***	-0.039***	-0.028**	0.022	-0.066**	0.198***
婚姻状况（参照组：不在婚）	在婚	-0.018***	-0.026***	-0.014	-0.013	-0.031	0.012
户口性质（参照组：农业）	非农业	-0.030***	-0.017*	-0.008	-0.009	-0.005	-0.015
一周工作时长		-0.004***	-0.003**	-0.005***	-0.003	-0.012***	-0.030***
健康教育接受情况（参照组：未接受过）	接受过	0.071***	0.056***	0.046***	0.056***	0.02	-0.128**
人均月收入		0.003**	0.001	0.004	0.007	0.017***	-0.035
本地参保情况（参照组：未参保）	参保	0.022***	0.025***	0.024***	0.057***	0.03	0.101
最近医疗机构距离（参照组：15 分钟及以下路程）	15 分钟以上路程	-0.011**	0.020**	-0.015	-0.022	0.01	0.085
暂住证/居住证办理情况（参照组：未办理）	已办理	0.024***	0.027***	0.013	0.039***	0.018	0.081
地区（参照组：东部地区）	中部地区	-0.036***	-0.021**	-0.003	-0.034*	-0.014	-0.031
	西部地区	-0.039***	-0.003	-0.062***	-0.040**	-0.051**	-0.199***
	东北地区	-0.174***	-0.100***	-0.213***	-0.121***	-0.130***	-0.375***
城市规模（参照组：超大城市）	特大城市	0.049***	0.021*	0.047***	0.021	0.039	0.09
	大城市	0.025***	0.020**	0.037***	0.011	0.033	0.011
	中小城市	0.045***	0.025***	0.031***	0.043*	0.049*	0.153
样本量		85376	20684	17898	5960	3819	284

注：* $p<0.1$，** $p<0.05$，*** $p<0.01$。

（2）流动人口出现重点传染病症状后的就诊水平不高，就诊率为44.98%。年龄、性别、民族、受教育程度、婚姻状况、户口性质、一周工作时长、健康教育接受情况、人均月收入、本地参保情况、最近医疗机构距离、暂住证/居住证办理情况、地区和城市规模均会对流动人口的就诊选择产生影响，但对各类型症状患者就诊选择的影响有所不同。加强健康教育、提高流动人口本地参保水平、缩短就医距离均能有效促进提高流动人口的就诊服务利用率。

据此，针对目前我国流动人口重点传染病症状发生率较高但就诊率较低的问题，为促进流动人口传染病的防控，提高症状监测在发挥传染病预防监控作用时的有效性，本研究提出减少传染病症状发生、提高就诊率相关的政策建议。

第一，落实社区基本公共卫生服务，提高流动人口免疫水平。落实社区健康教育这一基本公共卫生服务，提高流动人口健康素养。加强宣传健康知识尤其是健康饮食、卫生习惯与传染病症状防治经验等方面的知识，帮助流动人口改善不良饮食、卫生习惯，促进流动人口形成健康的生活方式，提高其对传染病症状的认知与预防水平，从而减少传染病症状的发生。除加强对症状防治经验的宣传以外，还应加强卫生服务利用必要性的宣传，提高流动人口症状发生后的就诊率，这一方面能减少因盲目自治而造成的病情加重情况，另一方面能提高在医院施行流动人口传染病症状监测的可行性。此外还应落实预防接种卫生服务，按规定的免疫程序对流动人口进行预防接种，提高人群免疫水平。

第二，促进流动人口居住条件改善，降低传染病流行水平。提高公共厕所中冲水蹲式厕所比例，加强自来水卫生管理，增强流动人口尤其是在工棚、地下室居住人群的开窗通风意识，从而降低肠道、呼吸道传染病等的传播，从源头上预防、控制传染病的发生与流行。

第三，完善医疗卫生服务体系建设，提高卫生服务可及性。完善医疗保障制度，对城乡不同种类医疗保险进行整合，从而提升流动人口医疗保障水平与流入地参保水平，降低流动人口就医成本。加强流动人口身份管理，落实暂住证/居住证办理，减少异地就医困难。此外，加强医疗卫生基础设施建设，确保社区卫生服务站等的统筹设立，缩短流动人口就医距离，提高卫生服务可及性。

第四，促进优质医疗资源分配公平，减轻超大城市就诊压力。加大流动人口卫生资源的投入，尤其是在中部、西部及东北地区。加强特大城市及以下尤其是中小城市医疗机构的人才引进力度，继续推进实施分级诊疗制度，缓解超大城市由于医疗资源集中、人口压力较大而导致的"看病难""看病贵"问题，减轻流动人口的就诊困难，从而促进其对卫生服务的利用。

第四篇

性别视角下的流动人口发展

第八章　在流动中生育：流动女性
生育的代价

第一节　生育惩罚：一个理解流动女性
生育代价的视角

伴随中国城镇化进程不断加深，流动人口数量正经历一个急速上升的阶段。近年来，流动人口中的育龄妇女数量和比重都在不断增加，在外地生育的妇女比例逐年升高。据原国家卫生计生委推算，2012年约有6307万名已婚妇女处于流动队伍之中，约占全国已婚育龄妇女的1/4（国家卫生计生委，2012）。流动人口在流动过程中生育的情况越来越普遍，生育对流动人口的劳动就业、流动决策会产生较大影响，然而流动人口缺乏劳动权益保障、社会保障。在户籍制度的限制下，社会保障、劳动就业等方面的权益，对流动人群来说更加难以保证。各类研究表明，女性在劳动力市场上处于弱势地位，尤其是有过生育行为的女性，在工资收入和就业上受到的负面影响更甚，形成了"生育惩罚"这一社会现象。生育是社会再生产的重要因素之一。受城乡二元体制及市场化进程的影响，流动女性的生育行为面临更高的成本，更易受到市场和制度的影响。首先，由于我国人口规模大，劳动力数量多，就业竞争激烈，而流动人口的人力资本平均水平相对较低，同质性强、可替代性高，因生育失去工作机会甚至退出劳动力市场的可能性大。再加上有相当部分流动人口蜗居在工厂宿舍、城中村、地下室、集体工棚等狭小居所，自身用于人口再生产的资源相对有限，一部分流动女性怀孕后会回到老家并在老家生育，造成就业中断。其次，在制度方面，受劳动保护薄弱等的限制，流动人口难以获得社会支持弥补生育带来的负面影响。对女性来说，生育有可能成为其劳动生涯的分水岭。在流动人口中普遍存在人口生产与社会生产相分离的二元状态，对女性来说人口生产对就业的负面影响难以消除。本节拟回顾已有对妇女生育代价和流动人口生育状况的研究，试图进一步探讨我国流动妇女的生育行为对其在劳动力市场上的影响。

学界对流动人口的生育研究主要集中在流动人口的生育意愿、生育水平、生育服务三个方面。同时，部分学者对流动人口这一群体的生育意愿与生育水平表现出的背离现象也做出了解释。

生育意愿是决定生育行为的重要因素。妇女的生育是从生育意愿系列决策到行为逐步实施的过程，最终体现在生育率水平上，并经历了"生育动机—生育意愿—生育打算—生育行为—生育率"的过程（Miller，Pasta，1995）。因此，研究流动人口的生育绕不开对该群体的生育意愿的讨论。对生育意愿的研究包括对理想孩子数量、孩子性别以及生育时间这三类问题的研究。

从生育数量上看，部分研究认为具有流动经历的农村妇女对理想孩子数量的偏好偏低。不过，尽管流动人口的生育意愿低于更替水平，但仍然高于政策水平。尤丹珍、郑真真（2002）在对四川、安徽等省农村妇女生育情况的调查中控制年龄、受教育程度以及家庭经济情况等因素后，发现流动农村女性的理想生育数量显著小于未流动的女性。谢永飞等对广州18～60岁非户籍人口的调查显示，理想孩子数量高于政策水平（谢永飞、刘衍军，2007）。同时，流动人口的实际生育数量也与其理想生育数量有所不同，城市青年的生育水平低于更替水平，实际生育数量也处于超低生育水平，显著低于理想生育数量（宋健、陈芳，2010）。

从生育性别偏好上看，多数研究表明男孩偏好仍然存在，不过正在不断弱化。谢永飞、刘衍军的调查表明，生育意愿为 1 个子女的流动人口，其性别偏好更倾向于男孩，而生育意愿为 2 个及以上子女的群体则在性别上无明显偏好（谢永飞、刘衍军，2007）。吴帆通过对天津等地区的流动人口进行调查，提出男性流动人口的男孩偏好强，而女性流动人口的女孩偏好强（吴帆，2009）。伍海霞等人对深圳流动人口的调查也证明，部分流动人口的生育性别偏好有所弱化，但是仍高于城市户籍人口（伍海霞等，2006）。

生育时间在研究中包括意愿初婚时间和意愿初育时间。部分研究表明，超过一半的流动人口认为初婚与初育之间应该有一段时间间隔，不过男性的意愿生育时间比女性更早。在相邻两胎的生育间隔上，男性意愿生育间隔时间也要小于女性（谢永飞、刘衍军，2007）。流动经历带给流动人口的影响不仅体现在生育时间意愿上，还会推迟生育时间。流动人口各孩次的生育时间显著晚于非流动人口各孩次的生育时间（郭志刚，2010）。有国外学者采用"中断理论"对生育时间的推移进行解释，"中断"既表现为流动中断夫妻性生活，在另一个层面上也表现为当流动者进入新的社会环境后，他们的思想观念和行为习惯会受到当地冲击，而在陌生的地方重新开始生活使他们处于身心紧张、疲惫的状态，从而不愿意在这段时间生育（Hervitz，1985）。

多数研究都提到有过流动经历的人群在人口生育思想观念上有较大变化，在意愿上表现为生育数量下降、生育时间推迟，生育性别偏好存在但不断弱化。

学者对生育意愿的研究停留在流动人口的主观意愿层面，然而在现实环境和实际经历的影响下，流动人口的真实生育水平与其生育意愿有显著的差别，有部分文献给出了理论解释。

关于中国流动人口的生育率是否低于非流动人群生育率的争论仍然存在。目前学界对我国流动人口生育率的分析多是将其与城市常住人口、农村非流动人口的生育率进行对比分析。持"多生论"观点的学者认为流动经历导致妇女多生。张文娟在对北京市流动人口育龄妇女的研究中提到，该群体的生育率达到 30.2‰，而市内户籍人口的生育率只有 16.2‰，流动育龄妇女生育率显著高于城市常住人口生育率（张文娟，2009）。"少生论"观点的持有者认为流动妇女在受到流动目的地的文化、环境等因素影响后，会改变自己的生育观念，最终减少生育。

部分学者认为流动人口不仅推动经济社会的发展，而且在降低生育率方面发挥了重要作用。郭志刚利用全国 1% 人口抽样调查 2005 年的数据，通过计算比较流动人口和非流动人口的生育水平，发现人口流动极大地降低了农业户籍人口的生育水平（郭志刚，2010）。部分学者采用"选择理论"对"少生论"进行解释，他们认为相对于未流动的那部分人来说，选择流动的人口无论是在性格、受教育程度、思想观念方面都不同于未流动的那一部分人，而其流动的目的在于获得更多的经济效益，改变自身的现有素质，因此人口流动会促成晚婚晚育和低生育率（郭志刚，2010）。

在生育对女性劳动力供给和报酬的影响方面，大量文献表明女性劳动力受到生育带来的显著负面影响。於嘉、谢宇利用 5 轮 CHNS 数据对中国 9 省 19~50 岁女性劳动力的教育、职业、生育等方面进行考察，发现女性每生育一个子女将导致女性工资率下降 7% 左右，并且随着生育数量增大，生育惩罚呈规模递增趋势（於嘉、谢宇，2014）。贾男提到生育对女性工资率在当年的负面影响高达 18%（贾男等，2013）。部分学者通过研究 CHNS 数据发现，孩子年龄越小，母亲参加工作的比例越低，孩子年龄为 6 岁的母亲工作参与率从 1990 年的 90.3% 下降到 2005 年的 77%，而孩子年龄为 3 岁的母亲受到的影响更大，从 1990 年的 89.2% 下降到 2005 年的 56.6%，城镇女性年收入下降 21.7%~22.4%，小时工资会下降 17.8%~18.6%（Jia，Dong，2013）。同时，国外现存文献也得出了相似结论，认为生育行为对女性的劳动供给和回报有显著负面影响。

除此之外，学界就女性生育惩罚形成的机制也有所探究，包含"人力资本论""家庭制约论""雇主歧视论"等理论。

"人力资本论"强调个人工资的高低取决于劳动力的工作经验、受教育程度等因素。女性产假、生育、养育等情况中断了女性劳动力参与或造成间歇性劳动力参与，减缓甚至中止了其人力资本积累，从而降低了工资（Royalty，1998）。部分研究发现，在控制了女性工作经历这一因素后，生育惩罚有一定程度减弱（Hill，1979）。

"家庭制约论"提出妇女在生育之后，会退出劳动力市场，将时间和精力放在照顾孩子和家庭方面，即使部分妇女留在劳动力市场，但孩子和家庭也会分散女性工作的精力和时间（Becker，1991）。根据经济学中的补偿效应解释，当女性生育时，他们会选择更加方便照顾家庭、时间灵活的工作。他们认为在家庭上获取的效用可以抵消或超过工资上损失的效用。因此，这类女性会选择适合于母亲角色但工资较低的工作（England，2017）。

"雇主歧视论"认为雇主在收集个人信息方面的成本偏高，收集信息的难度也很大，因此雇主多基于自身在生活中的经验积累，得出母亲的工作效率低、会频繁请假等结论。在默认女性劳动力会因为家庭工作而中断她们的职业工作这一事实下，对于女性劳动力，雇主可能在招聘和工资方面产生歧视（Waldfogel，1998）。

纵观已有研究，尽管现阶段学界对部分问题仍然存在争议，但无论是流动人口的生育意愿，还是该群体的实际生育水平，都有别于非流动的农村户籍人口和城镇户籍人口。同时部分文献也指出了生育行为为女性带来了劳动力市场上的不利地位。然而对国内妇女生育惩罚的研究仍然不多，其中对流动群体因生育造成的劳动力供给劣势的研究更少。本研究试图通过对中国流动女性的生育行为和劳动力供给进行研究，探求流动女性的生育惩罚程度以及其在流动群体内部的差异。

第二节　理论框架：如何看待流动女性的
生育代价

一　研究假设与方法

（一）研究假设

正如前文所述，国内外的研究都证明女性可能因为生育行为受到人力资本、工作精力、雇主歧视等因素影响，这导致生育过的女性的收入低于未生育过的女性。同时，在宏观制度设计上，户籍制度和统账结合制度都极大地阻碍了流动人口异地享受社会保障的权益。相较于非流动人口，流动人口这一群体受到来自因户籍地差异引起的"内外之别"的影响，在社会保障上的权益往往无法得到保证，"内外之别"使得流动人口的社会保障水平显著低于本地市民（杨菊华，2011）。依据 2011 年全国流动人口动态监测调查，劳动年龄流动人口的工伤保险参保率为 25%，失业保险参保率仅为 5%，城镇基本养老保险参保率为 15%（国家卫生计生委，2012）。据 2012 年动态数据监测，流动人口第一胎为婚前怀孕的占 42.7%，第一胎为婚前生育的占 7.3%。这不仅可能会影响优生及女性生殖健康，同时在此种情况下孕育的女性也难以享受政策范围内的相关计生优惠和服务（国家卫生计生委，2013）。在失业保险上，农村流动妇女可能因为地区政策考虑不周而遭受利益损失。部分地区规定"非因本人意愿中断就业"为参保人员领取失业保险金的准入标准，忽略了流动女性可能因怀孕保胎而自愿辞掉现有工作的情况。流动女性因无法享受生育保险、失业保险等补偿性收益，所受生育惩罚应更加明显。

那么处于流动状态的妇女是否存在生育惩罚，这是本研究首先需要验证的一点，因此提出如下假设。

假设 1：生育经历在流动女性的劳动参与率和劳动时间上显著体现为负面影响。

农村流动女性在进入流入地社区后，其固有的生活习惯、思想观念等均会受到流入地文化的冲击，存在一段适应期。对于某些适应力较弱的女性，这段时期也许更长。若是在不适应期内产生生育行为，其生育代价将更高。另外，由于"城乡"户口之分，农村流动女性可能因为无法享受流入地的社会保障受到高于城镇流动女性的生育惩罚。法律意识淡薄的农村流动妇女还有可能在受到劳动市场中不公正的待遇后却无意识、无途径采取反抗行为，进行维权。

上述各类因素都可能造成农村流动女性的生育惩罚有别于城镇流动女性，因此提出第二个假设。

假设 2：相较于城镇流动女性，农村流动女性生育行为对其劳动参与率与劳动时间造成的负面影响更大。

随着市场化改革进程的不断深入，流动人口内部的结构也发生着极大的变化，新生代流动人口的规模急剧扩大。流动群体呈现"年轻化"趋势。六普数据显示，"80 后"流动人口已占全部流动人口的 53.64%，超过流动人口总数的一半，相较于 2005 年增长了 13 个百分点。据此估计，新生代流动人口已达 1.18 亿（段成荣等，2013）。新生代流动人口成为流动人群的主力军。新生代与老一代流动人口会因政策规定造成的社会保障差异、劳动力市场上雇主选择性偏好以及流动女性生育后的体能恢复能力差别等因素的不同，面临差异性的生育惩罚。老一代流动人口在产假保障和劳动权益保障方面受益情况更差，从生育造成的暂时性劳动力丧失局面中走出来的能力更弱。劳动力市场上雇主对更富有活力、思维能力更强的新生代也有显著偏好。因此，提出第三个假设。

假设 3：相较于新生代流动女性，老一代流动女性在劳动参与率和劳动时间方面受生育行为带来的负面影响更大。

最后，随着我国社会保障制度的不断完善，我国流动女性因城乡二元体制在社会保障政策上受到的差异化对待正在被不断弱化，新农合、新农保等社保制度的出现有效保障了农村流动人口的利益。劳动法的不断完善，也为在市场上处于弱势地位的农村流动女性提供了法律保障。我国劳动力市场的日趋成熟也弱化了市场对农村户籍劳动者的歧视。因此，提出第四个假设。

假设4：新生代城、乡流动女性的生育惩罚差距，小于老一代城、乡流动女性。

（二）研究方法

本研究采用劳动参与率和劳动时间两大指标对"生育惩罚"进行评估，应用 Probit 回归模型作为主要工具分析生育对我国已婚流动女性劳动参与率的影响，并使用 Heckman 两阶段模型估计生育对流动女性劳动时间的影响。

研究首先考察已婚流动女性近五年内的生育行为对其劳动参与率的影响。由于女性生育行为和劳动供给决策极大程度上受个人观念、家庭环境以及自身所处社会环境等因素的影响，如女性可能对生育惩罚有预期，并产生恐惧感，这影响其生育决策和工作选择，使其劳动参与决策与生育呈反向因果关系；高学历女性的工作参与率较高，高学历背景对女性是否生育以及生育孩子个数这些决策产生影响。因此，直接采用 OLS 或 Probit 回归模型所得估计量存在偏误。本研究采用工具变量法，使用"生育合法性"，即假设女性近 5 年存在生育行为，该胎次是否符合政策规定，作为工具变量对"近 5 年是否生育"进行一阶段估计，之后再进行生育行为对女性劳动供给的影响评估。

$$Y_i = \beta_0 + \beta_1 X_i + \sum \gamma_{ij} C_{ij} + \varepsilon_i \tag{1}$$

$$X_i = \alpha_0 + \alpha_1 Z_i + \sum \gamma_{ij} C_{ij} + \mu_i \tag{2}$$

方程（1）为第二阶段回归，Y_i 为第 i 个观测值的劳动供给情况，有工作的赋值为1，没有工作赋值为0。X_i 为近5年内的生育情况，有生育行为赋值为1，没有生育行为赋值为0。C_{ij} 为 j 个控制变量，包括：年龄、年龄平方、受教育程度、配偶年龄、配偶受教育程度、民族、户籍、是否有随迁老人、家庭收入（妇女本人除外）、地区变量等。方程（2）中，Z_i 为工具变量"生育合法性"，按婚姻法和国家计生政策规定，该胎次若符合法规赋值为1，不符合法规赋值为0。ε_i 和 μ_i 为扰动项。

进一步，研究考察生育对流动女性工作时间的影响。由于女性收入信息的观测性取决于女性是否工作。若女性不工作，那么其收入极大程度上不可观测，因此其工作时间是一种受限因变量。若采用一般回归方程，其估计值会有一定偏差。因此应用 Heckman 两阶段模型更加精确地估量实际值，模型一般设定如下。

$$Y_i = \theta_0 + \theta_1 X_i + \sum \rho_{ij} C_{ij} + u_i \tag{3}$$

$$S_i = \omega_0 + \omega_1 Z_i + \sum \delta_{ij} C_{ij} + v_i \tag{4}$$

方程（3）为工作时间方程，Y_i 是第 i 个观测值的月工作小时数，X_i 为5年内生育情况，C_{ij} 为控制变量，包括年龄、年龄平方、受教育程度、配偶年龄、配偶受教育程度、民族、户籍、是否有随迁老人、家庭收入（妇女本人除外）、地区变量等。方程（4）为选择方程，当 S_i 为1时，即流动女性参与工作，她们的工作时间才能被观测到；若未参与工作，S_i 为0。u_i 和 v_i 为扰动项。

二　数据介绍

本研究数据来源于2013年全国流动人口动态监测调查。样本包括全国32省2013年流动人口横截面数据。

研究选择2013年5月作为基准时点，将年龄为15~59周岁的已婚妇女观测值保留下来，全样本共72820个。将样本以"户籍"和"代际"为标准分类，户籍分为"城镇"和"农村"两类，"代际"分为"新生代"

（年龄＜33 岁，1980 年以后出生）和"老一代"（年龄≥33 岁，1980 年以前出生）两类。经过"户籍"和"代际"交互，得到新生代城镇流动妇女样本数共 4453 个，新生代农村流动妇女样本数共 27428 个，老一代城镇流动女性样本数共 5566 个，老一代农村流动妇女样本数共 35373 个。为考量生育对工作时间、工作参与率的影响，本研究考察了 2008～2013 年这 5年间妇女的生育、劳动参与率和工作时间情况。考虑到 5 年内，妇女生育"二孩儿"的可能性极小，因此本研究将生育情况处理为在近 5 年内是否有过生育行为，并将 5 年内未生育孩子的妇女与 5 年内有生育行为的妇女进行对比。在新生代城镇流动妇女、新生代农村流动妇女、老一代城镇流动妇女、老一代农村流动妇女这四类妇女中，有过生育行为的人数分别占各自群体的 58%、61%、13% 和 12%。本研究不仅分析流动女性在劳动参与率与工作时间上的生育惩罚程度，同时也通过将上述四类流动女性的生育惩罚程度进行对比，试图探索四类流动女性之间是否存在差异，挖掘导致该差异的影响因素。

　　本研究的被解释变量是劳动参与率和劳动时间：劳动参与率以该群体中有工作的妇女在群体中的占比为指标；劳动时间采用"月工作小时数"作为衡量指标。

　　本研究的解释变量是从 2013 年 5 月起前 5 年内是否有过生育行为的二分类变量。控制变量包括年龄、年龄平方、受教育程度、配偶年龄、配偶受教育程度、民族、户籍、是否有随迁老人、家庭收入（妇女本人除外）、地区等变量。其中本人（或配偶）年龄变量为取值范围为"15～59 岁"的连续变量；本人（或配偶）受教育程度分为从未上过学（0 年）、小学（6 年）、初中（9 年）、高中/中专（12 年）、大专（15 年）、大学（16年）以及研究生及以上（19 年）七个等级，并按相对应受教育时间进行赋值，其中考虑到博士及以上学历的样本几乎没有，因此将其并入研究生群体内；民族变量分为汉族与少数民族两类；户籍变量分为城镇户籍和农村户籍两类；随迁老人变量分为有随迁老人（赋值 1）和没有随迁老人

（赋值0）；家庭收入情况（妇女本人除外）指排除分析对象妇女本人后家庭的月收入；地区变量分为东部、中部、西部和东北四个区域。

第三节　城乡之分和代际之别：流动女性
生育代价的实证分析

本研究首先采用全样本数据对因变量和各自变量进行描述统计，结果反映了15~59岁新生代城乡流动妇女和老一代城乡流动妇女的基本情况。表8-1数据显示，在劳动参与率方面，不同"户籍"之间的差异十分微小；从"代际"分类看，老一代的劳动参与率略高于新生代。在工作时间方面，城镇流动女性少于农村流动女性。城镇流动女性月工作小时数少于农村流动女性的原因可能是她们的工作类型存在差异。农村流动女性的受教育程度主要集中在小学、初中和高中/中专，而城镇流动女性在高中/中专、大专和大学教育程度上的占比远高于农村女性，农村流动女性较低的受教育程度导致她们更多从事低技术、劳动时间长的工作。新生代流动妇女的工作时间少于老一代流动女性，二者的主要差异在年龄和受教育程度上。新生代的平均年龄在27.96岁，而老一代流动群体的平均年龄在40.67岁。劳动力价值随年龄上升而不断贬值，老一代流动女性通过延长工作时间补偿减少的那部分收入；新生代的受教育年限总体上也高于老一代流动女性，在高中/中专、大专、大学三个层次上的占比远高于老一代流动女性，两个群体存在工作种类的差异。主要变量均值情况如表8-1所示。

研究考察了近5年内有过生育行为的女性与5年内未生育的女性的劳动参与率和时间差异。表8-2显示，无论是从"户籍"还是"代际"分类，每一类女性中近5年有过生育行为的女性，在劳动参与率上明显低于未生育过的女性；从劳动时间均值方面看，除老一代城镇流动女性外，5年内是否有生育行为对流动女性的劳动时间并无明显影响，这可能与我国流动人口进城务工普遍存在超时工作的现状有关。在极大的就业压力下，流动

表 8 – 1　主要变量均值

变量		全样本	新生代流动女性		老一代流动女性	
			城镇样本	农村样本	城镇样本	农村样本
观测值（个）		72820	4453	27428	5566	35373
劳动参与率（%）		0.76	0.76	0.71	0.77	0.81
工作时间（小时）		245.04	207.56	242.43	232.72	253.14
生育情况		0.34	0.58	0.61	0.13	0.12
年龄（岁）		35.10	28.75	27.83	40.90	40.63
受教育程度	从未上过学	0.03	0.00	0.01	0.01	0.05
	小学	0.18	0.01	0.09	0.08	0.28
	初中	0.56	0.20	0.62	0.41	0.57
	高中/中专	0.17	0.28	0.22	0.30	0.09
	大专	0.05	0.28	0.05	0.12	0.01
	大学	0.02	0.20	0.01	0.07	0.01
	研究生及以上	0.00	0.02	0.00	0.01	0.00
	配偶年龄（岁）	36.94	31.03	30.28	42.56	42.00
	配偶受教育程度	9.71	13.09	10.02	11.27	8.80
	少数民族	0.07	0.07	0.08	0.06	0.07
户籍	城镇户籍	0.14				
	农村户籍	0.86				
	随迁老人	0.03	0.05	0.04	0.02	0.01
家庭收入（万元）		0.36	0.48	0.37	0.43	0.33
地区	东部	0.45	0.51	0.49	0.40	0.41
	东北	0.06	0.06	0.04	0.11	0.07
	中部	0.21	0.16	0.21	0.18	0.22
	西部	0.29	0.26	0.26	0.31	0.30

数据来源：2013 年全国流动人口动态监测调查；以下若无特殊说明，数据来源皆同。

人口的工作时间并非遵循制度化的规章，而是通过超时工作获得继续留下工作的机会，同时挣取更多的工资，具体如表 8 - 2 所示。

表 8 - 2　因变量均值情况

因变量	新生代城镇流动女性		新生代农村流动女性		老一代城镇流动女性		老一代农村流动女性	
	近 5 年内生育	未生育	近 5 年内生育	未生育	近 5 年内生育	未生育	近 5 年内生育	未生育
劳动参与率	0.71	0.82	0.64	0.80	0.66	0.78	0.65	0.83
工作时间	207.50	207.60	244.20	240.20	220.80	234.30	253.80	253.00
观测值	4453		27428		5566		35373	

一　回归统计结果

（一）流动女性生育对劳动参与的影响

为进一步验证我国已婚流动女性的生育惩罚是否存在，本研究将劳动参与率对上述各变量进行回归得到表 8 - 3。其中首先考察了全样本下，流动女性的劳动参与率受生育影响的程度。模型中采用"生育合法性"作为工具变量，即若 2008 ~ 2013 年内存在生育行为，是否符合法律法规。该工具变量对"近 5 年内生育"产生影响，但不影响流动女性的劳动参与率。同时模型还控制了年龄、年龄平方、受教育年限、配偶年龄、配偶受教育年限、民族、是否有随迁老人、家庭收入、户籍和地区等因素。

表 8 - 3 模型（1）数据结果表明，流动女性在劳动参与率方面存在显著生育惩罚，在近 5 年内生育过子女后，流动女性劳动参与可能性下降 18%。其中，人力资本用"年龄"、"年龄平方"和"受教育年限"作为测量指标。受教育年限以对未上过学、小学、初中、高中/中专、大专、大学、研究生及以上七种分类进行相应的教育年限赋值代表。结果显示，人力资本对农村流动妇女的收入影响显著：年龄每增加一岁，劳动参与率增加约 13.3%，但从年龄平方的系数为负可看出，年龄对劳动参与的效果存在边际递减效应；每增加一年受教育时间，劳动参与率增加约 3.2%。同时，少数民族女性比汉族女性劳动参与率低；有随迁老人的家庭中流动

女性的劳动参与率比没有老人的家庭高，老人可以帮助年轻夫妇打理家务、照看孩子；家庭收入（除妇女本人）越高的流动女性，参与工作的概率越小；城镇流动女性比农村流动女性劳动参与率低。

分别对表8-3模型（2）（3）和模型（4）（5）数据结果进行比较，城镇流动女性因生育行为获得的劳动参与率的负面影响要低于农村流动女性：新生代城镇流动女性生育后劳动参与率下降约10.7%，而新生代农村流动女性生育后短时间内的劳动参与率则下降18.5%；老一代城镇流动女性因生育劳动参与率下降约8.5%，而老一代农村流动女性劳动参与率则下降23.1%。

分别对表8-3模型（2）（4）和模型（3）（5）数据结果进行比较，在劳动参与率方面，新生代城镇流动女性比老一代城镇流动女性所受到的生育惩罚更严重，但是差异并不大；新生代农村流动女性比老一代农村流动女性所受生育惩罚轻，二者差异明显。

从模型（2）（3）（4）（5）数据可以看出，新生代城乡流动女性在劳动参与率方面受到的生育惩罚差距小于老一代城乡流动女性之间的差距：新生代农村流动女性的劳动参与率下降程度仅比新生代城镇流动女性的劳动参与率下降程度多约7.8个百分点，而老一代农村流动女性的工作参与率下降程度比老一代城镇流动女性多出约14.6个百分点。

综上所述，我国流动女性在劳动参与方面的生育惩罚是显著存在的。生育对我国流动女性的劳动参与率产生显著的负面影响。

（二）流动女性生育对劳动时间的影响

为验证流动女性生育行为是否对其工作时间产生"惩罚"影响，本研究采用 Heckman 两阶段模型，将流动女性的工作时间对各变量进行归回分析。考察生育对工作时间的影响时，本研究仍将流动女性以"户籍"和"年代"标准进行交互分类。回归结果如表8-4所示。

模型（1）数据结果表明，已婚流动女性工作时间受到5年内生育行为

表 8 - 3 生育对流动妇女劳动参与率的影响（工具变量：生育合法性）

变量	模型（1）全样本	模型（2）新生代城镇流动女性	模型（3）新生代农村流动女性	模型（4）老一代城镇流动女性	模型（5）老一代农村流动女性
近 5 年内生育	-0.180***	-0.107***	-0.185***	-0.085**	-0.231***
年龄	0.133***	0.122	0.350***	0.427***	0.193***
年龄平方	-0.002***	-0.002	-0.006***	-0.005***	-0.002***
受教育年限	0.032***	0.048***	0.042***	0.026***	0.027***
配偶年龄	-0.008***	-0.009	-0.006***	0	-0.010***
配偶受教育年限	0	-0.003	-0.003	-0.009	0.002
非汉族	-0.128***	-0.235***	-0.058*	-0.184**	-0.144***
有随迁老人	0.137***	0.058	0.162***	0.169	0.079
家庭收入	-0.340***	-0.299***	-0.348***	-0.257***	-0.358***
农村户籍	0.061***				
地区变量	√	√	√	√	√
样本量	70495	4319	26685	5280	34211

注：* $p < 0.1$，** $p < 0.05$，*** $p < 0.01$。

表 8 - 4　生育对流动妇女工作时间的影响

变量	模型（1）全样本	模型（2）新生代城镇流动女性	模型（3）新生代农村流动女性	模型（4）老一代城镇流动女性	模型（5）老一代农村流动女性
近 5 年内生育	-11.222***	3.68	-8.385***	1.358	-12.061***
年龄	5.929***	-9.795	7.317**	5.116	7.024***
年龄平方	-0.070***	0.176	-0.109**	-0.053	-0.079***
受教育年限	-1.777***	-5.719***	-2.224***	-6.342***	-0.374*
非汉族	-12.508***	-4.326	-12.539***	-5.962	-9.581***
有随迁老人	3.086	-6.23	6.751**	-23.870***	8.317*
配偶年龄	-0.471***	0.178	-0.321*	-1.061***	-0.489***
配偶受教育年限	-2.468***	-4.148***	-2.651***	-2.448***	-0.866***
农村户籍	13.899***				
地区变量	√	√	√	√	√
样本量	70495	4319	26685	5280	34211

注：* $p < 0.1$，** $p < 0.05$，*** $p < 0.01$。

带来的负面影响：5 年内有过生育行为的女性比 5 年内未生育的女性在每月工作时间上约减少 11.22 个小时。人力资本积累对女性的工作时间影响也十分显著：年龄变量对工作时间的影响仍为正向影响，同时出现边际效应递减现象；流动女性受教育年限每增加 1 年，月工作时间约减少 1.78 个小时。已婚流动女性因照顾子女，选择时间较为灵活，工作强度较低，相应工资较低的工作；随着年龄增长，劳动力贬值带来的收入减少由增加工作时间的方式进行补偿；为满足经济方面的某一特定程度的效用，女性受教育程度越高，小时工资越高，则所需工作时间越少。另外，少数民族流动女性工作时间显著低于汉族流动女性，农村户籍流动女性工作时间高于城镇户籍流动女性工作时间。

分别对表 8-4 模型（2）（4）和模型（3）（5）数据结果进行分析，户籍差异会对女性生育惩罚的程度产生影响。城镇流动女性在工作时间上因生育受到的影响并不显著，而新生代农村流动女性若在 5 年之内有生育行为，其工作时间则会减少约 8.39 个小时，老一代农村流动女性所受到的生育惩罚更为严重，工作时间减少约 12.06 个小时。

模型（3）（5）数据表明，年龄不同的农村流动妇女受生育影响而导致的工作时间降低程度不同：老一代农村流动女性的生育惩罚显著大于新生代，老一代农村流动妇女 5 年内有生育行为的，工作时间减少约 12.06 个小时，而新生代减少约 8.39 个小时。

由表 8-4 中模型（2）（3）（4）（5）数据结果可知，同劳动参与率减少情况相似，新生代城乡流动女性在工作时间上受到的生育惩罚程度之间的差距小于老一代城乡流动女性。

（三）不同身份群体的"生育惩罚"差异分析

通过对全国流动人口动态监测调查数据中流动女性的劳动参与率和工作时间进行描述和回归统计，本研究可以证明假设 1 成立并得出以下结论：我国流动女性存在生育惩罚，生育对流动妇女在劳动参与率和工作时间方面产生了显著的负面影响。

如前文所述,女性生育惩罚的产生存在以下原因:"人力资本论"——生育行为短时间内中断了女性进行工作经验、知识获取等人力资本的积累;"家庭约束论"——因为家庭分工的原因,女性在生育孩子后,需要分出一部分工作精力照顾小孩,同时,更倾向于从事工作时间灵活、工作强度不高的工作,导致其所得收入较低;"雇主歧视论"——劳动力市场上的雇主因为抱有女性生育会影响其为自身带来的劳动利益的观念产生对妇女的歧视,对雇佣男性或未生育的女性存在偏好。

在我国,流动女性属于女性中的特殊群体。她们不仅受到生育惩罚普遍理论中所述因素的影响,同时还受"流动"因素的制约。在社会保障方面,流动人群参保率较低,又因户籍制度和统账结合制度影响,在流入地享受的社会保障水平普遍低于本地人群。虽然现行的社会保障条文规定,劳动者参与社会保险以其与用人单位的关系为标准,在参保途径上放开了对流动人群的限制,然而,一方面流动人群缺乏稳定的就业途径,流动性较强,因此用人单位不愿为其投保;另一方面,当他们跨统筹地区流动时,流动人群无法带走原单位为其缴纳的部分保险费,故流动人口的参保意愿也不高(杨菊华,2011)。在欠缴纳失业保险费严重,失业保险金领取条件苛刻,生育保险参保率低、覆盖面窄等因素作用下,流动女性因生育行为退出劳动力市场后,得到的补偿性收益较少。

与本地居民相比,流动人群除了因其流动性较强,在政策规定的补偿性收益上受到制约,存在权利保障问题外,同时还缺少本地社会关系网络的支持,导致其重新进入劳动力市场时存在劣势,劳动参与率低。一方面,中国社会更多具有乡土社会的特征,流动人群中的关系具有以家庭血缘关系和乡亲之间的地缘关系为主的"惯性",这种"惯性"影响着他们进入流入地后的生活方式和社交方式;另一方面,流动的过程也是流动人口再社会化的过程,尤其对于"乡-城"流动人口来说,求助于非正式制度的社会网络和社会资本是最为理性的选择,其成本要远低于通过正式制度寻求帮助。因此，"乡－城"流动人口在流入地容易形成特定的社群，其社会网络特点表现为规模小、紧密度高、趋同性强、异质性低（王毅杰、童星，2004）。对该类社会网络的依赖，导致流动人群生育之后再进入劳动力市场时，缺乏丰富多样的职业选择和宽口径的职业进入通道，与具有丰富社会网络关系的本地居民相比，其受到的生育惩罚显得更为严重。

进一步将我国流动女性按"户籍"标准分类，户籍身份不同对女性生育惩罚的程度存在差异性影响。通过对城镇流动妇女和农村流动女性的生育惩罚程度进行对比，本研究证明了假设2的设定：农村流动女性的生育惩罚要比城镇流动女性更高。

城镇流动妇女与农村流动妇女在生育惩罚上的差异，可能由以下四点造成。

第一，农村流动女性在受教育程度上普遍低于城镇流动女性。城镇流动女性中拥有高学历的比例远高于农村流动女性。该差异一方面可能影响女性在生育后短时间内重新回到劳动力市场的能力，城镇女性凭借其高学历经历在劳动力市场上更容易找到工作，而农村流动女性再次进入劳动市场的难度更大；另一方面，受教育程度差异导致两个群体从事的职业类型有很大差异，城镇流动女性中成为国家机关、党群组织、企事业单位负责人，专业技术人员，公务员、办事人员的共占比约18%，该类工作的劳动时间较为稳定，员工所享受的权益保障齐全，妇女在产假后再进入劳动力市场较容易；农村流动女性的受教育程度相对较低，则可能更多进入生产运输业、餐饮服务业以及个体商贩行列工作，其中成为国家机关、党群组织、企事业单位负责人，专业技术人员，公务员、办事人员的仅占约3%。

第二，市场歧视对流动女性产后再就业有负面的影响。尽管劳动者在个人素质方面的提升，如受教育程度、专业水平、工作经验等的提升，可以提高自身在就业市场中的话语地位，但是因为没有城市户籍，其社会身份和地位仍然受到雇佣者的歧视。在产后再就业方面，本地居民的优势大于流动人群，城镇流动人群的优势大于农村流动人群。

第三，农村流动妇女维权意识淡薄，即使产后受到雇主歧视也无法采取有效的反抗措施。农村流动女性受到的生育惩罚部分来自雇主对女性的歧视。雇主无法对女性因生育给自己带来的收益损失进行准确估计，只能形成一种女性员工对公司盈利的贡献将小于男性的预期，因此产生对女性劳动力的歧视，在男女同等条件下拒绝招聘女性劳动力，或在招聘时提出不公平的要求，导致女性收入减少。农村流动女性在法律维权意识上较为薄弱，面对这种情况更多地采取被动接受的处理方法，其就业情况比一般城镇流动女性更差。

第四，城镇流动女性利用社会资本的能力强于农村流动女性。城镇流动女性在受教育程度上普遍高于农村流动女性，视野更加开阔，思维方式更加灵活，能够更好利用各类社会资本获得工作信息，这让她们产后找工作的渠道更多（网络渠道、招聘会、社交关系等），因生育受到的劳动参与率负面影响更少。

按"年龄"分类，已有数据证实了本研究的假设3：我国老一代流动女性无论在劳动参与率还是在劳动时间方面都比新生代流动女性受到的生育惩罚更严重。该差异可以从市场选择和群体特性等方面进行解释。

第一，新生代流动女性的受教育程度普遍高于老一代流动妇女，加之新生代流动女性在年龄上更具优势。当两个群体在生育之后同时再进入市场时，劳动力市场上的雇主更加偏好年富力强的青年劳动力，而老一代流动女性再进入市场的难度更大。

第二，新生代流动女性和老一代流动女性在生理恢复能力和思维意识等群体特征上存在差异。生育后，女性需要一段时间恢复劳动能力。新生代流动女性能在生育后比老一代流动女性更快恢复劳动能力，因此新生代流动女性因生育而减少的劳动时间更少，处于失业的时间也更少。另外，新生代流动女性社会适应速度更快，思维更加灵活，在产后寻找工作的渠道更多、找到工作的速度更快。

第三，新生代流动女性享受社会保障的水平优于老一代流动女性。随着社会保障政策的完善，流动人口进入社保体系的比例不断增高。新生代流动女性生育期间获得的补偿性收益高于老一代流动女性，降低了流动女性的生育惩罚。

"户籍"和"代际"分类标准交互之后，回归数据证明了假设4：新生代城、乡流动女性受到的生育惩罚的差距小于老一代城、乡流动女性。这一现象表明，随着时间延伸，农村流动女性正在不断追赶城镇流动女性，二者逐渐趋同，城乡户籍之别对城乡流动女性生育惩罚的影响被不断弱化。从客观方面看，社会保障制度的完善、劳动法保障的健全、市场的成熟促使农村流动女性外在生存环境的改善，减少了结构性约束；从主观方面看，农村流动女性在社会网络建立能力、社会资本利用能力等个体特征上有了较大增强。

二　总结与讨论

西方已有许多针对女性因生育行为就业和工资受到影响的研究。然而国内针对女性生育代价的研究却仍然很少。自改革开放以来，我国经济发展充满活力，同时也出现了部分问题。由于国内外差异，中国女性生育行为对其收入的影响出现了与西方女性不同的地方。因户籍制度限制，中国产生了"流动人口"这一有别于世界其他国家的社会现象。研究流动人群中女性的生育惩罚问题是研究生育对女性劳动力在市场供给方面产生的影响的一个切入点。

本研究利用2013年全国流动人口动态监测调查数据，尝试通过控制导致女性生育惩罚的普遍性因素和中国特有的户籍制度的影响，探究流动女性的生育惩罚问题，并将其细分为新生代城镇流动女性、新生代农村流动女性、老一代城镇流动女性和老一代农村流动女性进行对比。研究结果表明，生育行为对我国流动女性的劳动参与率和每月工作时间有着显著的负面影响。利用Probit模型回归分析得到的结果显示，我国流动妇女的生育行为在短期内造成其劳动参与率下降。同时，流动女性在工作时间上同样受到生育行为影响，有生育行为的流动女性月工作时间平均下降约 11.22 个小时。本研究进一步探讨了农村流动女性与城镇流动女性、新生代流动女性与老一代流动女性在生育惩罚方面的差异。研究表明，农村流动女性的生育代价显著高于城镇流动女性。该种现象的产生首先来自两类女性在受教育程度、职业结构方面的差异；其次，市场对农村流动女性的歧视仍然存在，导致农村流动女性生育后再就业也较难；再次，农村流动女性构建社会网络关系，利用社会资本再就业的能力比城镇流动女性差，这也是导致农村流动女性生育代价较高的原因；最后，农村流动女性在受到雇主歧视及不公平待遇时，逆来顺受的态度也可能是其生育代价高于城镇流动女性的原因之一。老一代流动女性受到的生育惩罚程度高于新生代流动女性，社会保障差异、市场选择偏好以及群体自身特征等因素导致她们受到的生育惩罚程度的不同。随着政策的完善和市场的健全，城、乡流动女性的生育惩罚差异逐渐缩小，新生代群体内城、乡流动女性生育惩罚差异小于老一代城、乡流动女性。

　　生育对于大部分中国女性而言是人生必经之路。在法律方面，应建立健全相关法律体系，保障流动女性劳动者的合法权益；在政策层面，应考虑城与乡、老与少等不同流动女性群体的异质性，通过对不同群体面临问题的差异化解决，增强政策实施的效果，达成社会保障的目的，减少伴随生育行为产生的劳动收入降低等代价，保障女性劳动力的权益有助于构建平等公正的社会，同时也有助于解放女性生产力，激发女性的生产积极性，进一步促进我国经济发展。

第九章　流动人口工资的性别差异及趋势

本章采用全国流动人口动态监测调查数据，研究流动人口工资的性别差异及其变动趋势。通过 Heckman 样本选择模型探究分析性别流动人口工资的影响机制，并利用 Neumark 分解方法对性别工资差异进行分解，分析我国劳动力市场对流动人口的性别歧视状况及其变动趋势。结果显示：我国流动人口工资收入的性别差异较大且近年来处于扩大趋势，2017 年女性月工资水平占男性月工资水平的 74.54%；流动人口的人力资本特征、户籍特征、家庭特征、劳动力市场特征、流动特征以及所处地区等因素均会对流动人口的工资产生显著影响，其中，家庭特征对男性工资的影响更为显著，且与家庭特征对女性工资的影响方向相反，流动特征与所处地区对男性和女性的工资均会产生显著影响，但对女性工资的影响更大；性别歧视对性别工资差异的解释力度远高于特征差异，且歧视效应占总差异的比例随时间的推移不断提升，因而为促进性别收入平等，必须促进家庭分工理念转变，规范劳动力市场，推动户籍制度改革，促进教育平等等。

第一节　流动人口工资性别差异的状况及趋势

一　研究背景与研究设计

（一）研究背景

性别收入不平等问题长期且普遍存在。自改革开放以来，我国城镇地区男性居民平均工资始终高于女性（葛玉好、曾湘泉，2011），性别工资差异有扩大的趋势（苏华山等，2018）。随着改革开放的深入推进，流动人口大批涌现，且规模不断扩大，2020年我国人户分离人口已超过4亿（国家统计局，2021）。流动人口开始成为城镇劳动力市场中重要的组成部分，在制造业、建筑业和传统服务业等行业中已经成为主导力量（曹永福、宋月萍，2014）。可见，研究流动人口的性别工资差异对于理解城镇劳动力市场两性收入平等化的发展现状以及性别工资差异的内部构成特征具有较强的指导意义。

流动人口在流入地取得的劳动收入是保障其生存发展的主要来源，因此工资收入公平对流动人口尤为重要。总体看来，改革开放确实为女性带来了更多的就业选择与更高的劳动收入，外出务工成为女性获取个人可支配收入的重要途径，也为其提高生存质量、提升家庭地位提供了物质基础。但相比于男性，女性流动人口在就业时除了面临户籍限制、权益保障不足等流动人口需面临的共有问题以外，还受到"男尊女卑"传统观念、非正式制度性歧视、家庭照料负担等因素的影响，因而流动女性在劳动力市场上更易处于弱势地位，工资收入往往低于男性（周春芳、苏群，2018）。从社会公平角度来看，流动女性与流动男性之间工资差距的变动趋势相比于现状更值得关注。尤其是近十年，我国城镇化处于加速发展阶段，劳动力市场面临着经济下行、产业结构升级的双重压力，劳动力需求数量整体下降，对高质量劳动力的需求增加，劳动力由第一产业向第二、第三产业转移，由劳动密集型产业向资本、技术密集型产业转移，就业市场与劳动力间的双向选择压力增加，市场上的性别歧视问题可能会进一步加剧。而作为两性收入不平等状况的直接表现，性别工资差异会影响女性的劳动参与决策，对流动女性的发展造成基础性的影响。目前，我国男性的劳动参与率比女性高约20%，要想充分激发女性生产活力，推动经济增长，必须缩小性别收入差距，提高女性劳动参与率，进一步释放人口红利。若在经济转型升级的过程中，流动人口的性别收入差距并未缩小，那么流动将失去原先作为女性发展手段弥补其与男性收入差距的意义。因此了解我国流动人口近年来性别收入差异的变动趋势，制定合理平等的就业政策很有必要。但目前国内外学者针对收入不平等问题进行的研究大部分集中于因城乡、区域等制度隔阂产生的收入分布差异问题（徐慧，2010），对性别隔阂的研究较少，已有针对性别收入差异问题的研究多为以城镇居民为研究对象的截面研究，鲜有针对流动人口进行的性别工资差异变化趋势研究。

基于以上考虑，本研究使用全国流动人口动态监测调查数据，研究流动人口工资的性别差异及其变动趋势；通过实证分析，探究流动人口工资的影响机制，分析各影响因素的作用大小以及影响因素作用在男性和女性之间的差异；同时通过 Neumark 分解方法，分析我国劳动力市场对流动人口的性别歧视现状及其变动趋势；最终提出缩小流动人口性别工资差异的相关政策建议，探讨以不牺牲女性利益为前提，进一步推进城镇化的有效措施，从而促进城镇化与经济同步均衡发展。本研究的主要贡献在于：一方面，对近年来流动人口性别工资差异及性别歧视效应的变动趋势进行探究，以期弥补现有研究在此方面的不足；另一方面，在实证分析部分采用 Heckman 样本选择模型对未参与劳动的流动人口进入劳动力市场后的工资情况进行估计，解决使用在业样本估计出的工资方程无法适用于全部流动人口的问题。

（二）文献综述

研究我国性别工资差异的文章较为丰富，已有文章对相关文献进行了综述（肖洁，2018）。李佳等（2014）采用中国家庭收入调查（CHIP）2002 年和 2008 年数据考察我国城镇地区性别工资差距的分布变化，研究显示我国性别工资差异存在加大的趋势。其他相关研究也得出了与此一致的结论（李雅楠、廖利兵，2014）。但以上研究均以城镇地区劳动力为对象展开，针对流动人口进行的研究较少。已有研究以横截面研究为主，如徐愫、田林楠（2015）运用 2012 年全国流动人口动态监测调查中江浙沪的调查数据，得出流动人口中存在显著的性别收入差异，女性月平均工资约为男性的 80% 的结论。有少数文章针对性别工资差异纵向变动趋势进行了研究。其中，钱翔宇、胡浩（2015）使用 2002 年和 2007 年的 CHIP 数据，考察了男女农民工与城镇职工工资差距的变化趋势及原因，结果显示 2002 年男性和女性农民工的小时平均工资分别为 3.48 元和 2.20 元，2007 年分别为 6.93 元和 5.69 元。计算女性工资与男性工资的比值可知 2002～2007 年农民工的性别工资差距在缩小。罗忠勇（2010）利用珠三角农民工 2006～2008 年的追踪数据考察了农民工的工资性别差异并分析其影响因素，研究表明这三年间农民工的性别工资差距呈扩大趋势。

关于性别工资差异的影响因素，已有研究表明，群体间的个体特征、社会经济特征、劳动力市场分割、家庭特征以及制度等都是引起工资差距的重要因素（李家兴，2017），这类来自男女个人禀赋的结构差异，即因男性和女性的人力资本水平、就业特征等不同而带来的工资差异，通常被称为禀赋效应或特征效应。另一类来自市场的性别歧视，即由劳动力市场对具有相同禀赋的男性和女性的不同对待引发的工资差异，可被称为歧视效应。研究显示，在我国，歧视效应是导致流动人口性别工资差异的主要因素之一。关于性别歧视在流动人口性别工资差异中的作用大小，已有研究的结论较为一致。曹永福、宋月萍（2014）运用 2010 年全国流动人口动态监测调查数据描述了乡—城流动人口、城—城流动人口和本地市民这三类群体的工资性别差异，研究发现乡—城流动人口、城—城流动人口的性别工资差异分别有 83.33% 和 80.84% 来自歧视效应。其他学者通过多种数据和方法进行实证研究，都得出我国农民工性别工资差异的来源以歧视效应为主的结论（李明艳等，2017）。但关于近年来性别歧视因素在导致性别工资差异的所有因素中所占比例的变动情况的研究较少。仅有的少数研究表明性别歧视对农民工工资性别差异具有较强的解释力，且这种解释力正随着时间的推移不断增强，性别歧视引起的差异在总差异中的占比由

2006 年的 71% 增强至 2008 年的 84%（罗忠勇，2010）。也有研究认为，如能使女性的工作时间、培训参与率与男性保持一致，那么性别歧视对农民工工资差异的贡献将趋于减少（蒯鹏州、张丽丽，2016）。因此，劳动力市场上两性的禀赋差异大小、性别歧视程度的大小及变动趋势问题仍值得探讨，研究二者的变化情况可以对性别工资差异变动趋势背后的催动机制进行解释。

综上所述，已有文献主要有以下四点不足：（1）研究对象多为农民工，少有将流动人口作为整体纳入研究的，对不同户籍流动人口间的差异缺乏比较；（2）研究内容主要集中于对性别工资差异的现状、成因以及各部分因素占比大小的探究，而对性别工资差异及其成因的变动趋势的研究则较少；（3）研究变动趋势的文章所用数据多为 21 世纪前 10 年的数据，对近年来新经济形势下的劳动力市场状况解释力度不够，且数据的调查年份间隔较大，纳入年份较少，只能评估较长时间段内的大体趋势，对纳入研究的年份之间具体的变动情况无法进行评估；（4）大部分研究仅考虑有工资收入的流动人口，在样本选择方面存在误差。因此本研究将着重对以上四个方面进行改进。

（三）数据与方法

本研究使用的数据来源于 2010 年、2012 年、2015 年和 2017 年共四期全国流动人口动态监测调查。该调查由原国家卫生计生委（现国家卫生健康委员会）组织开展，采取分层、多阶段、与规模成比例（PPS）的抽样方法，在全国 31 个省（自治区、直辖市）和新疆生产建设兵团中流动人口较为集中的流入地进行，调查对象为在常住地居住一个月及以上，非该区（县、市）户口的 16～59 岁劳动年龄流动人口。剔除个体特征、就业信息和收入情况等关键变量缺失的样本，最终选取 626801 个流动人口样本，其中，2010 年 119451 个、2012 年 156455 个、2015 年 188082 个、2017 年 162813 个。

本研究所用工资决定方程基于 Mincer，Polachek（1974）的人力资本函数，综合已有的流动人口工资影响因素研究，在原函数基础之上增加了户口性质、家庭特征、劳动力市场特征、流动特征等解释变量。因变量为小时工资的对数；自变量为受教育年限[①]（edu）、年龄（age）等人力资本变量，户口性质变量（regis），0～6 岁随迁子女数量（child）等家庭特征变量，单位性质（unit）、行业类型（indus）、职业类型（occup）等劳动力市场特征变量，流动范围（range）、流入本地时长（dur）等流动特征变量，以及地区（region）等控制变量。

$$\begin{aligned}
lnwage = {} & b_0 + b_1 gender + b_2 edu + b_2 age + b_3\, age^2 + \sum_{i=1}^{4} b_{4i} \times regis_i + \\
& b_5 child + b_6 unit + \sum_{i=1}^{5} b_{7i} \times indus_i + \sum_{i=1}^{5} b_{8i} \times occup_{8i} + \\
& \sum_{i=1}^{4} b_{9i} \times range_i + b_{10} dur + \sum_{i=1}^{4} b_{11i} \times region_i + \varepsilon
\end{aligned} \tag{1}$$

由于工资只在有工作的流动人口样本中可观测，但直接对在业流动人口进行多元线性回归会出现样本选择问题，导致估计出的工资决定方程有偏差，因此本部分将采用 Heckman 样本选择模型对其进行纠正，对不在业流动人口进入劳动力市场后的工资状况进行预测。第一阶段利用 Probit 模型对就业决定方程进行估计：

$$L^i = Z^i \alpha^i + \mu^i \tag{2}$$

其中，i 取值为各调查年份，L^i 为关于劳动力是否就业的二分变量，Z^i 为就业选择的决定因素，包括性别、受教育年限、年龄、随迁子女数量、家庭其他收入以及有无随迁配偶等，α^i 为估计系数，据此计算逆米尔斯比率：

[①] 本研究中受教育年限变量的取值根据原始数据中的受教育程度变量生成，其中，未上过学取值为 0，小学取值为 6，初中取值为 9，高中/中专取值为 12，大专及以上取值为 16。

$$\lambda^i = \varphi(Z^i \alpha^i)/\Phi(Z^i \alpha^i) \tag{3}$$

其中 $\varphi(Z^i \alpha^i)$ 和 $\Phi(Z^i \alpha^i)$ 分别为标准正态分布的密度函数和累积分布函数。第二阶段将 λ^i 作为新变量纳入模型，使用 OLS 回归方法分别估计出每年的流动人口总体以及分性别工资函数：

$$lnwage^i = X^i B^i + \rho^i \sigma^i \lambda^i + \varepsilon^i \tag{4}$$

$$lnwage^i_m = X^i_m \beta^i_m + \rho^i_m \sigma^i_m \lambda^i_m + \varepsilon^i_m \tag{5}$$

$$lnwage^i_f = X^i_f \beta^i_f + \rho^i_f \sigma^i_f \lambda^i_f + \varepsilon^i_f \tag{6}$$

其中，m、f 分别代表男性和女性，ρ 为随机项标准差的相关系数，σ 为随机项的标准差，$\rho\sigma$ 为新方程中的待估参数。接着利用 Neumark 分解方法，以男性工资决定方程系数为参照，分别对各年份对数小时工资的性别差异进行分解：

$$lnwage^i_m - lnwage^i_f = (X^i_m - X^i_f)\beta^i_m + (\lambda^i_m - \lambda^i_f)\rho^i_m \sigma^i_m +$$
$$(\beta^i_m - \beta^i_f)X^i_f + (\rho^i_m \sigma^i_m - \rho^i_f \sigma^i_f)\lambda^i_f \tag{7}$$

根据式（7）计算得出引起差异的解释变量差异 $(X^i_m - X^i_f)\beta^i_m + (\lambda^i_m - \lambda^i_f)\rho^i_m \sigma^i_m$ 和系数差异 $(\beta^i_m - \beta^i_f)X^i_f + (\rho^i_m \sigma^i_m - \rho^i_f \sigma^i_f)\lambda^i_f$ 两部分，即为流动人口性别工资差异中特征效应（可解释部分）与歧视效应（不可解释部分）的大小。通过比较各年份的总差异及两部分效应所占比例的大小，可进一步探究流动人口性别工资差异变动趋势。

二　流动人口性别工资差异基本情况

表9-1、图9-1显示了2010～2017年我国流动人口月工资性别差异的基本情况。从中可以看出，男性流动人口月工资均值始终高于女性，虽然男女月工资均值均处于不断上涨的状态，但由于女性月工资上涨幅度与男性相比更低，月工资均值的性别差异绝对值在不断扩大，由2010年的502.59元增至2017年的1244.32元。工资比（女性月工资均值/男性月工

资均值）呈不断降低的趋势，七年间女性月工资水平占男性月工资水平的比例由82.45%降至74.54%，下降了近8个百分点（见图9-2）。为消除工作时长的影响，本研究同时考虑了小时工资的性别差异变动情况（见表9-2），结果与流动人口月工资的性别差异变动趋势大体一致。男女平均小时工资均不断上涨，且2017年的小时工资均值均超过2010年的两倍。但小时工资比的变动幅度要小于月工资比的变动幅度，2010～2017年女性小时工资水平占男性小时工资水平的比例由80.68%降至76.85%，下降了3.83个百分点。可见，我国流动男性和女性之间的工资差异正处于不断扩大的状态，女性在劳动力市场上处于越来越不利的地位。

表9-1 2010～2017年流动人口月工资性别差异变化趋势

年份	男性月工资均值（元）	女性月工资均值（元）	差值（元）	工资比（%）
2010	2863.87	2361.28	502.59	82.45
2012	3395.63	2747.59	648.04	80.92
2015	4572.35	3536.38	1035.97	77.34
2017	4886.44	3642.12	1244.32	74.54

注：工资比 = 女性月工资均值/男性月工资均值。

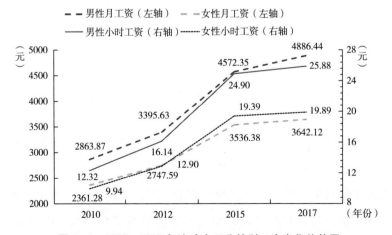

图9-1 2010～2017年流动人口分性别工资变化趋势图

表 9 - 2 2010～2017 年流动人口小时工资性别差异变化趋势

年份	男性小时工资均值（元）	女性小时工资均值（元）	差值（元）	工资比（%）
2010	12. 32	9. 94	2. 38	80. 68
2012	16. 14	12. 90	3. 24	79. 93
2015	24. 90	19. 39	5. 51	77. 87
2017	25. 88	19. 89	5. 99	76. 85

注：工资比 = 女性小时工资均值/男性小时工资均值。

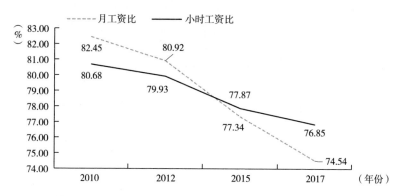

图 9 - 2 2010～2017 年流动人口分性别工资比变化趋势图

三 流动人口工资决定方程估计

为探究性别工资差异变化趋势的显著性，本研究将调查年份及其与性别的交互项纳入工资决定方程进行回归，流动人口总体样本以及分性别的回归结果如表 9 - 3 所示。Heckman 样本选择模型第一阶段结果中的 lambda 值均显著，说明存在自选择误差，应代入 lambda 值进行第二阶段 OLS 回归。结果显示，纳入工资决定方程的人力资本特征、户籍特征、家庭特征、劳动力市场特征、流动特征以及地区等变量均会对流动人口工资产生显著影响；随着年份的增加，流动人口工资保持上涨趋势；女性工资显著低于男性，且与 2010 年相比，2015 年、2017 年性别间的工资差异有显著扩大的趋势。

分性别来看，女性的教育回报率略高于男性，但女性的年龄回报率仅约为男性的一半。家庭中 0～6 岁随迁子女数量的增加对男性流动人口的劳

表9-3 流动人口工资方程回归结果

变量	总样本 第一阶段	总样本 第二阶段	男性 第一阶段	男性 第二阶段	女性 第一阶段	女性 第二阶段
年份（2010） 2012	0.327***					
2015	0.742***					
2017	0.717***					
性别（男性） 女性	-0.170***	-0.893***				
年份×性别 2012年×女性	-0.003					
2015年×女性	-0.016***					
2017年×女性	-0.027***					
受教育年限	0.042***	0.030***	0.053***	0.018***	0.058***	0.031***
年龄	0.050***	0.154***	0.060***	0.185***	0.031***	0.126***
年龄平方	-0.001***	-0.002***	-0.001***	-0.002***	-0.000***	-0.002***
户口性质（非农业户口） 农业户口	-0.139***		-0.113***		-0.121***	
0~6岁随迁子女数量	0.068***	0.085***	0.075***	0.154***	-0.009*	0.044***
单位性质（国有企业） 私有企业	-0.021***	-0.374***	-0.024***	0.049***	-0.026***	-0.546***
行业类型（制造业） 建筑业	0.155***		0.094***		0.130***	
批发零售业	-0.016***		-0.109***		-0.086***	
住宿餐饮业	-0.063***		-0.140***		-0.137***	
其他	0.038***		0.002		-0.057***	

续表

变量	总样本 第一阶段	总样本 第二阶段	男性 第一阶段	男性 第二阶段	女性 第一阶段	女性 第二阶段
职业类型（管理、技术与办事人员）						
商业服务业人员	-0.209***		-0.102***		-0.145***	
生产运输人员	-0.156***		-0.092***		-0.206***	
其他	-0.312***		-0.326***		-0.274***	
就业身份（雇员）						
雇主	0.381***		0.374***		0.384***	
自营劳动者	0.033***		0.005		0.061***	
其他	-0.094***		0		-0.153***	
流动范围（跨省流动）			-0.011		-0.011	
省内跨市流动	-0.091***	-0.089***	-0.083***	-0.043***	-0.122***	-0.124***
市内跨县流动	-0.134***	-0.147***	-0.101***	-0.134***	-0.150***	-0.176***
流入本地时长	-0.001***	-0.008***	0.002***	-0.016***	0.001*	-0.003***
地区（东部地区）	√	√	√	√	√	√
家庭其他收入		-0.033***		-0.018***		-0.039***
配偶是否随迁		-0.225***		0.080***		-0.416***
λ值		-0.030***		-0.091***		0.083***
样本量	626801	626801	326717	326717	300084	300084

注：（1）括号内为对照组；（2）**** $p<0.05$，*** $p<0.01$，* $p<0.1$。

动参与率以及在业男性的工资均有正向的影响，而对女性的影响则恰恰相反，女性更多地承担了家庭照料的任务。流动范围对男性、女性流动人口的工资均有显著影响，流动范围越大，流动人口工资越高，且对女性的影响更大。

表9-4显示了采用 Heckman 两步法估计出的2010年、2012年、2015年、2017年我国流动人口劳动力样本工资方程和劳动参与方程，各年份的 lambda 值均显著，说明均存在自选择误差，使用 Heckman 样本选择模型合理。结果表明，在控制其他影响因素的情况下，各年份女性的工资均显著低于男性；除单位性质以外，其他变量对流动人口工资的影响方向随着时间的推移基本保持一致。

具体而言，女性选择就业的概率始终低于男性，而进入劳动力市场的女性，其工资也会显著低于男性。受教育年限与年龄的增长对流动人口工资的提高均有正向的促进作用，且随着时间的推移，教育和年龄的回报率均有所增长。家庭中0~6岁随迁子女数量越多，家庭照料需求越高，流动人口选择就业的概率越低；同时，若流动人口选择参与劳动，随着随迁子女数量的增多，流动人口的工资会显著提高，这主要是由于家庭经济和照料双重负担的加重，就业流动人口作为家庭的非主要照料者，为了保证家庭经济收入，弥补其他家庭成员因家务劳动等占据工作时间导致的收入下降，会倾向于从事收入更高的工作。持农业户口的流动人口就业概率显著高于非农业户口的流动人口，但其工资则显著低于非农业户口流动人口，且二者间的工资差距不断扩大。2015年以前，在私有企业工作的流动人口工资始终低于在国有企业工作的流动人口，但差距在不断缩小，自2015年起，在私有企业工作的流动人口工资开始反超。住宿餐饮业流动人口的工资显著低于制造业流动人口，这可能与其工作时长不固定、常需超时工作有关；同为劳动密集型产业，建筑业流动人口工资显著高于制造业流动人口。从事有高技能要求职业的流动人口的工资更高，管理、技术与办事人员工资显著高于其他职业流动人口，但近年来与商业服务业人员工资的差距有所缩小。跨省流动人口相比于省内跨市、市内跨县的流动人口工资显著

表9-4　2010年、2012年、2015年、2017年流动人口工资方程回归结果

变量	2010年 第一阶段	2010年 第二阶段	2012年 第一阶段	2012年 第二阶段	2015年 第一阶段	2015年 第二阶段	2017年 第一阶段	2017年 第二阶段
性别（男性）								
女性	-0.088***	-1.343***	-0.194***	-1.029***	-0.204***	-0.662***	-0.173***	-0.748***
受教育年限	0.036***	0.022***	0.041***	0.030***	0.039***	0.033***	0.045***	0.041***
年龄	0.030***	0.222***	0.048***	0.209***	0.050***	0.143***	0.059***	0.118***
年龄平方	-0.000***	-0.003***	-0.001***	-0.003***	-0.001***	-0.002***	-0.001***	-0.002***
户口性质（非农业户口）								
农业户口	-0.130***	0.097***	-0.134***	0.064***	-0.135***	0.091***	-0.153***	0.047***
0~6岁随迁子女数量	0.109***	-0.424***	0.052***	-0.375***	0.065***	-0.361***	0.067***	-0.319***
单位性质（国有企业）								
私有企业	-0.116***		-0.042***		0.037***		0.014*	
行业性质（制造业）								
建筑业	0.092***		0.182***		0.183***		0.152***	
批发零售业	0.038***		0.007		0.039***		-0.096***	
住宿餐饮业	-0.040***		-0.020***		-0.019***		-0.128***	
其他	0.043***		0.054***		0.082***		-0.008	
职业类型（管理、技术与办事人员）								
商业服务业人员	-0.259***		-0.266***		-0.187***		-0.159***	

续表

变量	2010年 第一阶段	2010年 第二阶段	2012年 第一阶段	2012年 第二阶段	2015年 第一阶段	2015年 第二阶段	2017年 第一阶段	2017年 第二阶段
生产运输人员	-0.157***		-0.150***		-0.139***		-0.179***	
其他	-0.331***		-0.349***		-0.307***		-0.305***	
就业身份（雇员）								
雇主	0.422***		0.316***		0.450***		0.358***	
自营劳动者	0.081***		0.062***		0.070***		-0.085***	
其他	-0.383***		-0.147***		0.001		0.076***	
流动范围（跨省流动）								
省内跨市流动	-0.080***	-0.137***	-0.103***	-0.084***	-0.098***	-0.081***	-0.083***	-0.091***
市内跨县流动	-0.101***	-0.201***	-0.130***	-0.150***	-0.142***	-0.149***	-0.155***	-0.165***
流入本地时长	0.001	-0.009***	0.001	-0.013***	-0.003	-0.005***	-0.001*	-0.004***
地区	√	√	√	√	√	√	√	√
家庭其他收入		-0.003***		-0.046***		-0.051***		-0.071***
配偶是否随迁		-0.694***		-0.249***		-0.110***		-0.023**
λ值		-0.224***		0.069***		0.039***		-0.139***
样本量	119,451	119,451	156,455	156,455	188,082	188,082	162,813	162,813

注：（1）括号内为对照组；（2）*** $p < 0.01$，** $p < 0.05$，* $p < 0.1$。

更高。流入本地时长对工资的影响较小。家庭其他收入的提高以及配偶的随迁，都会降低流动人口的就业概率，但二者对就业选择影响的大小变动趋势相反，家庭其他收入提高引起的就业概率降低幅度越来越大，配偶随迁反之。

第二节　是什么造成了流动人口工资的性别差异

一　差异分解

应用 Neumark 分解方法对流动人口性别工资差异进行分解，绘制 2010 年、2012 年、2015 年、2017 年各分解效应在总差异中占比的变动趋势图（见图 9 - 3）。由图可以直观地看出，歧视效应始终是我国流动人口性别工资差异的主导力量，性别歧视对性别工资差异的解释力度远高于特征差异，且近年来，歧视效应占总差异的比例不断扩大，2017 年该比例高达 84.21%，即超过八成的性别工资差异由性别歧视带来，可见我国劳动力市场上的性别歧视问题越来越严重。相比之下，特征差异对流动人口性别工资差异的解释力度则在不断减弱，特征效应占比由 2010 年的 27.19% 逐渐降低至 2017 年的 15.79%。

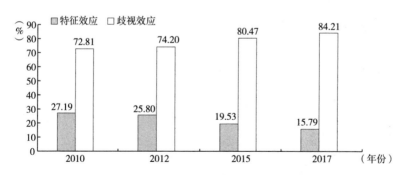

图 9 - 3　流动人口性别工资分解效应占比变化趋势

为进一步探究特征差异与性别歧视作用于流动人口性别工资差异的解释因素，表 9 - 5 展示了 2010 年、2012 年、2015 年、2017 年流动人口性别工资差异在各类特征中的具体表现。

表 9－5　2010 年、2012 年、2015 年、2017 年流动人口性别工资差异分解

单位：%

	2010 年			2012 年			2015 年			2017 年		
	工资差异	特征效应	歧视效应	工资差异	特征效应	歧视效应	工资差异	特征效应	歧视效应	工资差异	特征效应	歧视效应
受教育年限	-26.10	3.67	-29.77	-28.22	3.05	-31.27	-9.96	2.89	-12.85	-6.56	3.10	-9.66
年龄	39.48	1.62	37.86	51.85	2.13	49.72	33.10	2.19	30.91	2.11	-0.83	2.94
人力资本特征合计	13.39	5.29	8.10	23.62	5.18	18.44	23.14	5.08	18.06	-4.45	2.27	-6.72
户口性质	-0.24	-0.51	0.27	9.07	-0.74	9.81	7.52	-0.17	7.69	4.71	-0.53	5.24
0～6 岁随迁子女数量	9.35	2.23	7.12	8.43	1.11	7.32	8.24	1.30	6.94	5.11	0.64	4.47
单位性质	-8.12	0.89	-9.01	-7.92	0.40	-8.32	-2.30	-0.27	-2.03	19.06	-0.04	19.10
行业类型	10.96	5.46	5.50	13.59	9.85	3.74	19.83	6.76	13.07	15.65	10.18	5.47
职业类型	2.67	9.25	-6.58	9.00	8.38	0.62	-2.78	3.57	-6.35	-25.45	0.40	-25.85
就业身份	-5.87	6.64	-12.51	-2.62	2.87	-5.49	-5.53	2.93	-8.46	3.42	2.37	1.05
劳动力市场特征合计	-0.37	22.24	-22.61	12.05	21.50	-9.45	9.21	12.99	-3.78	12.68	12.90	-0.22
流动范围	7.03	0.36	6.67	10.27	0.53	9.74	6.59	0.65	5.94	6.32	1.11	5.21
流入本地时长	3.78	0.06	3.72	-0.63	0.08	-0.71	1.48	-0.26	1.74	2.44	-0.03	2.47
流动特征合计	10.82	0.43	10.39	9.64	0.61	9.03	8.07	0.40	7.67	8.77	1.08	7.69
地区	-0.14	-2.47	2.33	6.37	-1.85	8.22	-0.53	-0.06	-0.47	2.83	-0.55	3.38
常数项	67.23		67.23	30.86		30.86	44.37		44.37	70.39		70.39
总差异	100.00	27.19	72.81	100.00	25.80	74.20	100.00	19.53	80.47	100.00	15.79	84.21

结果显示，在特征效应中，劳动力市场特征的解释力度最大，2010年能够解释总差异的22.24%，但该比例逐年缩小，到2017年仅能解释12.90%的差异，降低了近10个百分点。其中，行业类型、职业类型和就业身份是结构性差异的主要来源，说明流动人口在行业类型、职业类型以及就业身份等特征方面存在很大的性别差异，但因职业类型与就业身份在男女之间的分布差别产生的性别工资差异近年来不断减小，从2010年到2017年，二者引起的特征差异分别下降了8.85个百分点和4.27个百分点，这也是特征效应占比不断下降的主要原因。而性别间行业类型分布的差异则不断扩大，到2017年已经成为最主要的结构性差异来源，能够解释性别工资总差异的10.18%。人力资本特征对特征效应的解释力度较小，且对总差异的解释比重随着年份的增加呈下降趋势，2010年人力资本的特征效应占比为5.29%，至2017年该比例仅为2.27%，而受教育年限的增长对工资的影响均为正向，说明女性整体的人力资本水平有所提高。

在歧视效应中，年龄因素占较大比重，但波动较大，说明在同等工作经验条件下，男性往往受到优待。家庭特征的比重则比较平稳，由于女性通常为家庭照料的提供者，因而企业对待家庭中有随迁子女的女性，往往会有担心其无法协调家庭与工作的顾虑，从而对女性的生产率产生偏见。企业对两性相同就业特征的不同回报抑制了性别之间的工资差异，2010年，劳动力市场特征的歧视效应占比为 -22.61%，但这种抑制作用近年来正在被不断削弱，且往往会被流动人口就业结构的分布特征冲淡，2017年劳动力市场特征的歧视效应占比已接近于零。

二 总结与讨论

第一，我国流动人口性别工资收入不平等现象始终存在。2017年，我国女性流动人口平均月工资水平占男性月工资水平的74.54%，在小时工资方面，该比例也近四分之三，而根据世界贸易组织对63个国家的统计，我国男性的平均工资比女性高出约20%（夏庆杰等，2015），可见我国流动人口工资收入的性别差异较大。第二，纵向看来，2010～2017 年流动人口工资的性别差异呈波动扩大趋势，女性在劳动力市场上处于越来越弱势的地位。第三，歧视效应是流动人口性别工资差异的主导力量，占总差异的比例始终保持在七成以上，解释力度远高于特征差异。第四，性别歧视对流动人口性别工资差异的解释力度越来越大，2010 年歧视效应在流动人口性别工资总差异中占比为 72.81%，而 2017 年歧视效应的占比已高达84.21%，差异中仅有 15.79% 可以由流动人口男性和女性之间的特征差异进行解释。市场对流动人口的性别歧视现象越来越严重，且在人力资本特征、劳动力市场特征、家庭特征、流动特征等多个方面均有所体现。因而要改善我国流动人口目前的性别收入不平等状况，首要的是消除性别歧视观念。具体而言，第一，要加强家庭责任分工的男女平等。虽然女性有了更自主的就业选择，但在子女照料等问题上还是体现出了家庭劳动分工的性别不均衡。流动人口家庭往往会因为女性工资比男性低，为使家庭利益最大化，将更多的家庭劳动分配给女性，从而挤压女性外出劳动的机会与时长，应转变这种家庭决策理念；第二，要加强劳动力市场用工规范，逐步消除企业对女性劳动力的刻板印象；第三，要改革户籍制度，保障流动人口权益，获得公平受教育的权利。

由于数据的局限性，模型纳入的人力资本特征变量较少。工作经验、是否受过培训、劳动合同等未在考察之列。此外，本研究分解使用的 Nuemark 分解方法虽然相比于 Oaxaca – Blinder 分解方法有更强的理论基础，但可能由于推导出的无歧视工资方程的假定较为严格、样本不能完全满足假定而产生系统性误差，这些都有待进一步分析。

第五篇

社会调查中的流动人口

第十章　如何更好地了解流动人口

　　人口的迁移与流动反映了时代的发展与变迁。改革开放以来的40余年是我国社会发展突飞猛进的时期，人口的迁移与流动，无论是在规模还是范围方面都获得了飞跃式发展，成为推动经济发展的重要力量，流动人口相关的统计调查也随之产生并不断完善。

　　经过数十年的发展，我国的流动人口统计调查经历了从无到有、从弱到强、从探索到完善、从仅支持科研到同时支持决策的发展历程，本章将从历史、现状与未来发展趋势等多个方面对1978年以来我国流动人口统计调查进行回顾与总结，为新时期更好地开展流动人口管理与服务工作提供基础性的数据支持。

第一节　流动人口统计调查的历史回顾

　　流动人口统计调查既是社会变革与人口变迁相互作用的产物，也是我国40余年城镇化与现代化进程的历史见证。伴随着改革开放以来我国工业化、城镇化、现代化的快速发展，城乡之间、地区之间的人口流动也经历了多个不同的历史时期，流动人口群体的规模逐步扩大，学界和政府部门对流动人口的认识与关注也日益深入。

一 概念界定与统计口径

人口流动研究的首要科学问题，是对流动人口概念的把握，概念从统计口径上影响着流动人口总量的统计结果。然而，在我国历年的统计调查实践中，界定流动人口的时间和空间维度、统计方式等方面的标准并不统一，而且随着社会经济发展变化进行过多次调整，这造成了流动人口统计口径的部门差别、历史差别和地区差别，统计结果自然也存在显著差异。

国际上通常将人口的迁移或流动定义为"从一个地方到另一个地方的永久性居住变动"。而在我国，自 1958 年实施《户口登记条例》以来，人口流动被纳入政府的统一管理体系，人口的"迁移"和"流动"之间有了根本性的区别，而户籍状态成为区分两者的核心概念。通常认为，"迁移"是得到政府行政许可的常住户口登记地的变更，而"流动"一般指自发的、没有办理常住户口登记地变动的常住地变更（韦艳、张力，2013）。

在不同调查统计中，流动人口存在着不同的时间和空间界定。在时间维度上，考虑到人口流动行为对流入地社会、经济状况与人口管理的实际影响，我国目前的人口普查与大多数抽样调查的现行标准是把"在流入地居住六个月及以上"的群体定义为流动人口。采用该口径的统计调查项目包括：中国劳动力动态调查（CLDS）、国家统计局组织的"全国农民工统计监测调查"等。我国的人口普查自 2000 年的第五次人口普查开始，也将流动人口在时间维度上的统计口径改为半年以上。

然而，随着我国城镇化和现代化水平的进一步提高，城乡间、地区间人口流动性不断增强，人口流动的模式日趋复杂多样，学界对流动人口的界定也日趋精细，一些专项调查和常规行政统计出于各自具体的调查目的将时间尺度进一步缩小，以求更全面地掌握人口流动信息。例如，全国流动人口动态监测调查将流动时间 1 个月以上的人群即定义为流动人口。我国人口普查也在 2010 年的第六次人口普查中增加了对流动时间小于 6 个月的人口的统计。此外，还有一些以就业地点为抽样单位的流动人口调查，以流动原因（工作）为识别依据，并不特别强调流动时间，例如中国乡城人口流动调查（RUMiC）和中国家庭收入调查（CHIP）等。

在空间维度上，目前较为常见的统计口径主要有跨乡（镇、街道）和跨县（市、区）两类界定方式。在 2000 年之后的第五次、第六次人口普查中，均使用更为精确、具体的乡（镇、街道）一级作为空间尺度，而此前的第三次、第四次人口普查则采用跨县（市、区）的统计标准，未包括在县（市、区）范围内流动的人群。在对流动人口有明确定义的专项调查中，中国流动人口动态监测调查选择在县（市、区）级层面对流动进行界定，而中国乡城人口流动调查（RUMiC）、74 城镇人口迁移抽样调查则采用了较为精细的定义，即在乡（镇、街道）层面识别流动人口。

与流动人口相关的概念界定的变化和统计口径的差异，反映了我国流动人口统计调查体系日趋精细化、全面化和多元化的发展趋势，也反映了学界对于人口流动现象的认识随着流动人口群体的状态变化也在不断调整、日益深入。然而，概念界定和统计口径的不统一，也反映出我国流动人口统计调查存在着比较复杂的历史差异、部门差异和地区差异，造成了目前关于我国流动人口数量规模、变动趋势的"数字乱象"，甚至在一定程度上左右了流动人口统计的结果。

以人口普查为例，作为全国性的"人头清点"调查，人口普查无论是从资料的全面性还是准确性来看，都可以被视为把握流动人口规模的权威数据源，通常被作为基础资料使用。然而，从表 10 - 1 的对比统计中可以看出，历次人口普查所使用的统计口径在"时间"和"空间"上的界定都不尽相同。因此，历次人口普查得到的流动人口在规模上的差别，在某种程度上是由于统计口径变化造成的。遗憾的是，依靠现有已公布的信息无法分离统计口径变化对总量偏差的独立影响。

流动人口统计中存在口径不一致的问题，主要是源于不同时期、不同部门收集流动人口数据的目的不同。政府部门对流动人口进行统计的根本目的在于掌握需要纳入管理和服务的群体的有关信息，考虑到管理部门的

表 10－1　最近四次人口普查流动人口界定标准和规模的比对

	1982 年"三普"	1990 年"四普"	2000 年"五普"	2010 年"六普"
户口状况	离开常住户口登记地；或在本地暂无户口	离开常住户口登记地；或在本地暂无户口	离开常住户口登记地；在本地暂无户口；或户口待定	离开常住户口登记地；在本地暂无户口；或户口待定
空间尺度	跨越本县（市、区）	跨越本县（市、区）	跨越本乡（镇、街道）	跨越本乡（镇、街道）
时间尺度	一年以上	一年以上	半年以上	同时统计半年以下和半年以上
流动统计	人户分离，但不包括县（市）内的流动	人户分离，但不包括县（市）内的流动	人户分离，包括县（市）内的流动人口	人户分离，包括县（市）内的流动人口
流动人口规模	实际定居地与户口所在地不一致的人口比例为 1.13%；常住本县 1 年以上、户口在外地的"跨县级行政地域"人口 636.45 万，占总人口的 0.64%；在本地居住不满 1 年、离开户口登记地 1 年以上的"跨县级行政地域"人口 21.03 万，占总人口的 0.02%	实际定居地与户口所在地不一致的人口比例为 2.61%；已在本县、市常住 1 年以上，常住户口在外地的"跨县级行政地域"人口比例为 1.75%；在本县、市居住不满 1 年，但已离开常住户口登记地 1 年以上的"跨县级行政地域"人口 152.39 万，占总人口的 0.14%	居住地与户口登记地所在的乡（镇、街道）不一致（且离开户口登记地半年以上的人口 14439 万；市辖区内人户分离的人口 3600 万；流动人口 10175 万，其中，省内流动人口 3375 万，跨省流动人口 3700 万	居住地与户口登记地所在的乡（镇、街道）不一致（且离开户口登记地半年以上的人口 26138.61 万；市辖区内人户分离的人口 3995.94 万；不包括市辖区内人户分离的人口 22142.67 万（26138.61 万－3995.94 万）

业务需要，与当前部门工作职责有关的流动人口群体才属于其登记范围。因此，若非针对特定研究问题，客观上很难确定哪一种统计口径更科学。

除上述因素外，流动人口统计口径的不同也是转型时期户籍改革、城乡一体化、流动人口权益等在各地呈现不同模式和不同进度的体现。不同地区开展的城乡一体化实践在思路、方法和实施进度上的差异，构成了地方层面在户籍迁移、外来人口权益等改革方面的不同实践，也影响到流动人口统计口径的"地方标准"。结果是，户口管辖区作为界定流动的基础"地理单元"，其边界含义在不同城市的差异性日益明显。

客观地看，流动人口统计口径的不同和变化有其不可避免的原因，既有政府部门行政分工的影响，也有改革发展需求的影响。提高流动人口总量统计的质量，对深入认识我国人口迁移、城市化形势，对促进公共资源在地域间的合理配置，对提高流动人口服务和管理水平的重要意义毋庸置疑。但要改变造成流动人口统计口径不一致的制度性因素，将涉及社会经济多个领域的深入改革和不同行政部门的职能重组，难以在短时间内速成，需要进一步探索和完善。同时，研究者在使用不同部门的"流动人口总量"数据时，需要认识到不同统计口径的定义内涵和信息量的差异，把握口径有别可能对特定研究问题带来误导。

二　人口流动的历史变迁

改革开放揭开了我国大规模人口流动的历史序幕。人口流动是我国转型时期经济、社会快速发展催生的社会现象之一，也是区域发展不平衡的体现，在很大程度上折射出转型中的中国在推进工业化、市场化、城市化进程中取得的成果和发展的趋势的同时，也反映出我国目前在区域分化的劳动力市场整合、区域分立的社会保障体系改革、区域分治的社会融合和城乡一体化的历史进程中必然面临的矛盾与挑战。

在改革开放前，受到严格的经济与户籍管理限制，我国的流动人口规模很小，1982 年第三次人口普查时的流动人口数量仅为 658 万（段成荣等，2008）。流动人口规模的快速增长始于20世纪80年代，大致可以分为三个阶段。第一个阶段是20世纪80年代初期到90年代初期，随着《关于农民进入集镇落户问题的通知》的发布，国家放松了对农村人口进入中小城镇就业、生活的限制，促进了农村劳动力人口的乡城转移，使我国流动人口规模从1982年的658万增加至1990年的2135万，年均增长约7%。

第二个阶段是1990年到2010年，流动人口规模持续高速增长，从1990年的2135万增加至2000年的1.02亿、2005年的1.47亿，进而增加至2010年的2.21亿，年均增长约12%。

第三个阶段是2010年以来至今相对缓和的发展时期，2010～2014年流动人口增长速度下降，年均增长约3%。然而，伴随着劳动力缺口逐渐缩小，人口压力显著增加，大城市加强了人口调控力度，流动人口规模在2014年达到2.53亿的峰值之后出现了回落趋势。2015年国家统计局公布的全国流动人口为2.47亿，比2014年流动人口规模下降了568万，2016年全国流动人口规模在2015年的基础上再减少近200万。从国家统计局公布的数据来看，2018年我国流动人口的规模为2.41亿，比2017年末减少约380万，如图10-1所示。

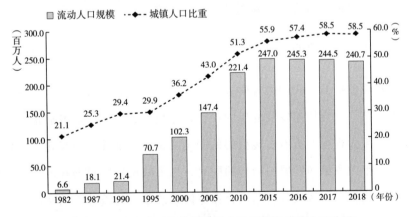

图 10-1　1982 年以来我国流动人口规模及城镇人口比重

与此同时，近年来，一些全国性宏观政策的出台也在引导流动人口返乡。2015年国务院办公厅发布《关于支持农民工等人员返乡创业的意见》，号召流动人口返乡创业；2016 年国务院发布《关于加强农村留守儿童关爱保护工作的意见》，强调外出务工父母的监护责任，同样传递倡导农民工返乡的信号，均在一定程度上促成了人口流动负增长。

三 流动人口统计调查的发展历程

随着人口流动规模的扩大，我国流动人口统计调查也经历了 40 余年的发展，积累了大量数据资料、调查经验和基层数据采集网络，取得了举世瞩目的丰硕成果。

从样本规模、地域范围、调查内容、执行机构等方面，可以将我国的流动人口统计调查发展历程划分为 3 个主要历史阶段：改革开放至世纪之交阶段（1978～1999 年）、新世纪第一个十年阶段（2000～2009 年）、新世纪第二个十年阶段（2010～2018 年）。在这 3 个历史阶段中，我国逐渐形成了由人口普查、全国或地方性抽样调查与常规监测登记制度组成的多层次流动人口统计调查体系，采集的不同时期、不同地区的大量基础数据，服务于我国同流动人口相关的学术研究与政策制定。

在改革开放至世纪之交阶段，学界对流动人口这一概念尚缺乏清晰、统一的界定，流动人口统计调查的数量和规模有限，调查制度建设处于起步阶段，国内各机构的统计体系尚不完善。受统计调查技术发展水平的限制，这一阶段的调查数据质量不高，数据利用与成果转化率相对较低。统计调查项目的设计、组织和执行以高校等科研机构为主，政府管理部门的力量相对较弱。这一阶段出现的涉及流动人口群体的统计调查项目主要有：1982 年以来开展的全国生育状况抽样调查/计划生育调查、1986 年开展的 74 城镇人口迁移抽样调查、1988 年以来开展的中国家庭收入调查（CHIP）和中国健康与营养调查（CHNS）、1993 年以来开展的国家卫生服务调查以及 1986 年以来开展的全国农村固定观察点调查等，具体如表 10 - 2 所示。

表 10 – 2　1978 ~ 1999 年开始的流动人口统计调查项目（按基线调查时间顺序）

项目	开展年份
全国人口普查	1982、1990、2000、2010
全国生育状况抽样调查/计划生育调查	1982、1988、1992、1997、2001、2006、2017
74 城镇人口迁移抽样调查	1986
全国 1% 人口抽样调查	1987、1995、2005、2015
中国家庭收入调查（CHIP）	1989、1996、2000、2003、2008、2009、2014
中国健康与营养调查（CHNS）	1989、1991、1993、1997、2000、2004、2006、2009、2011、2015
全国农村固定观察点调查	1986 年至今每年
国家卫生服务调查	1993、1998、2003、2008、2013、2018

在 21 世纪的第一个十年阶段，我国工业化、城镇化进程加快，流动人口规模在这一时期快速增长，流动人口群体受到政府部门的重视，相关的统计调查数量迅速增加，规模显著扩大，并开始出现针对流动人口群体的各类专项调查。在这一阶段的相当一部分社会统计调查项目中，流动人口已不再是边缘群体，而是成为调查研究关注的主体对象。但是，这一阶段的大部分统计调查对于流动人口群体的认识仍然存在局限，多停留在"打工仔""农民工""进城务工人员"这一类身份标签上，对流动人口的概念界定和统计口径仍然存在不一致的问题。除了高校等科研机构持续关注流动人口群体之外，这一时期的政府管理部门也逐渐开始参与并主导流动人口统计调查的设计与执行。这一阶段涉及流动人口的统计调查项目主要有：2003 年以来开展的中国综合社会调查（CGSS）、2006 年以来开展的全国农民工统计监测调查和全国人口变动情况抽样调查、2008 年以来开展的中国乡城人口流动调查（RUMiC）和人保部就业情况快速调查及劳动保障报表制度、2008 年以来开展的中国家庭追踪调查（CFPS）、2009 年以来开展的全国流动人口动态监测调查等，具体如表 10 – 3 所示。

表 10 - 3　2000～2009 年开始的流动人口统计调查项目（按基线调查时间顺序）

项目	开展年份
中国综合社会调查（CGSS）	2003、2005、2006、2008、2010、2012、2013、2015、2016、2018
全国农民工统计监测调查	2006、2015
全国人口变动情况抽样调查	2006
中国家庭追踪调查（CFPS）	2008、2011、2013、2015、2017
人保部就业情况快速调查及劳动保障报表制度	2008
中国乡城人口流动调查（RUMiC）	2008、2009、2010、2011、2013、2015、2016、2017、2018
全国流动人口动态监测调查	2009、2010、2011、2012、2013、2014、2015、2016、2017、2018

在新世纪的第二个十年阶段，随着我国改革开放和经济转型的深入发展，流动人口的规模进一步扩大并达到顶峰，并在近年来经历波动，略有回落。这些新的变化得到学界、政府管理部门、媒体和大众的广泛关注，越来越多的统计调查项目开始将流动人口纳入调查范围。在这一阶段，针对流动人口开展的研究越来越多，对流动人口群体的生存发展状况、需求和社会贡献的认识更加深刻，针对流动人口的统计调查开始注重地区代表性，内容上也从主要关注流动人口在劳动力市场中的角色地位，转变为更加关注流动人口在流入地的教育获得、妇女权益、医疗卫生以及社会融入等主体需求，并在妇女地位和教育不平等等领域出现了涉及流动人口群体的专项主题调查。政府管理部门在这一阶段的统计调查实施中发挥着强有力的主导作用，以调查数据为基础的新型服务与管理模式逐步形成。这一阶段出现的涉及流动人口群体的统计调查项目主要有：2011 年以来开展的中国劳动力动态调查（CLDS），2011 年以来开展的中国家庭金融调查（CHFS），2012 年以来开展的长三角地区社会变迁调查（FYRST）、中国教育追踪调查（CEPS）以及中国城镇化与劳动移民调查等，具体如表 10 - 4 所示。

表 10 – 4 2010～2018 年开始的流动人口统计调查项目

(按基线调查时间顺序)

项目	开展年份
中国劳动力动态调查（CLDS）	2011、2012、2014、2016
中国家庭金融调查（CHFS）	2011、2013、2015、2017
中国教育追踪调查（CEPS）	2012、2013、2014、2016、2017、2018
中国城镇化与劳动移民调查	2012
长三角地区社会变迁调查（FYRST）	2012、2014、2016
家庭发展追踪调查	2014、2016

第二节 流动人口统计调查分类评述

近年来，我国流动人口统计调查受到学术界和政府部门越来越多的关注，两方均组织开展了多个涉及流动人口的大型统计调查项目。这些统计调查项目在设计上各具特色，在内容上互为补充，为把握我国流动人口变化发展趋势提供了翔实的数据资料。按照调查方式、调查目的、调查地点、调查的时间跨度、主办机构、地理范围、数据开放程度等标准，可以将我国目前现有的流动人口统计调查进行分类归纳，从而厘清其发展脉络与现状。

一 调查方式：普查、抽样调查与监测登记

从调查方式来看，流动人口统计调查可以分为普查、抽样调查和监测登记三大类，三者共同构成了我国多层次、全方位的流动人口统计调查体系，为涉及流动人口群体的学术研究和政策制定提供了大量基础数据。

普查包括全国人口普查（全国 1% 人口抽样调查因其内容与全国人口普查有相似性，也被归入此类）以及国家各部委组织开展的各类专项专题普查，如经济普查、农业普查、工业普查和三产普查等。普查在调查执行和所得数据内容上具有普遍性、统一性和权威性的优势，通常作为其他抽

样调查和监测登记工作的基础数据资料。以全国人口普查为例，全国人口普查由国家统计局在全国范围内组织实施，不仅能够获取全国各地区流动人口的数量、结构、分布等基本信息，还可以查清流动人口群体的家庭、教育、就业、住房等基本的社会特征以及家庭成员的出生和死亡状况等。但是，对于了解流动人口这一群体来说，普查也存在着一定的问题。由于样本规模庞大以及调查所需的人力、财力、物力十分巨大，普查涵盖的往往是居民及其家庭最基本的信息，因此获取的关于人口流动的详细资料往往没有抽样调查丰富，变量相对较少，并且各类普查的信息公开程度普遍较低，微观数据较难被获取和使用，更新速度和成果转化率也有待进一步提高。

抽样调查近年来发展迅速，形式多样，主要由高校等科研机构以及政府机构设计执行，优势在于其学术性、灵活性、高效性和数据的共享性，项目的设计和执行可以借鉴国际前沿的理论和方法，执行效率高，统计指标、抽样框通常更新速度较快，数据资料的公开程度较高，研究者较容易获取数据进行学术研究。比较有代表性的有中国家庭追踪调查（CFPS）、中国劳动力动态调查（CLDS）、中国综合社会调查（CGSS）等大型学术调查项目。以中国综合社会调查（CGSS）为例，CGSS以普查数据和国家统计局的年鉴数据为基础设计抽样框，采用多阶段的PPS抽样法在全国抽取样本进行调查访问，在保证样本代表性和统计推断精度的前提下，不仅节约了调查成本和时间，提高了调查执行效率，而且调查中的流动人口样本也符合我国流动人口的自然分布，能够更好地反映不同时期流动人口的发展趋势。历年CGSS调查的内容涵盖城乡居民（包括流动人口样本）的基本信息、家庭结构、就业、健康、生活方式以及价值观等各个方面的数百个变量，可以为更加深入地了解流动人口群体的生活状态和需求提供数据支持。综合性抽样调查的问题在于，往往需要兼顾不同的被调查群体，较少针对流动人口专门开展，而针对流动人口的抽样调查又往往缺乏最新的、高质量的抽样框，因此数据中的流动人口样本量往往较小，不仅缺乏代表性，而且难以支撑以流动人口为主题的研究和分析。

大流动中的小生活

　　监测登记主要由各级政府部门设计和执行，具有常规化、定期性、标准性的特点，在流动人口相关的统计调查体系里起到重要的作用，可以满足各级政府部门对流动人口群体的服务与管理需求。与流动人口相关的监测登记可以分成两种，一种是包含人口流动信息在内的常规性监测登记，如农业部牵头建立的全国农村固定观察点调查，就是比较有代表性的常规性监测登记类统计调查，而通过分析相关家庭成员监测情况，可以计算得出农村地区人口流出相关信息。此类监测中流动人口相关信息并不丰富，往往只能描述其监测对象的一个方面，因此使用此类信息数据研究人口流动的研究也非常少见。另一种是以监测人口流动及流动人口生存发展状况为主要目标的监测登记，包括国家卫生健康委员会开展的全国流动人口动态监测调查、国务院农民工办和统计局开展的全国农民工统计监测调查、国家统计局近些年开展的农民工市民化进程动态监测调查三个监测登记。此类监测登记往往以流动人口为主体，具有样本量大、监测稳定、执行迅速、调查内容模块具有针对性等特点，为国家掌握流动人口生存发展状况、制定相关政策奠定了非常好的数据基础。总体上来看，监测登记类调查在抽样过程和数据公开上也存在较为突出的问题。一方面，监测登记使用的抽样框更新缓慢，如全国农民工统计监测调查使用的抽样框来自第六次人口普查，在选择调查地区及预测地区人口流动现状方面会存在一定的偏差；而农民工市民化进程动态监测调查在城市地区尚未建立一个完整的农民工抽样框；相比而言，全国流动人口动态监测调查的抽样框来自流动人口信息库，其信息能即时更新，在很大程度上克服了监测登记类调查中流动人口抽样框信息陈旧的问题。另一方面，流动人口监测登记类调查的数据公开程度与高校及科研机构开展的调查相比，还处于较为落后的状态。目前，全国农民工统计监测调查以及农民工市民化进程动态监测调查尚未公开微观数据，而全国流动人口动态监测调查是目前唯一公开的政府机构执行的监测调查数据，极大地推动了我国人口流动相关政策制定与服务管理的优化。

二 调查目的：综合性调查与专项调查

按照调查目的，可以将流动人口统计调查分为综合性调查和专项调查。两者在调查内容、抽样方式上存在一定差异。

综合性调查多以城乡居民家庭或个体为调查对象，在抽样时往往不考虑流动人口分布，在问题设置中才区分流动人口身份。综合性调查这种抽样设计的好处在于可以更加客观地反映流动人口的分布状态和变化趋势，而问题在于虽然调查对流动人口在流动经历、劳动就业等各方面的信息均有涉猎，但基本点到为止，缺少专门针对流动人口的特殊化问题，更由于问卷篇幅的限制而无法采集到更加全面、深入的详细信息。比较有代表性的综合性调查有中国家庭追踪调查（CFPS）、中国劳动力动态调查（CLDS）、中国综合社会调查（CGSS）等大型学术调查项目。

近年来，综合性调查越来越关注流动人口问题，部分调查项目纳入了专门的流动人口抽样框和流动人口问卷，扩大流动人口样本所占比例，或者在流动人口集中分布的地区（如东部沿海省份、北上广深等大都市，长三角地区等）设立自代表层，但当地居民仍然是这类调查的主要调查对象，流动人口是次重点关注对象。例如中国劳动力动态调查（CLDS），采用 PPS 抽样方法将全国（不含西藏自治区、海南省和港澳台地区）2282 个县（市、区）级行政单位划分为 6 大层进行抽样，其样本具有全国代表性、东中西部各自代表性、广东省代表性和珠三角地区代表性。这种针对广东省和珠三角地区的过度抽样（Oversampling）和自代表层设计，在很大程度上解决了其他综合性调查面临的流动人口样本数量过低的问题，更好地反映了不同地区特殊的劳动力结构和问题，这使得该数据更适用于流动人口相关问题的研究，也为相应地区有关部门更好地开展流动人口服务与管理提供了基础数据支持。

专项调查是专门针对流动人口开展的统计调查项目，或者将流动人口作为主要调查对象，非流动人口的居民作为次要调查对象的调查项目。针对流动人口的专项调查起步较早，主要由国家卫生健康委、国家统计局等政府管理机构组织实施，经过近 40 年的探索与实践，目前我国比较有代表性的专项调查包括 74 城镇人口迁移抽样调查、全国农民工统计监测调查、农民工市民化进程动态监测调查、全国流动人口动态监测调查、中国乡城人口流动调查（RUMiC）等项目。流动人口专项调查的优势在于，其调查样本和调查内容具有更强的针对性，能够更加深入地反映人口流动现状和发展趋势，支持与其他人群开展比较研究。

我国改革开放以来的流动人口专项调查以 1986 年开展的 74 城镇人口迁移抽样调查为开端。作为 1978 年以来首个针对流动人口群体的专项调查，该调查虽然受到当时技术水平的限制，在抽样方法、样本代表性和数据质量等方面不尽完善，但它首次全面地提供了反映我国 1949 年以来城镇人口迁移的规模、流向、结构、原因和后果的基础数据，填补了我国城镇人口迁移资料的空白，不仅是人口学、经济学、社会学、历史学等学科研究所需的基本数据资料，也是国家决策部门制定改革发展相关政策的重要参考依据（高嘉陵、冯士雍，1991）。

国家卫生健康委于 2009 年起组织开展的全国流动人口动态监测调查，则是 21 世纪以来我国流动人口专项调查的代表性项目，具有样本量大、针对性强、内容丰富、连续性强的特点。调查动态监测的调查对象为在流入地居住 1 个月以上，非本县（市、区）户口的 15 ~ 59 岁的流动人口，2012 年样本点覆盖全国 3750 个乡（镇、街道），7500 个村（居）委会，总样本量约 15 万人。调查的主要内容包括：流动人口人口学基本信息，就业、居住、医疗保障、婚育与计划生育服务等公共服务情况以及社会生活与心理感受状况等。该调查的开展，有利于科学地把握我国当前流动人口的规模与结构、区域分布和变动趋势，为引导人口有序流动、合理分布提供重要的数据支持。

三 调查地点：流入地调查与流出地调查

从调查地点的角度来看，流动人口统计调查可以分为流入地调查和流出地调查。目前已有的统计调查项目中，流入地调查数量相对较多，专门针对流出地的调查项目数量较少，也有一部分调查同时涵盖了流入地和流出地，例如国家卫生服务调查、中国乡城人口流动调查（RUMiC）、中国家庭收入调查（CHIP）以及中国家庭追踪调查（CFPS）。

流入地调查和流出地调查各自的目的和关注的研究问题差异较大。流入地调查更适合用来了解流动人口这一群体的生存与发展现状，在流入地面临的就业、劳动保障、医疗卫生、子女教育以及社区融入等困难，研究流动人口对经济发展和城市建设的作用和影响。与其他类型的流动人口统计调查项目相似，流入地调查目前遇到的最大困难是流动人口在城市中往往居住分散且稳定性较低，搬迁频繁，难以获取高质量的流动人口抽样框，无法在城市设立长期稳定的跟踪调查点，样本精度和数据质量仍有待提高。比较有代表性的流入地调查有：74 城镇人口迁移抽样调查、全国流动人口动态监测调查、农民工市民化进程动态监测调查、中国综合社会调查（CGSS）、中国劳动力动态调查（CLDS）以及中国家庭金融调查（CHFS）等。

流出地调查则更多以农村家庭户作为调查对象，通过访问农村住户中的户主或了解情况的家庭成员获得农民工的有关情况，侧重于了解流动人口及其家庭成员的流动经历、流动原因、返乡意愿与返乡行为以及留守人员的相关情况，有助于更好地把握我国人口流动的规模、流向分布和流动人口所占比例，聚焦乡村振兴等热点问题，探究人口流动给农业、农村和农民家庭带来的影响。但流出地调查也存在一定的局限，一方面，对于外出流动的农民工本人在流入地工作及生活的各种情况只能通过仍留在农村老家的人获取，可能与实际情况存在偏差；另一方面，调查对象为"农民工"，与"流动人口"的概念不完全对应。样本中仅有农村户籍的流动人口，不能覆盖全体流动人口。目前，我国比较有代表性的流出地调查主要有全国农民工统计监测调查和全国农村固定观察点调查等。

四　时间跨度：截面调查与追踪调查

从调查的时间维度来看，流动人口统计调查可以分为截面调查（Cross-sectional Survey）和追踪调查（Longitudinal Survey）。在我国目前已经开展的流动人口统计调查项目中，截面调查的数量相对较多，设计与执行也更加成熟、系统，而追踪调查虽然起步较晚，但近年来发展迅速，其数据价值得到了学界和政府管理部门的高度重视，也产生了一批重要的研究成果。

截面调查可以分为一次性的截面调查和多轮次重复进行的截面调查。目前，我国比较有代表性的一次性截面调查主要有早期的 74 城镇人口迁移抽样调查以及 2012 年的中国城镇化与劳动移民调查。与一次性的截面调查相比，多轮次重复进行的截面调查具有更大的价值，可以提供流动人口各方面信息的历时变化趋势，已经成为目前我国流动人口截面调查的主要模式。目前，我国比较有代表性的多轮次重复进行的涉及流动人口群体的截面调查主要有：国家卫生服务调查、全国流动人口动态监测调查、中国综合社会调查（CGSS）以及中国家庭收入调查（CHIP）等。

多轮次重复进行的截面调查大多采用在一个调查周期内使用同一套抽样框的方式，这种方式便于调查者进行抽样框的维护和更新，获得稳定的抽样框，有利于其在较低的预算之下更加顺利和高效地获取多轮次的信息，与地方政府部门和样本点村（居）委会建立良好的合作关系，确保调查可以长期稳定地开展。以中国综合社会调查（CGSS）为例，CGSS 从2003 年延续至今，有较长的历史跨度，可以反映近十五年的变迁，属于典型的多轮次重复进行的截面调查。

但是，这种方式也可能会带来数据质量以及抽样更新方面的问题。目前我国城镇化加速发展，行政区划变动比较频繁，而流动人口常住地的变动也比较频繁，因此，对多轮次截面调查抽样框的更新和维护面临着越来越大的挑战。仍然以 CGSS 为例，自 2003 年项目启动以来，CGSS 的抽样方案在原则上都采用多阶分层 PPS 随机抽样，使用过三套不同的抽样框：2003～2006 年抽样框、2008 年抽样框以及 2010～2018 年抽样框。通过对 CGSS 的数据分析发现，2003 年、2005 年、2008 年、2010 年数据中流动人口（包括市内人户分离）所占的比例分别为 2.7%、1.5%、4.8%、9.6%，2013 年数据中流动人口的有效问卷仅为 1400 份左右。而在 2000 年和 2010 年两次人口普查数据中，全国流动人口比例分别为 8.04% 和 16.15%，远高于 CGSS 数据中流动人口的比例。此外，从抽样框设定上，CGSS 属于典型的家户调查，在抽样的最后阶段采用的是现场抽样，所以无法抽到属于农村统计口径之内的外出务工群体，而城市部分又没有包含此类人群，这对样本的选取有明显影响（龚为纲，2010）。未被包括的流动人口和被包括的流动人口之间可能存在结构性差异，这导致调查对流动人口代表性较差。

追踪调查指的是在多轮次重复调查中，只在基线调查（Baseline Survey）时对家庭或个人进行概率抽样，此后的历次调查针对基线调查的样本家庭或个人进行追踪、回访的调查，调查得到的针对同一批调查样本的历时数据，被称为面板数据（Panel Data）。上文提到的多轮次重复的截面调查，可被视为追踪样本点的调查，而不是追踪家庭/个人的调查。涉及流动人口群体的追踪调查在我国起步较晚，目前数量还比较少，但是近年来追踪调查的优势逐渐得到认可，发展速度很快，目前比较典型的追踪调查项目主要有：中国家庭追踪调查（CFPS）、中国劳动力动态调查（CLDS）、中国乡城人口流动调查（RUMiC）以及长三角地区社会变迁调查（FYRST）等。

与截面调查相比，追踪调查得到的面板数据能够更好地反映流动人口在流动迁移、求职就业、家庭结构等方面的经历和变化，研究者在研究时可以综合使用调查中不同时点的数据避免反向因果效应，更好地进行因果推断，因而学术价值较高。但在执行上，追踪调查的成本较高，执行比较困难，追踪率往往不理想。而流动人口群体尤其存在着常住地变动频繁的问题，使得针对流动人口的追踪调查难度更大。此外，由于家庭成员居住地的变动、人口的增减、分家、结婚等情况较为复杂，针对流动人口的追踪调查对问卷设计的要求很高。针对这一问题，在今后的追踪调查抽样和问卷设计中，可以采取减少追踪样本的方法，集中追踪某一个或几个地区的样本，提高追访率。

五　主办机构：高校等科研机构与政府管理部门

目前，流动人口统计调查的组织和执行机构主要以高校等科研机构和政府管理部门为主，两者在调查的设计和内容上各有特点、相互补充，但是在执行上还需要进一步加强合作。

在流动人口的统计调查领域，高校等科研机构起步比较早，政府管理部门起步虽相对较晚，但重视程度很高，投入力量更多，发展速度较快。两者在调查设计和内容上的出发点不同，高校等科研机构侧重于理论研究，关注新形势下的劳动力市场变化发展，调查设计和内容具有较高的学术意义，但是受经费和人力等调查执行方面的限制，科研机构很难独立开展全国性、大规模、多轮次的流动人口专项调查。而政府管理部门出于促进城镇化、市民化、公共服务均等化等社会发展的客观需要和卫生健康、基础教育、生育、医疗、养老等不同部门的业务职能需求，依托各地有关部门的基层执行网络，可以开展大规模、持续的、高效的流动人口专项调查。

目前来看，高校等科研机构与政府管理部门在流动人口统计调查指标体系和统计口径衔接配合、信息共享等方面还较为薄弱，亟待加强。在指标体系和统计口径方面，有必要加强政府监测登记等常规统计调查项目与高校开展的科研类抽样调查的有机配合，节省人、财、物力，加大流动人口抽样框的更新和维护力度，加强对数据质量的监管。在工作方法上，有必要在目前主要的、由上至下的调查执行方法基础上进行拓展和创新，充分利用信息技术资源，兼顾全国性调查与地方性的专门调查，更好地满足市县一级的数据需要，填补这一层级的数据空白，进一步发挥流动人口数据指导社会服务供给与管理的作用。

需要指出的一点是，相比于政府管理部门，高校等科研机构的调查更容易受到经费和人员等因素的影响，调查的持续性、时效性、样本规模甚至调查质量等得不到更为有效的保证。以中国乡城人口流动调查（RU-MiC）为例，该调查2008年由澳大利亚国立大学孟昕教授发起，澳大利亚国立大学、昆士兰大学、北京师范大学共同参与，资助方包括澳大利亚研究理事会、澳大利亚国际合作部、福特基金、德国劳动经济研究所、中国国家社会科学基金等。RUMiC 2008～2009年两轮调查交由北京师范大学李实老师实施，2008年和2009年RUMiC的数据实际上就是CHIP（李实老师负责）中的流动人口（农民工）模块。而由于协调、资金、理念等问题，之后的RUMiC调查执行并不顺利，历尽辗转，一直到2016年，RU-MiC调查开始转交至暨南大学执行。而调查执行上的不稳定直接影响到后续数据的开发和使用，截至目前，RUMiC数据只向公众开放了2008、2009年两轮数据。

六　地理范围：全国性调查与地方性调查

从调查样本覆盖的地理范围来看，流动人口统计调查可以分为全国性调查和地方性调查，两者在调查目的、抽样方法和问卷设计的思路上存在较大差异。

全国性调查的样本量通常较大，且样本具有全国代表性，多为大规模的综合性或专项调查，利用这些调查数据可以进行全国层面的统计推断，也更加适合开展追踪调查，学术及政策研究价值较高。目前，我国比较有代表性的全国性调查主要有：国家卫生服务调查、全国流动人口动态监测调查、全国农村固定观察点调查、中国乡城人口流动调查（RUMiC）等。

例如国家卫生服务调查，充分体现了全国性调查的各项特点。该调查由国家卫生健康委（原卫生部、原国家卫生计生委）组织开展，自1993

年起每 5 年在全国范围内调查 1 次，截至目前已经完成 6 次全国性调查。1993 年第一次国家卫生服务调查在全国 92 个样本县（市、区）展开，最终实际调查了 5.5 万户、21.5 万人。1998 年、2003 年、2008 年均是在相同的县级抽样单位调查了约 5.7 万户城乡居民。2013 年第五次国家卫生服务调查样本覆盖全国 31 个省的 156 个县（市、区），最终样本量为 9.4 万户、27.4 万人，2018 年第六次国家卫生服务调查涉及样本 9.4 万户、约 30 万人。国家卫生服务调查的内容大致涵盖了城乡居民（尤其是妇女、儿童、老年人等重点人群）的卫生服务基本需求、卫生服务资源利用情况、医疗保障等众多方面。历次国家卫生服务调查相关结果被广泛应用于各级卫生行政部门的科学管理和决策之中，对我国卫生服务供求关系调控和医药卫生体制改革起到了重要的参考作用。

地方性调查则更有针对性和灵活性，由于我国东、中、西部以及不同省份之间的经济发展水平不同，且产业结构存在较大差异，因此对于流动人口服务和管理的需求也不尽相同，地方性调查可以适应各地流动人口规模和发展趋势的不同状况，满足不同地区流动人口服务与管理的具体需求。

长三角地区社会变迁调查（FYRST）是目前我国比较有代表性的地方性调查。该调查由复旦大学社会科学数据研究中心主持，以长三角地区为调查区域，是深度了解调查对象和所处社区的发展变化情况的一次区域性追踪调查。该调查涉及上海、江苏、浙江三省（直辖市）共计 16 个地级市（区），均为经济发达、流动人口较为集中的地区，调查可覆盖相对多的流动人口样本。调查以 1980~1989 年出生的一代人为调查对象，流动人口属于调查的子群体，可通过问卷中关于居住地、户口和流动时间的变量进行识别，有利于为研究新生代流动人口群体提供数据支持。至今已有 2012 年、2014 年、2016 年共三期数据。但该调查样本量较小，全体样本量 6000 人左右，流动人口数量则更少，考虑到追踪调查可能出现的样本损失，流动人口样本的代表性和样本规模无法保证，因此利用该数据可能难以进行更加复杂、精确的统计分析。

七 开放程度：完全公开数据、有限使用数据和非公开数据

开展流动人口统计调查的最终目的是使用调查收集上来的数据资料开展学术研究、指导政策制定，提高对流动人口群体的认识、管理与服务水平。数据的开放程度直接影响成果转化的数量和质量，从而在很大程度上决定了数据本身的价值。近年来，提高数据的开放水平与速度，最大程度地发挥数据价值、促进成果转化，是世界各国统计调查发展的大势所趋，也是今后我国流动人口统计调查工作需要改进与完善的重点目标之一。

按照数据资料的开放程度，可以将现有的统计调查数据分为完全公开数据、有限使用数据和非公开数据，具体情况如表 10 - 5 所示。目前，数据完全公开的统计调查项目主要有：全国流动人口动态监测调查、中国家庭追踪调查（CFPS）、中国综合社会调查（CGSS）、中国劳动力动态调查（CLDS）、中国家庭金融调查（CHFS）、中国家庭收入调查（CHIP）、中国教育追踪调查（CEPS）、中国社会状况综合调查（CSS）、中国健康与营养调查（CHNS）等。

表 10 - 5　我国流动人口统计调查数据开放与共享情况

项目	类型	详情
全国人口普查与全国1%人口抽样调查	有限使用	全国和省级层面的汇总数据可直接获取（网址：http://www.stats.gov.cn/tjsj/pcsj/）；个人层面数据不公开，需要申请并前往指定地点使用
国家卫生服务调查	有限使用	调查结果以年度报告形式报送国家有关部门；相关数据由国家卫生健康委于调查后第二个年度对外发布
74城镇人口迁移抽样调查	有限使用	按城市规模加权的汇总数据以《中国1986年74城镇人口迁移抽样调查资料》调查报告的形式发表于《中国人口科学》（专刊）；已出版《中国人口迁移和城镇化》一书；微观层面数据不公开
全国流动人口动态监测调查	完全公开	调查数据可以访问国家卫计委流动人口数据平台申请使用（网址：http://www.chinaldrk.org.cn/wjw/#/home）

项目	类型	详情
全国农民工统计监测调查	非公开	该数据尚未公开申请方式
农民工市民化进程动态监测调查	非公开	该数据尚未公开申请方式
全国人口变动情况抽样调查	非公开	该数据尚未公开申请方式
就业情况快速调查及劳动保障报表制度	非公开	该数据尚未公开申请方式
中国家庭追踪调查（CFPS）	完全公开	数据分为公开数据和限制数据两部分。公开数据包括全部微观数据，可直接获取；限制数据包括 2010 年区县宏观经济变量数据、城市和区县的名称及国标码，需要申请并经过严格审核后方可在数据使用协议的指导下使用（网址：http：//www.isss.pku.edu.cn/cfps/index.htm）
中国综合社会调查（CGSS）	完全公开	历年调查的微观数据由中国人民大学中国调查与数据中心于调查完成后的 1~2 年内公开发布，可通过中国国家数据库（网址：http：//cnsda.ruc.edu.cn/）直接获取
中国劳动力动态调查（CLDS）	完全公开	2016 年追踪数据已向中山大学全校师生开放申请；2011 年广东省试调查数据、2012 年基线数据和 2014 年追踪数据均已对社会开放申请（网址：http：//isg.sysu.edu.cn/node/353）
中国家庭金融调查（CHFS）	完全公开	2011 年、2013 年数据可直接获取；2015 年、2017 年数据需在数据集成平台中使用（网址：https：//chfs.swufe.edu.cn/da-tas/）
中国家庭收入调查（CHIP）	完全公开	历年调查数据可通过北京师范大学中国收入分配研究院网站（网址：http：//ciid.bnu.edu.cn/chip/index.asp）申请获取
中国乡城人口流动调查（RUMiC）	有限使用	2008 年、2009 年调查数据即为 CHIP 数据，可通过北京师范大学中国收入分配研究院网站（网址：http：//ciid.bnu.edu.cn/chip/index.asp）申请获取；其他年份数据暂未公开
中国社会状况综合调查（CSS）	完全公开	历年调查数据可通过中国社会科学院社会学所网站（网址：http：//css.cssn.cn/css_sy/）申请获取
家庭发展追踪调查	非公开	该数据尚未公开申请方式
全国生育状况抽样调查/计划生育调查	非公开	该数据尚未公开申请方式

续表

项目	类型	详情
中国妇女社会地位调查（流动人口专卷）	非公开	该数据尚未公开申请方式
中国城镇化与劳动移民调查	非公开	该数据尚未公开申请方式
长三角地区社会变迁调查（FYRST）	非公开	该数据尚未公开申请方式
中国教育追踪调查（CEPS）	完全公开	历年调查数据由中国人民大学中国调查与数据中心于调查完成后的 1~2 年内公开发布，可通过中国国家数据库（网址：http://cnsda.ruc.edu.cn/）直接获取
中国健康与营养调查（CHNS）	完全公开	历年调查数据可通过美国北卡罗来纳大学人口研究中心网站（网址：https://www.cpc.unc.edu/projects/china/）申请获取
全国农村固定观察点调查	非公开	该数据尚未公开申请方式

全国流动人口动态监测调查是政府管理部门组织开展的统计调查项目中数据公开力度最大的，引领了行政监测数据公开化的发展方向，代表着政府管理部门与科研机构共同开展数据成果转化的最高水平。目前，该项目已经形成了比较完善的申请受理和数据管理模式，并完全实现了数据的无纸化在线发放，大大提升了数据管理效率。经统计，截至 2018 年 11 月，使用该数据开展的各类研究成果有 477 项，其中发表在 SCI、CSSCI 期刊上的成果共 192 篇，涉及的研究方向较为多元，涵盖了流动人口的劳动就业与社会保障、社会融合、卫生健康服务，流动老人儿童和女性群体生存发展现状，新型城镇化模式，超大城市流动人口，"一带一路"等国家级经济区域流动人口服务与管理等众多领域。

第三节　对目前流动人口统计调查的总结与思考

我国人口流动的规模和方向在新时期呈现出的变化发展趋势，对流动人口统计调查工作提出了新的要求。因此，本研究从发挥的作用和存在的主要问题两个方面对已有的流动人口统计调查进行总结与反思，有助于厘清几十年来我们在统计调查实践中探索出的客观规律和宝贵经验，传承和发扬严谨求实的统计调查精神，为继续搞好流动人口统计调查工作打下坚实基础。

一　流动人口统计调查发挥的作用

在中国城乡人口大规模流动、新型城镇化加速发展的时代背景下，掌握人口流动的历史、现状和今后可能的发展趋势，对国家各部门发挥职能、制定政策，相关学术领域的繁荣创新十分重要，流动人口统计调查在这个过程中起到了至关重要的作用，具体表现为以下两个方面。

（一）为政策制定提供数据支撑

流动人口是我国社会急剧变革的产物，政府对该群体的服务与管理都存在滞后性，旧有的经济体制与固化的管理思路，难以应对人口变动的巨大冲击，因此人口大规模流动在推动我国工业化、现代化建设的同时，其引发的社会问题没有得到及时解决，阻碍着社会的和谐发展。为积极应对人口流动为社会发展带来的新挑战，掌握流动人口的规模、流向、特征与发展现状等信息，对制定流动人口政策，加强和改善流动人口管理和服务工作显得尤为重要。

然而，我国的流动人口数据相对缺乏、质量较低、更新较慢、综合统计体系尚不完善，难以满足政策制定对时效性、准确性和前瞻性的要求。对此，我国政府部门和研究机构开始针对流动人口群体进行统计调查工作，建立了相关监测与统计制度。随着政府对流动人口统计工作的重视程度不断提升，人员资金投入持续增加，流动人口统计工作在探索中不断成熟，我国流动人口调查体系从无到有，逐步成形。人口普查、流动人口监测调查与抽样调查等提供的各类数据满足着政府各部门的决策需求。

具体而言，流动人口统计调查数据为完善流动人口管理工作打下了坚实基础。流动人口的快速集聚可能使流入地公共服务资源不堪重负、城市资源环境压力激增、社会治安面临挑战，各流动人口管理部门通过定期收集流动人口相关统计信息，掌握流动人口的规模、流向、分布以及其对流入地、流出地经济、社会产生的影响，这对及时调整人口管理与调控政策，引导人口合理有序流动，将流动人口纳入社会治理体系起到了积极作用。

统计调查数据还为提升流动人口服务质量提供依据。尽管流动人口是推动我国社会经济发展的重要力量，但流动人口在劳动权益、社会保障、子女上学、生活居住等方面面临诸多困难。通过对流动人口及其家庭的调查，可以了解流动人口在劳动就业、日常生活、社会保障、婚姻生育等方面的现状、问题及需求，从而科学有效地制定流动人口服务政策，合理分配公共资源，改善流动人口生存环境、维护其应有权益，促进社会公平正义与和谐发展。

（二）引领国内流动人口相关研究

作为市场经济转轨以及户籍管理体制变革背景下产生的"新型劳动大军"，流动人口近四十年来规模增长迅速，无论对我国宏观层面的经济和社会发展，还是对微观层面的家庭与个体发展都产生着日益深刻的影响。为理解大规模人口流动与城镇化过程，与我国经济发展、社会变迁之间的互动关系，以及流动经历对个体生存发展的影响，自 20 世纪 90 年代起，越来越多的学者将目光聚焦于流动人口，研究成果不断增多、议题不断丰富。

然而，在劳动力大规模转移初期，流动人口尚属新生问题，加之流动人口总体难以界定，适用于学术研究的流动人口数据难以获得。在政府数据公开性差、深度不足，小规模抽样调查代表性不强的情况下，流动人口研究的广度与深度都受到了很大限制，为避免抽样问题，一些调查采用定性资料分析、非概率抽样方式获取资料，研究结论往往可靠性较差、难以进行推广。

近年来，越来越多的大型综合调查与流动人口专项调查出现，大大丰富了与流动人口相关的数据来源，促进了有关流动人口的实证研究的发展。其一，抽样调查中多元的调查内容拓展了流动人口的研究领域与内容，人口学、社会学、经济学、管理学、公共卫生学等多学科交流并存；流动人口特征与模式、就业与保障，对流入地、流出地的社会影响，对劳动力、儿童、老人的个体影响以及流动人口的社会融入与治理等多议题互动深化，使得流动人口研究在我国城镇化背景下不断繁荣。其二，研究数据的丰富推动着研究方法的创新。过去，样本规模以及调查性质限制着统计方法的使用，近年来，大样本的专项调查以及流动人口追踪调查不断涌现，使适用于因果推断的计量方法可被用于流动人口研究中，这有助于解决流动人口研究选择性的问题。其三，调查方法的进步提升了流动人口研究的科学性。专家学者与研究团队在越来越多的流动人口调查中不断积累经验，改善着流动人口调查的抽样与质量控制方法，不断提高样本对流动人口总体的代表性，让使用调查数据的相关研究结论更为可靠。

二 流动人口统计调查存在的主要问题

在整个统计调查制度中，流动人口调查统计属于新生专业，常规化的调查从 2010 年前后才开始，整个调查制度体系较为纤细薄弱，离"建立流入地与流出地相结合、综合统计与部门统计相结合，标准统一、信息共享的流动人口统计调查监测体系"的目标还有较大差距。具体体现在以下四点。

（一）流动人口统计口径不一致

由于不同调查机构的调查目的不一，人口流动在各个时期的特点不同，在我国现有的流动人口统计调查中，口径不一致现象较为普遍。一方面，不同调查的覆盖对象不统一，并非所有调查的关注对象都与流动人口概念完全吻合，该问题尤其体现在不同政府部门组织的各类监测调查上。例如，国家统计局的全国农民工统计监测调查的调查对象为有农村户籍的"农民工"群体，农业部的全国农村固定观察点调查仅登记外出从业人员。另一方面，即使调查对象明确为"流动人口"，各调查对流动人口的界定也五花八门。正如本章第一节"概念界定与统计口径"部分提到的，流动人口在不同调查中，在时间、空间维度的界定上皆存在差异，即使在同一调查中（例如全国人口普查），不同年份对其的界定也几经调整。

统计口径的不一致为流动人口的统计与研究工作带来困难，也限制了数据的开发与使用。对人口普查与监测登记而言，统计口径直接影响其对流动人口规模与总体特征的估计。不同调查公布的数字不一致，让人们对调查的准确性产生怀疑，影响着人们对流动人口变动趋势、特点，以及人口流动对社会经济宏观影响的判断与理解，使得流动人口调查结果难以服务于决策。对于抽样调查而言，统计口径影响了其与不同类型调查以及国际同类调查之间的可比性。由于不同调查的关注点与侧重点不同，单一的数据来源有时不能满足研究者的研究目的，但不同调查的口径不一限制了数据的相互补充以及相关研究的深入，造成了数据资源的浪费。口径差异还为比较研究带来困难，使得不同时期、不同地区的数据不能对比，限制了数据的使用效率。另外，数据可比性差也会导致研究者难以评估数据质量，影响其对研究结论的判断。

（二）抽样框不完整，难以获得合理的抽样框

流动人口抽样调查最大的问题是准确的抽样框难以获得，这导致抽样得到的样本不具有代表性。抽样框难以确定首先是因为流动人口的界定较为复杂，不易筛选。其次，流动人口居住分散，散居在城市各个角落，信息难以捕捉。最后，流动人口居留不稳定，流动性较强，这导致调查者很难通过现有的登记数据获得有时效性的完整抽样框。

现有大型调查主要通过两种途径得到抽样框。一种途径是基于居住场所的、典型的家户调查，例如大部分大型综合调查，包括 CGSS、CFPS、CLDS 等，以及以流动人口监测调查为代表的专项调查，它们都是以此种途径制作抽样框的。基于居住场所的调查，在操作层面上可通过两种方式得到流动人口名单，其一是通过社区获取住户门牌、登记信息，即利用社区"花名册"得到抽样框。其二是抽中村/居委会后，利用地图抽样的方式对其进行抽样，再结合摸底调查得到最终抽样框。由于流动人口的流动性较大，社区信息往往不完整，因此在近期的调查中，地图法更为普遍。另一种途径是基于被访者的工作（或学习）场所制作抽样框，CHIP 中的流动人口问卷和流动人口专项调查 RUMiC 是使用这类抽样框的调查的代表。

然而无论是基于居住场所还是工作场所，获得的抽样框都不能覆盖全部流动人口。对于前者而言，很多流动人口没有固定的居住地，如一些流动人口直接居住在工棚、厂房中，基于社区进行抽样无法覆盖这类流动性强的群体。对于后者而言，一方面，很多机构不愿配合调查，数据获取门槛高、难度大。另一方面，抽样框必将遗漏没有正式单位的，或不在劳动力市场中的流动人口群体。从逻辑上判断，被纳入和没被纳入抽样框的群体之间可能存在系统性差异，这导致无论抽样是否符合随机性原则都将造成样本有偏。而样本的代表性差将直接影响研究者对流动人口总体特征的推断，使得样本结论无法被推广到总体，动摇研究结论的可靠性，降低调查数据的使用价值。

（三）流动人口相关调查指标设计滞后，需进一步合理化

从本质上区分，流动人口统计属于家计统计一类，但由于调查对象的特殊性，又不完全等同于家计统计，它的核心框架以流动人口家庭为对象，旨在尽可能地揭示流动人口的全貌。但由于指标框架大而分散，指标体系纵深程度不够，出现了大而不强，数据分级分层不完整，指标利用率低的问题。

目前的流动人口统计监测调查指标体系内容大致包括四个方面的内

容。第一，反映流动人口基本状况的指标，包括流动人口总量，分布（地区、城乡、行业等），结构（年龄、性别、行业、职业等），素质（文化、技术、健康等）等方面的指标。第二，反映流动人口劳动和社会保障情况的指标，主要有劳动时间、劳动报酬、劳动保护、权益维护、社会保障等。第三，反映流动人口生活质量的指标，包括居住状况、消费状况、婚姻状况、子女受教育状况等。第四，反映政府及有关职能部门为解决流动人口面临的问题所做工作的指标，主要有基本公共服务、职业培训、维护流动人口合法权益等。

目前大部分流动人口监测登记以及抽样调查问卷虽在指标体系的四个方面均有涉猎，但基本点到为止，更由于问卷篇幅的限制无法更加全面详细，调查虽然针对流动人口，但指标却难以体现人口流动特色，导致数据难以被深度开发利用。

（四）部分调查样本规模过小，难以支撑相关分析

对于非流动人口专项的综合调查，或规模较小的流动人口专项调查，流动人口样本量较小可能限制了研究者对数据的挖掘及利用。受调查目的所限，很多家户调查并非以流动人口为主要调查对象，因此在抽样设计环节并不特意针对流动人口进行分层，或只是追加流动人口样本，又鉴于流动人口流动强的特点，很多家户调查无法覆盖大规模流动人口样本。事实上，即使在利用率较高的综合调查CGSS2013年的数据中，流动人口的有效问卷也仅为1400份左右，很难满足研究需求。

样本规模较小会进一步放大抽样误差，导致研究者难以进行有意义的统计推断，降低研究结论的可靠性。样本量也限制着研究内容的深度与广度，若流动人口总体样本较少，研究者也无法进行流动人口内部子群体的比较。一些对样本量要求较高的统计方法也无法被使用，使得部分研究假设无法被检验。

此外，流动人口识别难度较大，受调查资金与时间所限，部分流动人

口专项调查的样本规模也仅能满足全国代表性，无法对地区具有代表性。这进一步限制了研究者进行地区间的对比，难以开展地区间的差异性研究。在实践层面上，调查数据难以支持地区有关流动人口管理与服务的决策，降低了数据服务于政策的价值。

三　建议与展望

随着我国经济发展进入新常态，城镇产业结构和空间布局深度调整、城乡人口规模和结构持续变化以及人口流动模式日益多元化，我国流动人口的增长趋势将面临更大的不确定性。因此，把握未来人口流动的变化和发展需要结合当前产业升级和社会转型的历史阶段，厘清不同时期我国人口流动的动因，进而对当前及未来流动人口的发展趋势做出判断。影响人口流动规模的因素是复杂多样并且相互作用的，要想明确每个因素的作用机制及作用程度，尚有待更优质的数据资料支撑和研究者进行更加深入、更加系统地理论分析。总的来说，目前还没有充足的证据支持我国流动人口规模到了从增加到减少的历史"拐点"的说法，短期的减少和长期的稳定甚至增加，应是未来流动人口规模的主要变化趋势。具体来看，在今后的流动人口统计调查工作中，以下四个方面尤其应该引起重视。

第一，提升数据资源开发利用水平，加强数据成果的交流转化。目前，国家各有关部门以及各科研单位针对流动人口群体开展的统计调查项目日益增多，基础数据资料的积累已经取得了诸多成绩。如何发挥数据资源优势，挖掘数据资源潜力，提升数据资源的成果转化率，成为下一步工作的重中之重。应建立政府部门和高校科研机构、不同政府部门之间的联系机制，加深高校科研机构统计与政府部门统计的结合程度。充分利用联席会议制度，深入了解政府部门流动人口相关统计数据，切实推进对数据趋势性、匹配性、结构性和支撑性的分析研究。注重部门资料和行政记录的应用，数据之间的衔接验证，使统计数据经得起检验。同时，提高调查方案的开放程度，加大数据共享力度。

第二，重点关注弱势群体，逐步将调查覆盖各个分支领域。随着全社会对流动人口的认识不断深入，政府与学界各有关部门的关注点应逐渐从流动人口的总体规模、流动趋势更加聚焦到流动人口中的少年儿童、女性、老年人、残疾人、少数民族以及老少边穷地区居民，并逐步将统计调查的内容扩大到流动人口经济社会生活的各个分支领域，具体开展一批分支领域内的专项主题调查，例如教育、生育、养老、医疗等方面的主题调查，现有的统计调查多停留在表层信息的获取阶段，缺乏深度挖掘。全国流动人口动态监测调查曾经在2016年开展了一定范围内的流动老人专项调查，在这一领域迈出了第一步，但未来仍需要围绕流动人口的公共服务需求以及各部门的决策需要，提高调查数据在不同领域的多样化服务能力，不断增强数据的决策影响力。

第三，把握大数据新趋势，充分利用新技术。作为一种新兴资源，流动人口大数据具有数据信息量大、数据来源多样化、数据处理难度高等特点，正在成为流动人口研究过程中发现问题、探寻规律、深化认识、科学决策的重要手段和依据。在接下来的工作中，应进一步挖掘和整合流动人口大数据资源、推动数据资源共享和数据分析平台搭建，充分发挥大数据在趋势预测和智能匹配方面的独特作用，采用新技术、新方法开展更加精准、有效的流动人口动态监测（肖子华，2017）。

第四，关注流动人口返乡趋势，加强对流动人口返乡（创业）的监测。2017年国家卫生计生委发布的《中国流动人口发展报告2017》指出，当前我国流动人口规模持续下降，转移势头有所减弱，返乡趋势逐渐形成。究其原因，主要是受暂时性的经济周期波动与国家最近几年一系列重要政策措施的共同影响，比如部分城市提出了人口调控和功能疏解的目标、户籍改革的进一步推进以及鼓励支持农民工返乡创业等相关政策的出台。现有相关调查应对流动人口返乡（创业）进行全面而深入的监测和调查，以积极响应鼓励支持流动人口返乡（创业）的政策，深入研究流动人口返乡创业可能面临的困难和挑战。

参考文献

[1] 白菊红：《农村家庭户主人力资本存量与家庭收入关系实证分析》，《西北农林科技大学学报》（社会科学版）2004 年第 5 期。

[2] 白南生、何宇鹏：《回乡，还是外出？——安徽四川二省农村外出劳动力回流研究》，《社会学研究》2002 年第 3 期。

[3] 蔡昉：《迁移决策中的家庭角色和性别特征》，《人口研究》1997 年第 2 期。

[4] 蔡禾、王进：《"农民工"永久迁移意愿研究》，《社会学研究》2007 年第 6 期。

[5] 曹永福、宋月萍：《城乡、区域二重分割下我国流动人口性别工资差异研究》，《经济与管理评论》2014 年第 5 期。

[6] 陈茜、王凤山：《症状监测的特点、发展与应用》，《现代预防医学》2014 年第 5 期。

[7] 陈卫、郭琳、车士义：《人力资本对流动人口就业收入的影响——北京微观数据的考察》，《学海》2010 年第 1 期。

[8] 陈文超、陈雯、江立华：《农民工返乡创业的影响因素分析》，《中国人口科学》2014 年第 2 期。

[9] 陈雯：《形式"同质"与本质"异质"：新生代农民工婚恋模式的机制与困境研究》，《中国青年研究》2018 年第 7 期。

[10] 陈云凡：《新生代农民工住房状况影响因素分析：基于长沙市 25 个

社区调查》,《南方人口》2012 年第 1 期。

[11] 段成荣、吕利丹、王宗萍、郭静:《我国流动儿童生存和发展:问题与对策——基于 2010 年第六次全国人口普查数据的分析》,《南方人口》2013 年第 4 期。

[12] 段成荣、吕利丹、邹湘江:《当前我国流动人口面临的主要问题和对策——基于 2010 年第六次全国人口普查数据的分析》,《人口研究》2013 年第 2 期。

[13] 段成荣、杨舸、张斐、卢雪和:《改革开放以来我国流动人口变动的九大趋势》,《人口研究》2008 年第 6 期。

[14] 樊士德、路秋菊、董宏伟、季敏:《长三角地区流动人口医疗保险政策研究》,《人口学刊》2016 年第 1 期。

[15] 房丽、叶郁辉、钟景成、白雪、王琦:《流动人口传染病管理现状及防治对策探讨》,《中国初级卫生保健》2014 年第 8 期。

[16] 高嘉陵、冯士雍:《中国 1986 年 74 城镇人口迁移抽样调查目标量的估计方法与精度分析》,《中国人口科学》1991 年第 3 期。

[17] 高兴民、许金红:《社会经济地位与健康不平等的因果关系研究》,《深圳大学学报》(人文社会科学版)2015 年第 6 期。

[18] 葛玉好、曾湘泉:《市场歧视对城镇地区性别工资差距的影响》,《经济研究》2011 年第 6 期。

[19] 龚晶、赵姜:《农民工社会保障制度发展演变与未来展望》,《河北学刊》2019 年第 2 期。

[20] 龚为纲:《人口流出对农村 CGSS2005 抽样框的影响——以农村居民家庭收入均值和结构为例》,《南京人口管理干部学院学报》2010 年第 2 期。

[21] 郭珉江、郭琳:《流动人口异地就医即时结算现状与问题研究》,《中国卫生经济》2014 年第 1 期。

[22] 郭星华、杨杰丽:《城市民工群体的自愿性隔离》,《江苏行政学院学

报》2005 年第 1 期。

[23] 郭瑜：《影响农民工参与城镇社会保障体系的因素——运用 Probit 模型的实证分析》，《调研世界》2011 年第 1 期。

[24] 郭志刚：《流动人口对当前生育水平的影响》，《人口研究》2010 年第 1 期。

[25] 国家统计局：《2009 年农民工监测调查报告》，2010，http://www. stats. gov. cn/ztjc/ztfx/fxbg/201003/t20100319_16135. html。

[26] 国家统计局：《2012 年农民工监测调查报告》，2013，http://www. stats. gov. cn/tjsj/zxfb/201305/t20130527_12978. html。

[27] 国家统计局：《2021 年农民工监测调查报告》，2022，http://www. stats. gov. cn/tjsj/zxfb. /202204/t20220429_1830126. html。

[28] 国家统计局：《第七次全国人口普查公报（第七号）》，2021，http://www. gov. cn/xinwen/2021 – 05/11/content_5605791. htm。

[29] 国家卫生计生委流动人口司：《中国流动人口发展报告 2018》，2018，中国人口出版社。

[30] 国家卫生计生委：《中国流动人口发展报告 2012》，2012，中国人口出版社。

[31] 国家卫生计生委：《中国流动人口发展报告 2013》，2013，中国人口出版社。

[32] 国家卫生计生委：《中国流动人口发展报告 2015》，2015，中国人口出版社。

[33] 贺寨平：《国外社会支持网研究综述》，《国外社会科学》2001 年第 1 期。

[34] 洪荣涛、吴生根、李群、欧剑鸣、陈武、严延生：《中国大陆传染病监测与展望》，《疾病监测》2015 年第 12 期。

[35] 侯风云：《中国农村人力资本收益率研究》，《经济研究》2004 年第 12 期。

［36］ 侯慧丽、李春华：《梯度城市化：不同社区类型下的流动人口居住模式和住房状况》，《人口研究》2013 年第 2 期。

［37］ 华迎放：《农民工社会保障：思考与政策选择——来自江苏、吉林、辽宁的调查》，《中国劳动》2004 年第 10 期。

［38］ 黄嘉文、邓宝欣：《自雇者医疗保险参保决策：理性选择还是制度分割？——基于 2012 年中国劳动力动态调查数据》，《中国卫生政策研究》2018 年第 9 期。

［39］ 黄乾：《城市农民工的就业稳定性及其工资效应》，《人口研究》2009 年第 3 期。

［40］ 贾男、甘犁、张劼：《工资率、"生育陷阱"与不可观测类型》，《经济研究》2013 年第 5 期。

［41］ 贾男、马俊龙：《非携带式医保对农村劳动力流动的锁定效应研究》，《管理世界》2015 年第 9 期。

［42］ 姜海珊：《当前农民工医疗状况分析——基于 2013 年流动人口动态监测调查数据》，《人民论坛》2016 年第 17 期。

［43］ 姜山、蒋潮鑫、任强：《数字融入、社会资本与老年心理健康——基于中国老年社会追踪调查的实证研究》，《治理研究》2022 年第 5 期。

［44］ 金丽君、鞠兰芹：《企业流动人口职业病危害现状及控制对策》，《医学动物防制》2009 年第 1 期。

［45］ 蒯鹏州、张丽丽：《农民工性别工资差异及其成因的解释——歧视的贡献到底有多大》，《农业经济问题》2016 年第 6 期。

［46］ 黎新宇、高婷、杨鹏、王全意、庞星火：《北京奥运会期间疾病监测与分析》，《中华预防医学杂志》2010 年第 1 期。

［47］ 李超、孟凡强：《外来人口自雇创业的城镇医疗保障效应——以基于广州外来人口的实证分析》，《中国劳动关系学院学报》2018 年第 5 期。

[48] 李春玲：《城乡移民的社会经济地位获得》，《北京工业大学学报》（社会科学版）2007年第4期。

[49] 李存艳、张开金、杨菊、顾华、陈建新、赵欢、秦翔：《昆山市流动人口医疗保险现状及其参保意愿分析》，《临床合理用药杂志》2011年第30期。

[50] 李芳芝、李超：《流动人口的性别收入差异分析》，《统计与决策》2016年第13期。

[51] 李佳、吕学静、牟俊霖：《中国城镇地区性别工资差距的分布变化：2002~2008》，《人口学刊》2014年第4期。

[52] 李家兴：《市场转型与劳动力市场的性别收入不平等——基于20世纪90年代末以来的性别收入差距扩大的判断》，《妇女研究论丛》2017年第2期。

[53] 李明艳、武岩、马贤磊：《农民工工资决定机制及性别差异研究》，《浙江学刊》2017年第3期。

[54] 李强：《"双重迁移"女性的就业决策和工资收入的影响因素分析——基于北京市农民工的调查》，《中国人口科学》2012年第5期。

[55] 李雅楠、廖利兵：《城镇居民性别收入差距及其演变：1991~2009》，《人口与经济》2014年第2期。

[56] 李燕芳、刘丽君、吕莹、骆方、王耘：《人际关系状况与学龄前流动儿童的问题行为》，《心理学报》2015年第7期。

[57] 李孜、杨洁敏：《我国城市流动人口医疗保障模式比较研究——以上海、成都、北京、深圳为例》，《人口研究》2009年第3期。

[58] 梁玉成、贾小双：《体育锻炼、社会资本对城乡居民身心健康的影响机制》，《上海体育学院学报》2022年第4期。

[59] 林娣：《宏观视角下农民工医疗保障制度研究》，复旦大学博士学位论文，2012。

[60] 林坤、林李月、朱宇：《流动时代中的流动世代：二代流动人口的多

维特征分析》,《南方人口》2020 年第 6 期。

[61] 刘婷婷、李含伟、高凯:《家庭随迁流动人口住房选择及其影响因素分析——以上海市为例》,《南方人口》2014 年第 3 期。

[62] 刘希伟:《论流动人口随迁子女异地高考政策的新进展》,《教育与考试》2014 年第 4 期。

[63] 卢小君、刘弘毅:《农民工参加城镇职工医疗保险的影响因素调查分析》,《中国卫生经济》2018 年第 4 期。

[64] 罗俊峰、童玉芬:《流动人口就业者工资性别差异及影响因素研究——基于 2012 年流动人口动态监测数据的经验分析》,《经济经纬》2015 年第 1 期。

[65] 罗凯:《打工经历与职业转换和创业参与》,《世界经济》2009 年第 6 期。

[66] 罗忠勇:《农民工及其各职业群体工资性别差异之比较分析——基于珠三角农民工的追踪数据:2006～2008 年》,《中国农村经济》2010 年第 9 期。

[67] 马岩、杨军、蔡金阳、王晓兵、侯麟科:《我国城乡流动人口教育回报率研究》,《人口学刊》2012 年第 2 期。

[68] 毛新雅、魏向东:《务工经历与返乡农民工收入——以中西部 7 省(市)为例的研究》,《社会科学》2017 年第 9 期。

[69] 梅良英、俞文兰、马俊东、刘家发、周安寿:《流动人口职业健康监护现状与发展趋势》,《中国工业医学杂志》2008 年第 4 期。

[70] 孟令国、余水燕:《土地流转与农村劳动力转移:基于人口红利的视角》,《广东财经大学学报》2014 年第 2 期。

[71] 孟颖颖:《城市少数民族流动人口医疗保险参保现状及影响因素研究——基于 2015 年全国流动人口卫生计生动态监测调查数据》,《云南民族大学学报》(哲学社会科学版)2018 年第 6 期。

[72] 苗艳青、陈文晶:《空气污染和健康需求:Grossman 模型的应用》,

《世界经济》2010年第6期。

[73] 宁光杰：《自我雇佣还是成为工资获得者？——中国农村外出劳动力的就业选择和收入差异》，《管理世界》2012年第7期。

[74] 牛建林：《城市"用工荒"背景下流动人口的返乡决策与人力资本的关系研究》，《人口研究》2015年第2期。

[75] 牛建林：《人口流动对中国城乡居民健康差异的影响》，《中国社会科学》2013年第2期。

[76] 仇雨临：《中国医疗保障70年：回顾与解析》，《社会保障评论》2019年第1期。

[77] 钱翔宇、胡浩：《农民工与城镇职工工资差距及性别差异研究》，《中国劳动》2015年第10期。

[78] 钱雪飞：《南京市流动人口职业培训现状的调查》，《社会》2003年第9期。

[79] 秦立建、付云云：《我国城乡居民医疗保险缴费意愿研究——基于城乡医疗保障一体化制度设计的分析》，《价格理论与实践》2014年第7期。

[80] 人力资源和社会保障部：《2009年度人力资源和社会保障事业发展统计公报》，2011，http：//www.mohrss.gov.cn/ghcws/GHCWS zhengcewenjian/201107/t20110718_83607.html。

[81] 任赟静、黄建始、马少俊、徐瑞：《症状监测及其在应对突发公共卫生事件中的作用》，《中华预防医学杂志》2005年第1期。

[82] 邵长龙、秦立建：《完善我国农民工基本医疗保险制度的研究》，《价格理论与实践》2013年第2期。

[83] 盛亦男：《中国流动人口家庭化迁居》，《人口研究》2013年第4期。

[84] 石智雷、谭宇、吴海涛：《返乡农民工创业行为与创业意愿分析》，《中国农村观察》2010年第5期。

[85] 石智雷、杨云彦：《外出务工对农村劳动力能力发展的影响及政策含

义》,《管理世界》2011 年第 12 期。

[86] 石智雷、易成栋:《长期保障、投资回报与迁移劳动力回流决策》,
《经济评论》2013 年第 3 期。

[87] 宋健:《中国流动人口的就业特征及其影响因素——与留守人口的比
较研究》,《人口研究》2010 年第 6 期。

[88] 宋健、陈芳:《城市青年生育意愿与行为的背离及其影响因素——来
自 4 个城市的调查》,《中国人口科学》2010 年第 5 期。

[89] 宋月萍、李龙:《新生代农民工婚恋及生殖健康问题探析》,《中州学
刊》2015 年第 1 期。

[90] 宋月萍、李龙、朱超:《我国农民工职业安全卫生现状及影响因素分
析》,《中国卫生政策研究》2014 年第 8 期。

[91] 宋月萍、路逍、李龙:《冲突抑或融合:当前未婚青年农民工婚恋状
况探析》,《天府新论》2014 年第 5 期。

[92] 苏华山、吕文慧、段继红:《江苏省性别收入和性别工资差异:禀赋
差异还是性别歧视》,《经济研究导刊》2018 年第 23 期。

[93] 孙淑云:《改革开放 40 年:中国医疗保障体系的创新与发展》,《甘
肃社会科学》2018 年第 5 期。

[94] 腾学敏:《我国流动人口传染病流行现状与对策研究》,《职业与健
康》2010 年第 6 期。

[95] 汪三贵、刘湘琳、史识洁、应雄巍:《人力资本和社会资本对返乡农
民工创业的影响》,《农业技术经济》2010 年第 12 期。

[96] 王怀明、王翌秋、徐锐钊:《收入与收入差距对农村居民健康的不同
影响——基于夏普里值分解》,《南京农业大学学报》(社会科学版)
2014 年第 2 期。

[97] 王健:《浅谈新农合制度面临的挑战与可持续性发展》,《绿色财会》
2014 年第 9 期。

[98] 王丽梅、张宗坪:《城市流动人口住房保障问题的现状及对策》,《工

业技术经济》2010 年第 4 期。

[99] 王培安：《把握新时代人口流动趋势 推动流动人口研究繁荣发展》，《人口研究》2019 年第 2 期。

[100] 王兴洲、王银发、徐文竹：《社会网络对居民健康状况的影响分析》，《山东医学高等专科学校学报》2006 年第 6 期。

[101] 王学龙、于潇、白雪秋：《破解城乡差距之困：基于劳动力流转模型的实证分析》，《财经研究》2012 年第 8 期。

[102] 王翌秋、苏群、吕美晔：《农村居民社会经济状况对健康风险的影响研究——来自江苏省北部五县的调研思考》，《农村经济》2009 年第 11 期。

[103] 王毅杰、童星：《流动农民社会支持网探析》，《社会学研究》2004 年第 2 期。

[104] 王懿俏、闻德亮、任苒：《Andersen 卫生服务利用行为模型及其演变》，《中国卫生经济》2017 年第 1 期。

[105] 王子成、赵忠：《农民工迁移模式的动态选择：外出、回流还是再迁移》，《管理世界》2013 年第 1 期。

[106] 王宗萍、段成荣：《新生代流动人口的现状、困境及对策》，《人民论坛》2015 年第 36 期。

[107] 韦艳、张力：《"数字乱象"或"行政分工"：对中国流动人口多元统计口径的认识》，《人口研究》2013 年第 4 期。

[108] 吴帆：《第二次人口转变背景下的中国家庭变迁及政策思考》，《广东社会科学》2012 年第 2 期。

[109] 吴帆：《新一代乡－城流动人口生育意愿探析》，《南方人口》2009 年第 1 期。

[110] 吴帆：《中国老年歧视的制度性根源与老年人公共政策的重构》，《社会》2011 年第 5 期。

[111] 吴帆、李建民：《家庭发展能力建设的政策路径分析》，《人口研

究》2012 年第 4 期。

[112] 吴少龙、凌莉：《流动人口医疗保障的三大问题》，《中国卫生政策研究》2012 年第 6 期。

[113] 吴义太、邓有莲：《我国农民工医疗保险存在的问题与对策》，《金融与经济》2012 年第 6 期。

[114] 伍海霞、李树茁、悦中山：《城镇外来农村流动人口的生育观念与行为分析——来自深圳调查的发现》，《人口研究》2006 年第 1 期。

[115] 夏庆杰、孙祁祥、庄晨：《中国经济转型时期性别工资差异分析》，《社会科学战线》2015 年第 10 期。

[116] 肖洁：《国内性别收入差距经验研究述评》，《山东女子学院学报》2018 年第 6 期。

[117] 肖子华：《大数据在流动人口服务中的应用》，《人口与社会》2017 年第 2 期。

[118] 谢冬水：《中国的劳动力迁移为何不同：一个城市政府行为模型》，《广东财经大学学报》2014 年第 4 期。

[119] 谢永飞、刘衍军：《流动人口的生育意愿及其变迁——以广州市流动人口为例》，《E 人口与经济》2007 年第 1 期。

[120] 谢勇、周润希：《农民工的返乡行为及其就业分化研究》，《农业经济问题》2017 年第 2 期。

[121] 熊少严：《流动人口家庭化子女教育影响因素与支持策略》，《青年探索》2010 年第 4 期。

[122] 徐慧：《转型期中国三大居民收入差距的变化及趋势》，《统计与决策》2010 年第 2 期。

[123] 徐愫、田林楠：《流动人口收入性别差异的实证研究——以苏浙沪三省（市）数据为依据》，《贵州社会科学》2015 年第 5 期。

[124] 薛凤蕊、乔光华、苏日娜：《土地流转对农民收益的效果评价——基于 DID 模型分析》，《中国农村观察》2011 年第 2 期。

［125］ 严于龙:《对农民工收入影响因素的初步分析》,《中国统计》2006年第10期。

［126］ 央视网:《人社部:已解决60%以上异地就医的问题》,2015,http://news.china.com.cn/2015-10/27/content_36902416.htm。

［127］ 杨菊华:《城乡差分与内外之别:流动人口社会保障研究》,《人口研究》2011年第5期。

［128］ 杨菊华:《流动人口(再)市民化:理论、现实与反思》,《社会科学文摘》2019年第7期。

［129］ 杨菊华:《只见数字不见人:流动人口职业培训变动趋势研究》,《山东社会科学》2014年第10期。

［130］ 杨菊华、陈传波:《流动家庭的现状与特征分析》,《人口学刊》2013年第5期。

［131］ 杨菊华、陈传波:《流动人口家庭化的现状与特点:流动过程特征分析》,《人口与发展》2013年第3期。

［132］ 杨菊华、张钊、罗玉英:《流动时代中的流动世代:近30年中国青年流动人口特征的变动趋势》,《中国青年研究》2016年第4期。

［133］ 姚兆余、朱慧劼:《农村居民医疗机构选择行为及其影响因素研究——基于门诊就医和住院就医的比较》,《南京农业大学学报》(社会科学版)2014年第6期。

［134］ 叶静怡、王琼:《农民工的自雇佣选择及其收入》,《财经研究》2013年第1期。

［135］ 尤丹珍、郑真真:《农村外出妇女的生育意愿分析——安徽、四川的实证研究》,《社会学研究》2002年第6期。

［136］ 于凌云、史青灵:《改革开放40年我国流动人口社会保障发展与研究回顾》,《社会保障研究》2019年第1期。

［137］ 于学军:《中国流动人口的特征、需求和公共政策思考》,《开放导报》2005年第6期。

[138] 於嘉、谢宇：《生育对我国女性工资率的影响》，《人口研究》2014年第1期。

[139] 悦中山、王红艳：《社会支持还是社会比较——社会网络影响农民工精神健康的机制研究》，《社会学评论》2022年第5期。

[140] 曾福生、夏玉莲：《农地流转与新型农民培育研究——基于多项式分布滞后模型的实证分析》，《农业技术经济》2014年第6期。

[141] 曾智、陈雯、夏英华、H. Jahn，A. Kraemer，凌莉：《广州市户籍人口与流动人口就医行为差异及影响因素分析》，《中国卫生事业管理》2012年第6期。

[142] 翟振武、杨凡：《民工荒：是刘易斯拐点还是伊斯特林人口波谷》，《经济理论与经济管理》2011年第8期。

[143] 张东辉：《压缩的政策空间：北京市流动人口家庭的教育困境与行动策略》，《南京师大学报》（社会科学版）2020年第2期。

[144] 张佳圆：《中国流动人口参加医疗保险影响因素分析》，吉林大学硕士学位论文，2017。

[145] 张良悦、刘东：《中国转型发展中农民退出的政治经济学分析》，《区域经济评论》2017年第3期。

[146] 张世伟、王广慧：《培训对农民工收入的影响》，《人口与经济》2010年第1期。

[147] 张文娟：《治理视角下的我国城市新区流动人口计划生育管理问题研究》，中国海洋大学硕士学位论文，2009。

[148] 张宗精、周旭东：《流动人口公共卫生服务利用障碍的制度分析》，《卫生经济研究》2012年第8期。

[149] 赵延东：《社会网络与城乡居民的身心健康》，《社会》2008年第5期。

[150] 郑秉文：《改革开放30年中国流动人口社会保障的发展与挑战》，《中国人口科学》2008年第5期。

［151］ 周春芳、苏群：《二元结构下我国城镇劳动力市场中的性别工资差异研究》，《南方经济》2018 年第 7 期。

［152］ 周广肃、谭华清、李力行：《外出务工经历有益于返乡农民工创业吗?》，《经济学（季刊）》2017 年第 2 期。

［153］ 周海清、高丹丹、常文虎、贾红武、吴妮娜、冯斌：《北京市某区流动人口卫生服务需求及利用的调查研究》，《中国全科医学》2011 年第 4 期。

［154］ 周钦、刘国恩：《医保受益性的户籍差异——基于本地户籍人口和流动人口的研究》，《南开经济研究》2016 年第 1 期。

［155］ 周逸先、崔玉平：《农村劳动力受教育与就业及家庭收入的相关分析》，《中国农村经济》2001 年第 4 期。

［156］ 朱红恒：《农民增收的中长期路径的实证检验》，《郑州航空工业管理学院学报》2012 年第 3 期。

［157］ 朱渭萍、孙乔、薛曹怡、傅益飞、费怡：《上海世博会期间浦东新区传染病症状监测预警系统的建立与分析》，《上海预防医学》2011 年第 12 期。

［158］ 朱晓玲、姜丽萍、肖来付、蔡福满、尹志勤、许芳芳：《沿海发达地区农民工医疗保障需求的现状调查》，《中国卫生事业管理》2011 年第 7 期。

［159］ 朱志胜：《农民工的自我雇佣选择与市场回报——基于 2014 年全国流动人口动态监测调查数据的实证检验》，《人口与经济》2018 年第 5 期。

［160］ 朱志胜：《中国农民工进城自雇佣行为研究》，首都经济贸易大学博士学位论文，2017。

［161］ 祝依品、于淼、杨富强、周江东、杨君、赵琦、徐飚：《农村地区建立传染病症状监测系统的可行性——以江西省 2 县为例》，《中国卫生政策研究》2013 年第 4 期。

[162] Anne Royalty, "Job – to – Job and Job – to – Nonemployment Turnover by Gender and Education Level, "*Journal of Labor Economics* 16, No. 2 (1998).

[163] Buehler, et al. , "Syndromic Surveillance and Bioterrorism – related Epidemics, " *Emerging Infectious Diseases* 9, No. 10(2003).

[164] G. S. Becker. *A Treatise on the Family: Enlarged Edition.* Cambridge: Harvard University Press, 1991.

[165] Hugo M. Hervitz, "Selectivity, Adaptation, or Disruption? A Comparison of Alternative Hypotheses on the Effects of Migration on Fertility: The Case of Brazil, "*Inetmationa Mię ration Mevicu* 19, No. 2(1985).

[166] Jacob Mincer and Solomon Polachek, "Family Investment in Human Capital: Earnings of Women, "*Journal of Political Economy* 82, No. 2 (1974).

[167] James S. House, Karl R. Landis and Debra Umberson, "Social Relationships and Healtht, "*Science* 241, No. 4865(1988).

[168] Jason Gagnon, Theodora Xenogiani and Chunbing Xing, "Are all Migrants Really Worse off in Urban Labour Markets? New Empirical Evidence from China, "Institute for the Study of Labor (IZA) (2011).

[169] Jones David and Makepeace Gerald, "Equal Worth, Equal Opportunities: Pay and Promotion in an Internal Labour Market, "*Economic Journal* 106, No. 435(1996).

[170] J. Lynch, P. Due, C. Muntaner and G. Davey Smith, "Social capital—Is It a Good Investment Strategy for Public Health? " *Journal of Epidemiology and Community Health* 54, No. 6(2000).

[171] Kevin J. A. Thomas, "Return Migration in Africa and the Relationship between Educational Attainment and Labor Market Success: Evidence from Uganda, "*International Migration Review* 42. No. 3(2010).

［172］ M. S. Hill, "The Wage Effects of Marital Status and Children, "*Journal of Human Resources*(1979).

［173］ N. Jia and X. Y. Dong, "Economic Transition and the Motherhood Wage Penalty in Urban China: Investigation Using Panel Data, "Camb. J. Econ (2013).

［174］ N. Lin, R. S. Simeone, W. M. Ensel and W. Kuo, "Social Support, Stressful Life Events, and Illness: A Model and an Empirical Test, " *Journal of Health and Social Behavior* 20, No. 2(1979).

［175］ Paula England. *Comparable Worth: Theories and Evidence.* New York: Routledge, 2017.

［176］ Peggy A. Thoits, "Stress, Coping, and Social Support Processes: Where Are We? What Next? " *Journal of Health and Social Behavior Spec*, No. Extra Issue(1995).

［177］ Rachel Murphy. *How Migrant Labor is Changing Rural China.* Cambridge: Cambridge University Press, 2002.

［178］ Ronald M. Anderse and John F. Newman, "Societal and Individual Determinants of Medical Care Utilization in the United States, " *Milbank Quarterly*(1973).

［179］ Ronald M. Andersen, "Revisiting the Behavioral Model and Access to Medical Care: Does It Matter, " *Journal of Health and Social Behavior* 36, No. 1(1995).

［180］ Jane Waldfogel, "Understanding the' Family Gap' in Pay for Women with Children, "*Journal of Economic Perspectives* 12, No. 1(1998).

［181］ Warren B. Miller and David J. Pasta, "Behavioral Intentions: Which Ones Predict Fertility Behavior in Married Couples? 1, " *Journal of Applied Social Psychology* 25, No. 6(1995).

［182］ W. Arthur Lewis, "Economic Development with Unlimited Supplies of

Labour, " *The Manchester School of Economic and Social Studies* 22, No. 2 (1954).

[183] W. Henry Mosley and Lincoln C. Chen, "An Analytic Framework for the Study of Child Survival in Developing Countries. " *Bulletin of the World Health Organization* 10, No. 2(1984).

[184] X. Meng, "The Informal Sector and Rural – Urban Migration – A Chinese Case Study, " *Asian Economic Journal* 15, No. 1(2001).

图书在版编目（CIP）数据

大流动中的小生活：流动人口的生存与发展／宋月
萍著 . -- 北京：社会科学文献出版社，2023.11
ISBN 978 - 7 - 5228 - 2305 - 8

Ⅰ.①大… Ⅱ.①宋… Ⅲ.①流动人口 - 研究 - 中国
Ⅳ.①C924.24

中国国家版本馆 CIP 数据核字（2023）第 152473 号

大流动中的小生活

——流动人口的生存与发展

著　　者／宋月萍

出 版 人／冀祥德
责任编辑／黄金平
文稿编辑／江　　山
责任印制／王京美

出　　版／社会科学文献出版社·政法传媒分社（010）59367126
　　　　　　地址：北京市北三环中路甲 29 号院华龙大厦　邮编：100029
　　　　　　网址：www. ssap. com. cn
发　　行／社会科学文献出版社（010）59367028
印　　装／三河市尚艺印装有限公司

规　　格／开　本：787mm × 1092mm　1/16
　　　　　　印　张：17.5　字　数：247 千字
版　　次／2023 年 11 月第 1 版　2023 年 11 月第 1 次印刷
书　　号／ISBN 978 - 7 - 5228 - 2305 - 8
定　　价／98.00 元

读者服务电话：4008918866